TRACTS
DE CRISE

UN VIRUS ET DES HOMMES

18 MARS / 11 MAI 2020

TRACTS
GALLIMARD

ASSISTANCE PUBLIQUE HÔPITAUX DE PARIS
FONDATION POUR LA RECHERCHE

Les Éditions Gallimard et tous les auteurs des « Tracts de crise » soutiennent activement la Fondation de l'Assistance publique – Hôpitaux de Paris pour la Recherche, à laquelle sont reversés la totalité des bénéfices issus de la vente de ce volume. Vous aussi, soutenez la recherche hospitalière en faisant un don : https://soutenir.fondationaphp.fr/coronavirus/~mon-don

TRACTS.GALLIMARD.FR
DIRECTEUR DE LA PUBLICATION : **ANTOINE GALLIMARD**
DIRECTION ÉDITORIALE : **ALBAN CERISIER**
ALBAN.CERISIER@GALLIMARD.FR

GALLIMARD · 5 RUE GASTON-GALLIMARD F75007 PARIS · GALLIMARD.FR

Tous les « Tracts de crise » sont disponibles numériquement sur le site tracts.gallimard.fr. Sauf exception, ils ont pu être tous réunis dans le présent recueil. Merci à tous les auteurs d'avoir cédé gracieusement leurs droits pour rendre possible l'édition de ce recueil.

Avec la collection « Tracts », créée en février 2019, notre volonté éditoriale était de mettre en lumière ce qui se manifestait, s'actualisait dans l'actualité : un mouvement profond de société, une préoccupation commune ayant ses racines dans la longue durée... Et cette prise de parole, si distanciée, singulière ou critique fût-elle, n'avait pas vocation à se mettre en retrait des événements ou des débats, mais à trouver les mots justes pour les exprimer, sous leur jour le moins exposé. C'était bien un mode d'intervention.

Face à la nouvelle contrainte du confinement, nous ne devions ni ne pouvions renoncer à cette forme d'engagement. Il y avait un enjeu fort d'expression. Avec Régis Debray, qui avait ouvert « Tracts » il y a un an, nous avons donc lancé ces « Tracts de crise », diffusés gratuitement au format numérique pendant les huit semaines qu'aura duré le confinement total.

Deux intentions motivaient cette série éphémère. Il s'agissait d'abord de maintenir le lien, de première nécessité, entre tous ceux que les livres unissent : les auteurs, les lecteurs, l'éditeur, les libraires, les bibliothécaires, les critiques et chroniqueurs. Nous ne pouvions pas nous faire à l'idée d'effacer ce trait d'union. Tous ont été au rendez-vous : les auteurs, adhérant avec enthousiasme à la proposition ; les lecteurs, avec plus de 30 000 inscrits ; les librairies et les bibliothécaires, relayant généreusement nos « Tracts de crise » auprès de leurs clients et de leurs usagers ; les médias enfin, invitant les auteurs à prolonger leurs analyses en radio, à la télévision et dans la presse écrite. Merci à tous ! La deuxième intention s'inscrivait dans le prolongement de « Tracts » : la situation *extraordinaire* dans laquelle tous nous nous trouvions mettait en lumière, paradoxalement, *l'ordinaire* de notre condition. En y touchant au plus profond, le grand révélateur de cette crise mondiale a fait monter au jour nos idées, nos émotions, nos volontés les plus secrètes. Il fallait en témoigner.

La crise n'est pas finie ; son impact est durable. Mais les librairies sont à nouveau ouvertes et le livre – le récit, l'argumentation – va retrouver, peu à peu, la place qui est la sienne. Aussi bien ces « Tracts de crise » ont fait leur temps ; mais les textes ont été écrits et nombre de leurs lecteurs occasionnels nous ont dit souhaiter les voir réunis en un volume. Ce qui est fait désormais, avec l'accord unanime et généreux des auteurs, au seul bénéfice de la Fondation de l'AP-HP pour la Recherche – signe de notre immense gratitude à l'égard du corps médical. Et face au « festival d'incertitudes » (Edgar Morin) qui se présente aujourd'hui à nos yeux, ces textes n'ont pas fini de dire leurs vérités.

Nous avons choisi de clôturer la série des « Tracts de crise » par la publication d'un court extrait de la première partie de *L'Enracinement* de Simone Weil, rédigé à Londres en 1943 et publié en 1949 dans la collection d'Albert Camus (« Espoir »). S'agissant d'un « prélude à une déclaration des devoirs envers l'être humain », la philosophe s'y attache à établir la liste exhaustive des « besoins de l'âme » (comme il y a des besoins vitaux pour les corps), à l'égard desquels nous sommes tous *obligés*. Et parmi ceux-ci sont mis, côte à côte, deux besoins essentiels : la sécurité et le risque. Car, nous dit Simone Weil, la peur et l'ennui sont l'une et l'autre causes de paralysie de l'âme humaine. Il faut de la *sécurité* comme il faut du *risque* pour vivre bien. Quand une obligation majeure pousse l'homme à faire face à l'inconnu d'un péril, « il constitue le plus haut stimulant possible » – dans la mesure où cette expérience ne se transforme pas en fatalité.

Combien cette parole résonne en ces jours où nous redécouvrons, brutalement, cette balance toute humaine entre ces deux pôles de notre existence. Comment maintiendrons-nous un tel équilibre à l'avenir ? C'est l'une des grandes questions communes aux Tracts ici réunis.

ALBAN CERISIER

SEMAINE 1

18 MARS / 22 MARS 2020

Nous voilà donc tous mobilisés. Appelés au sens du devoir, tenus d'obéir aux consignes, et à solliciter un *ausweis* en cas de besoin. Bref, nous sommes en guerre, cela a été dit et redit.

Vient de suite à l'esprit une phrase célèbre : « La première victime d'une guerre est la vérité. » Il faut se méfier du premier mouvement, qui est rarement le bon. La formule de Kipling s'en tient aux nécessités immédiates de la propagande, pour soutenir le moral de l'arrière, voire des troupes elles-mêmes. En réalité, *la première victime d'une guerre est le mensonge*. Les deux vérités ne sont pas contradictoires : la première, tactique, concerne le déroulé des opérations, la seconde, stratégique, la conclusion à en tirer. La première n'est pas chez nous d'actualité, tant sont remarquables, en plein tsunami épidémique, la transparence et la précision des communiqués de guerre. C'est la seconde qui nous atteint de plein fouet : *le retour au réel*.

RÉGIS DEBRAY

QUITTE OU DOUBLE

TRACTS
DE CRISE
GALLIMARD

18 MARS 2020 / 20 H / **N° 1**

Convenons néanmoins que c'est une drôle de guerre, celle où le commandant en chef a pour mot d'ordre : « planquez-vous » ; où une mobilisation générale met à l'arrêt ; où on appelle à ne plus faire société pour faire nation, à s'isoler pour se serrer les coudes et à écarter les corps les uns des autres pour se rapprocher d'eux en esprit. Mais l'histoire n'est jamais avare de paradoxes. Et quand « l'ennemi » n'est pas seulement un virus omniprésent et invisible, mais le voisin de palier, voire la grand-mère, et le passant en général – on peut comprendre l'inversion des paramètres.

On comprend moins le *double bind*, les injonctions contradictoires du type : « Ne sortez pas et allez voter », mais après tout, il y a le délai d'apprentissage et un civil ne s'improvise pas général cinq étoiles en un tour de main. On ne passe pas d'un jour à l'autre d'une culture de paix à une culture de guerre – toutes proportions gardées bien sûr (au cours de la bataille de la Marne, rappelons-le, 26 000 soldats français ont été tués en une seule journée, 1 000 morts par jour représentant, en 1914-1918, une bonne journée). Plus incompréhensible le fait qu'une *start-up nation*, à la pointe de la technologie, ait eu autant de mal à se procurer et distribuer un produit aussi peu *high-tech* qu'un masque de protection – ce qui revenait à envoyer au front des soldats en les privant de fusil. Car dans cette guerre étrange, il n'y a qu'une catégorie de gens qui méritent ce beau nom et exposent chaque jour leur vie, ce sont les médecins, les infirmières, les urgentistes et tout le personnel des hôpitaux. Les soldats du virus, comme il y a des soldats du feu.

Ce sont ceux qui auront droit demain à la croix de guerre, et à notre admiration.

Alors, est-ce un mensonge d'appeler « guerre » une catastrophe dramatique, une hypercrise, à savoir trois crises en une, sanitaire, économique et existentielle ? Quel intérêt y a-t-il à cette métaphore, reprise en anaphore ? D'abord, à mettre la barre très haut, en convoquant les grands ancêtres. Clemenceau : « Je fais la guerre, rien que la guerre. » Churchill : « Du sang et des larmes. » Et de Gaulle bien sûr, le 18 juin : « Cette guerre est une guerre mondiale... j'invite tous les Français à m'écouter et à me suivre. » Ensuite, et dans la foulée, à prendre rang parmi les plus légendaires. Et pourquoi pas ? On peut fort bien réussir cette épreuve de passage et passer, victorieusement, le test qu'ont connu toutes les générations du feu, à savoir le tri entre les caractères et les rien qu'intelligents, entre ceux qui ont du coffre et ceux qui n'ont que des diplômes. On pouvait craindre un certain manque de densité, une difficulté à incarner chez de jeunes managers qui n'ont, à aucun moment de leur vie, eu soif, faim ou peur, ni de cors aux pieds ni trente kilos sur le dos. La difficulté fait les caractères – et pourquoi pas aujourd'hui comme avant-hier ? Ce serait une bonne nouvelle.

Mais n'oublions pas que, guerre ou crise, une commotion fait aussi le tri entre le factice et le réel. Les châteaux de cartes s'écroulent, les poids et mesures sont vérifiés. Il était entendu, jusqu'en mai 1940, que l'armée française était la meilleure du monde ; en juin, nous sûmes ce qu'il en était.

Il est entendu, depuis trente ans, que l'Europe est notre avenir, les frontières un odieux archaïsme, et l'intérêt national, une funeste vieillerie. Ouverture, libre circulation des personnes et des biens, respect des règles de Bruxelles. Nos classes dirigeantes nous l'ont répété sur tous les tons. Fini le pognon de dingue pour les derniers de cordées ; privatisations à tout crin (aéroport, services publics, chemin de fer), levons les barrières ! Et voilà qu'on parle de nationaliser. De mettre au rancart la règle sacro-sainte du 3 % et de retrouver les solidarités essentielles. L'Europe fantôme s'esbigne, blablate et communique, et c'est la Chine qui vient au secours de l'Italie, non la France ni l'Allemagne. N'était-il pas temps d'appeler un chat un chat, et l'Union européenne, avec son corset libéral, un pieux mensonge ?

On le dit depuis longtemps : mondialisation des objets, tribalisation des sujets – et des réflexes. Ce qu'on croyait anachronique et périmé nous revient, désagréablement, en pleine figure. La guerre détruit mais elle libère aussi. Quoi ? Un rhinencéphale sous-jacent aux connexions neuronales plus élaborées, et plus tardives. Les neuropsychiatres nous ont appris que la dissolution des fonctions nerveuses supérieures, chez un individu en crise, déstabilisé par un coup du sort inattendu, s'opère en remontant le cours de l'évolution. Les fonctions les plus récentes sont les plus fragiles. Le néocortex est plus vulnérable que le cerveau reptilien et c'est le premier qui se désorganise en cas de commotion. Ce n'est pas une bonne nouvelle, on s'en doute, et les sociétés n'échappent pas à cette déconstruction qui fait revenir au plus simple, au plus élémentaire, aux données de base. Mieux vaut en être conscient pour ne pas se laisser surprendre ni balayer par les lois de la nature. Paradoxalement, c'est en nous révélant avec quelle facilité la croûte civilisationnelle peut disparaître, c'est en nous révélant les arrière-fonds de nos rhétoriques et des leurres de façade, cachés par le train-train des jours, qu'un état de guerre peut nous mettre à pied d'œuvre, sans faux-fuyants ni faux-semblants.

RÉGIS DEBRAY

RÉGIS DEBRAY EST L'AUTEUR DE *L'EUROPE FANTÔME* ET DU *SIÈCLE VERT* DANS LA COLLECTION « TRACTS/GALLIMARD », AINSI QUE D'*ÉLOGE DES FRONTIÈRES* (GALLIMARD, 2010) ET *DU BON USAGE DES CATASTROPHES* (GALLIMARD, 2011).

J'ai une définition personnelle de la nature : elle est là où n'existe aucune présence humaine ou bien là où celle-ci est négligeable et de passage. Quand je vais en montagne dans des endroits éloignés, je me trouve alors dans un bout de monde tel qu'il était avant nous et tel qu'il continuera à être après.

La nature est un espace totalement indifférent à nous, où percevoir sa propre mesure infime et intrusive. Ce n'est pas un terrain de jeu ni une aire de pique-nique hors de la ville. La peur qu'inspire son immensité dominante est un préliminaire au respect et à l'admiration. La beauté de la nature n'est pas une mise en scène, c'est un état d'équilibre provisoire entre d'énormes énergies, éruptions, tremblements de terre, ouragans, incendies.

ERRI DE LUCA

LE SAMEDI DE LA TERRE

TRACTS
DE CRISE
GALLIMARD

19 MARS 2020 / 10 H / **Nº 2**

Naples, mon origine, possède un golfe légendaire pour sa beauté, œuvre de cataclysmes qui l'ont formée. La beauté de la nature est un entracte entre des bouleversements. Il ne s'agit pas là d'une conclusion philosophique, mais seulement de ma perception physique. C'est pourquoi, pour moi, la nature est l'espace de notre absence.

Là où existe une zone de peuplement, j'utilise le terme de milieu ambiant. Le latin « ambire » signifie entourer. Le participe présent « ambiens » est ce qui entoure. Depuis ses débuts, l'espèce humaine s'est sentie entourée, établissant avec le territoire des rapports de force alternant entre défense et conquête. De nos jours, il est évident que « ambiens » n'entoure plus, mais qu'il est entouré par l'expansion numérique de l'espèce et de ses moyens d'exploitation. Le milieu ambiant submergé se soumet.

Et soudain une épidémie de pneumonies interrompt l'intensité de l'activité humaine. Les gouvernements instaurent des restrictions et des ralentissements. L'effet de pause produit des signes de réanimation du milieu ambiant, des cieux aux eaux. Un temps d'arrêt relativement bref montre qu'une pression productive moins forte redonne des couleurs à la face décolorée des éléments.

La pneumonie meurtrière qui étouffe la respiration est un effet miroir de l'expansion humaine qui étouffe le milieu ambiant. Le malade demande de l'air et de l'aide en son nom et au nom de la planète tout entière.

Celui qui lit beaucoup reconnaît, ou croit reconnaître, des symboles et des paradigmes dans les événements. Le monothéisme a institué le Samedi qui littéralement n'est pas un jour de fête mais de cessation. La divinité a prescrit l'interruption de toute sorte de travail, écriture comprise. Et elle a imposé des limites aux distances qui pouvaient être parcourues à pied ce jour-là. Le Samedi, est-il écrit, n'appartient pas à l'Adam : le Samedi appartient à la terre.

Cette injonction à la laisser respirer en s'imposant un arrêt a été ignorée. Je ne crois pas que la terre puisse récupérer ses Samedis dont elle a été privée. Je crois en revanche que piétiner les Samedis produit les brutales suspensions de notre occupation de la planète. C'est une trêve pour la terre.

Pour la première fois de ma vie, j'assiste à ce renversement : l'économie, l'obsession de sa croissance, a sauté de son piédestal, elle n'est plus la mesure des rapports ni l'autorité suprême. Brusquement, la santé publique, la sécurité des citoyens, un droit égal pour tous, est l'unique et impératif mot d'ordre.

Dans le cas de l'Italie, l'idolâtrie de l'économie s'est donné la liberté de se moquer des conséquences d'activités nocives. De la dispersion de l'amiante dans le percement du tunnel du Val de Susa à l'intoxication de Tarante, la santé publique est traitée comme une variable secondaire. Les morts dues aux problèmes environnementaux sont considérées comme des dommages collatéraux d'activités légitimes et impunies. Ce sont au contraire des crimes de guerre accomplis en temps de paix au détriment de populations réduites au rang de vassales.

Tel est le brusque retournement de situation, l'économie tombée de cheval et soumise à une nouvelle priorité : la vie pure et simple. Les médecins et non les économistes sont les plus hautes autorités. C'est une conversion. Elle améliore le rapport entre citoyens et État, les gouvernements passent de garants du PIB en vaillants défenseurs de la communauté.

Certes, il s'agit d'un état d'exception et on a hâte d'arrêter l'épidémie et de revenir au plein régime précédent. Mais le Samedi de la terre sème en même temps que les deuils une lueur de vie différente pour les survivants. Car, dorénavant, chacun est un rescapé provisoire. C'est un sentiment qui me rapproche le plus de tous ceux auxquels je ne peux serrer la main.

Une autre inversion est à relever dans le cas de l'Italie. Depuis son unité, des flux migratoires ont eu lieu du sud vers le massif alpin. Aujourd'hui, on assiste à un retour massif en flux inversé, jusqu'au récent blocage des retours. Le spécialiste de l'environnement Guido Viale remarquait que l'épicentre des contaminations en Chine, en Allemagne, en Italie, coïncide avec les zones de très forte pollution atmosphérique, signe d'une prédisposition à l'agression des voies respiratoires.

Le sud perçu comme terre de refuge, asile sanitaire, recommence à accueillir ses enfants. La parabole du fils prodigue n'est pas valable ici. Ils ne sont pas partis pour dilapider, mais par nécessité. Ils ne reviennent pas repentis, mais désespérés d'affronter des isolements loin de leurs attaches familiales, impatients d'entendre un peu de dialecte, affectueuse langue maternelle. Peut-être que le système immunitaire s'améliore avec l'humeur. Une fois les priorités redéfinies, c'est l'urgence de sauver qui compte et aussi celle de purger une quarantaine indéterminée dans des lieux familiers. Le sud, perçu comme plus sain, est certainement un milieu ambiant plus cordial pour calmer l'angoisse d'un état de siège.

« Basta che ce sta 'o sole, basta che ce sta 'o mare... » Il suffit qu'il y ait le soleil, il suffit qu'il y ait la mer. Ce n'est pas une thérapie reconnue, mais c'est bon pour l'âme de se mettre au balcon et de se laisser baigner de lumière.

ERRI DE LUCA
TRADUIT DE L'ITALIEN PAR **DANIÈLE VALIN**

ERRI DE LUCA EST NÉ À NAPLES EN 1950 ET VIT AUJOURD'HUI PRÈS DE ROME. AUTEUR DE NOMBREUX LIVRES TRADUITS DANS LE MONDE ENTIER, IL A REÇU LE PRIX FEMINA ÉTRANGER POUR *MONTEDIDIO* EN 2002. IL A PUBLIÉ *EUROPE, MES MISES À FEU* DANS « TRACTS/GALLIMARD » (2019).

Lorsqu'on vit des situations exceptionnelles, la première peur concerne le maintien de la vie. Le réel de la mort du coronavirus existe mais il est faible, et semble submersible. Je n'ose imaginer la sidération et la violence, le grand retour des archaïsmes, si la létalité avait été plus forte et disséminée.

CYNTHIA FLEURY

RÉPÉTITION GÉNÉRALE

TRACTS
DE CRISE
GALLIMARD

19 MARS 2020 / 14 H / **N° 3**

Impossible d'anticiper cela sauf en imaginant le pire, la peur véritable, la haine pour ce monde. Là, nous avons une forme de chance au sens où si nous acceptons la responsabilité collective et la discipline, si nous produisons un comportement collectif coordonné et stratégique, nous réduirons considérablement son impact délétère. Telle est notre chance : avoir encore un peu de maîtrise. S'offrir une occasion à moindre coût de redécouvrir les bienfaits de la solidarité, des services publics, de l'État de droit et social combinés, articulés, alliés de toujours, qui ne sont rien l'un sans l'autre. Extrême chance malgré l'ingratitude souvent témoignée ces derniers temps, la bêtise, la vue courte des stratégies néolibérales qui fantasment la toute-puissance illusoire de l'homo economicus dans sa version la plus radicale. C'est une répétition générale pour autre chose, et cela me glace déjà le sang. Car la deuxième crainte qui m'agite est celle de l'absence d'apprentissage et de transformation de nos modes de vie. Passer à côté de la chance, cela s'est vu tant de fois. Ne pas saisir le kairos, retourner à la condescendance meurtrière. Nous sommes nombreux à le craindre, mais il nous faudra être très vigilants face à l'endormissement futur qui se profile, toutes les mauvaises raisons trouvées pour continuer comme avant, car nous serons dans une phase de récession économique et l'on nous expliquera qu'il n'est pas temps encore de faire autrement, qu'il y a le feu économique qu'il faut éteindre, et que celui-ci – ô délire – ne s'éteint qu'avec le poison inflammable, tant de fois dénoncé. Mais parions sur l'intelligence et la détermination à évoluer, parions sur une nouvelle conviction partagée : mieux vivre ensemble. Le confinement 3.0 a des vertus particulières : être dans la distance mais néanmoins connectés, et pour une fois les « deux minutes de la haine » orwelliennes, souvent banalisées ces derniers temps, se sont calmées : les voix sont plus sereines, les réseaux sociaux servent à distribuer une information capable de ferrailler avec les fausses, les grandes institutions académiques tentent d'assurer la continuité ou le partage des enseignements, les médias font de même, les artistes se relaient pour proposer des accès culturels, l'école fait comme elle peut avec la faiblesse de son environnement numérique de travail – là, franchement, on ne va pas se mentir, va falloir monter vite en gamme, car c'est terriblement pauvre, et cela ne peut perdurer. Mais globalement, ces premiers jours de confinement ne dessinent pas la victoire de l'immaturité, mais plutôt l'envie d'être résilients, d'apprendre, d'innover, de profiter de cette chance pour respecter autrui et les valeurs de responsabilité commune. Toute la question, maintenant, est celle de la durabilité de la prise de conscience et de la volonté de faire autrement.

CYNTHIA FLEURY

CYNTHIA FLEURY EST PHILOSOPHE ET PSYCHANALYSTE. ELLE EST PROFESSEUR TITULAIRE DE LA CHAIRE « HUMANITÉS ET SANTÉ » AU CONSERVATOIRE NATIONAL DES ARTS ET MÉTIERS ET TITULAIRE DE LA « CHAIRE DE PHILOSOPHIE À L'HÔPITAL » AU GHU PARIS PSYCHIATRIE ET NEUROSCIENCES. ELLE A PUBLIÉ *LE SOIN EST UN HUMANISME* DANS « TRACTS/GALLIMARD » (2019).

Au moment des sanglants attentats de novembre 2015, on répétait partout à l'envi : c'est à notre mode de vie qu'on s'en prend ! À nos chères habitudes, les terrasses des cafés, les nuits sans fin... D'où la fière riposte en forme de rodomontade, car je doute qu'elle impressionne des tueurs fanatisés : nous tiendrons bon ! Ils ne gagneront pas ! Nous maintiendrons notre façon de vivre libre et joyeuse, notre goût de la fête « à la française ». De la teuf !

N° 4 / **LA TEUF ET LE VIRUS**

DANIÈLE SALLENAVE

de l'Académie française

LA TEUF ET LE VIRUS

TRACTS
DE CRISE
GALLIMARD

19 MARS 2020 / 20 H / **N° 4**

Or voici que cinq ans ont passé et qu'au soir du 14 mars 2020, face à l'épidémie de coronavirus, le premier ministre annonce la fermeture des cafés, restaurants, bars et terrasses. Réaction immédiate de jeunes noctambules dans certains quartiers des grandes villes : pas question ! On s'en prend à « notre mode de vie » ! Résistons ! Deux jours plus tard, le confinement est là, et ça recommence. « On veut nous empêcher de vivre ! » Tenons bon ! Mais tenir bon face à qui ? Face au virus ? Ça lui fait une belle jambe, comme on dit.

Si on entre dans la psychologie des tueurs du Bataclan, il n'est pas douteux qu'y tienne une grande place le rejet de comportements où se mêlent alcool et drogue, promiscuité sexuelle et irréligion. Mais y voir la seule motivation de ces massacres ? C'est un peu court. Il n'y aurait pas autre chose ? Écoutons ce qu'ils disent, ces tueurs du djihad, et qui ressort de toutes les enquêtes et témoignages. L'une de leurs premières motivations, ce sont les actions menées par les pays occidentaux contre les peuples musulmans. Sans leur servir aucunement d'excuse, cela mérite tout de même une réflexion sur la politique que nous menons dans quelques régions du monde… Mais c'est sans doute ce qu'on voulait éviter à l'époque : il valait mieux se focaliser sur le rejet de nos teufs.

Ce qui m'a étonnée, c'est d'abord que nous ayons accepté si facilement cette explication trop commode, et surtout que nous nous soyons rangés à une définition aussi réductrice de « notre monde ». Notre belle « civilisation » que menacent des hordes de tueurs, ce serait donc ça ? Un monde de gens (de jeunes) qui ne pensent qu'à faire la fête. Vraiment « faire la fête », c'est une valeur ? Se réunir rituellement le vendredi soir entre amis pour boire, « délirer avec les autres » (je cite), « parler fort en ne pensant qu'à nous » (je cite encore) ?

Après tout, peut-être que oui. Peut-être que c'est moi qui n'y comprends rien parce que ce n'est pas ma génération. La « fête », c'est une liberté, une insouciance qu'il a fallu conquérir contre des siècles de morale familiale, religieuse, républicaine. Où, hormis le temps de fêtes soigneusement encadrées, « faire la fête » était un comportement déviant, réprouvé. Les teufs des « jeunes » seraient un modèle, et une leçon de vie.

J'en doute. Ne surestimons pas le « goût » moderne et juvénile de la fête : ce n'est qu'une version appauvrie des grands débordements dionysiaques, et des déchaînements transgressifs célébrés par Georges Bataille. Et les événements récents nous ont montré son revers faux et dangereux. Que « le goût de la fête » était l'autre nom et le paravent de l'inconscience. La face aimable d'un monde d'égoïsmes sombrement crispés sur le « moi d'abord et que le reste périsse ». (Y compris les habitants des îles bretonnes envahies par un exode de Parisiens qui se croient en 1940).

Ce type de comportement est le fait d'une minorité ? Peut-être. Ce qui est sûr, c'est qu'il se traduit à tous les niveaux de la vie en société, y compris dans l'indifférence à la destruction de notre environnement. Il est hélas bien dans la logique d'une société que dominent le règne de la consommation et la quête du profit.

Mais pour revenir aux circonstances présentes, je sais bien que ce n'est pas facile de s'obliger à rester à la maison. J'en conviens. Qu'on me permette d'ajouter ceci : certainement plus encore, quand on habite un quartier excentré, dans un immeuble où l'ascenseur ne fonctionne plus depuis des mois, et où on espère que la mairie va mettre en place des services pour vous aider à garder et occuper vos gosses. Qui en parle au journal télévisé ? Dans les grands médias ? Personne. Ah non, pitié, pas de démagogie !, me dira-t-on. Non, juste un peu d'humanité. Et, de grâce, profitons de ces terribles circonstances pour regarder un peu au-delà de notre nombril.

DANIÈLE SALLENAVE
DE L'ACADÉMIE FRANÇAISE

DANIÈLE SALLENAVE EST L'AUTEUR D'UNE TRENTAINE DE ROMANS, RÉCITS, ESSAIS ET PIÈCES DE THÉÂTRE. ELLE A ÉTÉ ÉLUE LE 7 AVRIL 2011 À L'ACADÉMIE FRANÇAISE. TRÈS ENGAGÉE DANS LA PROMOTION DE LA LECTURE AUPRÈS DES JEUNES, ELLE A FONDÉ ET ANIME L'ASSOCIATION « SILENCE, ON LIT ! ». ELLE A PUBLIÉ *JOJO, LE GILET JAUNE* DANS « TRACTS/GALLIMARD » (2019).

Les trois générations de vivants qui sont « l'éternité ici-bas », selon le mot de Keynes, avaient été exemptées, dans les pays développés, des sept fléaux dont l'humanité a été battue aussi loin que la mémoire remonte et au-delà – la guerre, du moins sur le territoire métropolitain, la tyrannie, la faim, le froid, les épidémies, les souffrances physiques intolérables – on opère sous anesthésie –, l'illettrisme. Le philosophe-poète Sloterdijk a rassemblé ces avancées politiques, matérielles, culturelles de la civilisation sous le thème de la « gâterie ».

Il n'y a plus grand monde pour se rappeler la grippe espagnole de 1918. Les gens de mon âge se souviennent, confusément, de la poliomyélite des années cinquante, leurs cadets des sixties des ravages que le sida a perpétrés dans leurs rangs, vingt ans plus tard. La polio s'en prenait de préférence aux enfants, le sida aux jeunes gens. Le coronavirus est surtout funeste aux personnes âgées, d'ores et déjà sujettes à une ou à plusieurs pathologies, diminuées, vulnérables.

PIERRE BERGOUNIOUX

GLOBALISATION

TRACTS
DE CRISE
GALLIMARD

20 MARS 2020 / 10 H / **N° 5**

Le mal a ceci de miséricordieux qu'il semble épargner les enfants mais de pernicieux en ce qu'il les utilise comme vecteurs. Que ce soit leur système respiratoire encore inachevé, à ce qu'on dit, qui les prémunisse contre ses atteintes ou leur puissante vitalité, ils peuvent être infectés sans qu'il y paraisse et propager le virus sans éveiller la méfiance. Pour parachever leur félicité, la fermeture des écoles leur procure des vacances inespérées, la reprise des cours renvoyée à une date indéterminée.

C'est une expérience on ne peut plus contemporaine que nous sommes en train de vivre sous les dehors archaïques, moyenâgeux, d'une épidémie. La maladie, comme la circulation des biens, des personnes, de l'information présente un caractère planétaire, participe de la globalisation. Partie d'une lointaine région de la Chine, elle a gagné, en quelques semaines, par les routes du ciel, de la terre, des mers, l'ensemble de la planète.

C'était, jadis, le lot des pauvres, entassés dans les quartiers insalubres des grandes villes et des ports, que de mourir de la peste venue d'Orient, du choléra sorti du bassin du Gange. Dispersé par toute l'étendue du royaume, le restant de la population, massivement rural, sédentaire, pouvait échapper largement au danger. Si la Peste noire du XVe siècle a mis la moitié du royaume au tombeau, c'est qu'on était affaibli par les dévastations de la Guerre de Cent Ans, l'insécurité, la disette. On ne sache qu'un seul roi, Saint Louis, pour avoir été victime du mal – mais on a récemment suspecté le scorbut – à Tunis, où il l'avait bien cherché.

Créatures de luxe, nous sommes encore supérieurement mobiles. Je ne sais combien de millions d'hommes, de femmes, d'enfants évoluent, à tout instant, à trente mille pieds d'altitude et à la vitesse de 900 kilomètres à l'heure, par un froid ambiant de - 60°. Au sol, ce sont deux millions de Franciliens qui empruntent chaque jour les RER A et B et les usagers du métro doivent être plus nombreux, encore. C'est pourquoi toute personne infectée en contamine trois. Le nombre des malades double tous les trois jours. Les prévisions les plus pessimistes estiment que la moitié, à peu près, de la population sera touchée. Et que les décès se compteront par centaines de milliers. La presse souligne l'impartialité d'un mal qui, pareil, en cela, à la peste de La Fontaine, frappe indifféremment « puissants et misérables ». Elle ne manque pas de signaler quels acteurs de cinéma, hommes politiques, sportifs de haut niveau sont testés positifs.

Nos ascendants ont évoqué la stupeur dont le pays avait été frappé lorsque, à deux reprises, en 1914 et en 1939, il a engagé les hostilités contre l'Allemagne. Les destructions matérielles, la défaite, l'invasion, l'occupation nous seront épargnées. Mais nous avons commencé à perdre des gens et le mot de « guerre » a été prononcé, et ceux « de vie ou de mort ».

Que faire ? On nous le dit, nous le répète : éviter les rassemblements, ne pas voyager, respecter une distance d'un mètre, n'utiliser son mouchoir qu'une fois, enfin, rester chez soi. Une chose ajoute à la stupeur et c'est le décours de la maladie. Va-t-elle s'éteindre d'elle-même lorsque, arrêtée par les « gestes-barrières », elle ne trouvera plus personne à dévorer ou va-t-elle repartir, quand on la croyait finie, de quelque obscur et lointain foyer ?

C'est aujourd'hui, mardi 17 mars, que le confinement est entré en vigueur. Contre toutes nos habitudes, nous ne pouvons plus sortir, circuler si ce n'est munis d'une attestation signée d'un employeur ou alors sur l'honneur et nous serons passibles d'une amende si nous sommes surpris dans l'espace public sans motif valable. Au résultat, la Nationale qui passe près de chez moi et qui est habituellement encombrée, vers sept heures du soir, à perte de vue était déserte. Les lampadaires, les feux de la station-service, ceux du supermarché voisin brillaient pour rien, pour personne et l'univers familier avait pris l'angoissante étrangeté d'un tableau de De Chirico.

PIERRE BERGOUNIOUX

NÉ À BRIVE-LA-GAILLARDE EN 1949, PIERRE BERGOUNIOUX EST L'AUTEUR D'UNE ŒUVRE LITTÉRAIRE ET CRITIQUE SALUÉE PAR LE GRAND PRIX DE LA LITTÉRATURE DE LA SGDL (2002) ET LE PRIX ROGER-CAILLOIS (2009). IL A ENSEIGNÉ LE FRANÇAIS EN RÉGION PARISIENNE ET PRATIQUE L'ENTOMOLOGIE ET LA SCULPTURE. IL A PUBLIÉ *FAUTE D'ÉGALITÉ* DANS « TRACTS/GALLIMARD » (2019).

Tant que le corps politique procédait, par dizaines de milliers, au sein des hôpitaux publics, à la réduction du nombre de lits sans dire ce qu'il faisait ni pourquoi il le faisait, les choses se passaient en silence. Tant que l'administrant soumettait le corps soignant – toujours en première ligne – à de croissantes contraintes, les choses se passaient en silence. Tant que les techniques du gentiment nommé *New Public Management* infiltraient, telle une filariose, un monde pourtant distinct d'une usine de voitures, les choses se passaient en silence. Et même si infirmier(e)s, aide-soignant(e)s s'échappaient vers des cieux plus sereins, même si anesthésistes, radiologues, chirurgiens et médecins spécialistes prenaient, croissant, le large pour le monde libéral, tout se passait en douceur. À quelques exceptions près, personne ne disait rien et – pour reprendre des mots de Régis Debray à propos des intellectuels – les lanceurs d'alerte « jouaient du clavecin dans une *rave party* » –, quand on ne leur reprochait pas de cracher dans la soupe. Quant aux autres, à ceux qui, accrochés qu'ils étaient au public (dans les deux sens du terme), restaient à l'hôpital : eh bien ces autres tenaient. Tant bien que mal ils tenaient.

STÉPHANE VELUT

ÉCHEC AU ROI

TRACTS
DE CRISE
GALLIMARD

20 MARS 2020 / 14 H / **Nº 6**

Du moins jusqu'à la récente crise de l'hôpital public où les langues se délièrent et qui trouvait son acmé un 14 février dans les rues de Paris. Vous vous souvenez de ce vendredi sans précédent, vous, le public qui estimez ce corps soignant pour son abnégation et pour ses compétences. Vous, oui. Sinon, épuisement des équipes, services d'urgences en feu, démission administrative collective de 1200 chefs de service et témoignages touchants de médecins à bout de souffle : rien ne fit sourciller le visage du corps politique qu'on a senti seulement un peu embarrassé. Un corps politique qui, comme toujours, comptait sur un fait simple et vrai : les soignants aiment ce qu'ils font, ce sont des passionnés, ils font – c'est bien connu – un boulot passionnant, ils tiendront. Mais d'ajouter dans l'atmosphère feutrée des administrations : que vont-ils réclamer de surcroît, bon sang… vingt ans qu'on entend ça ! Le 14 février, le politique en la personne de Madame la Ministre répéta en effet – usant plus d'éléments de langage que de mots – que nous étions formidables mais n'avions pas compris son plan Santé 2022. En gros : dévoués mais limités. Bref le corps politique s'obstinait. Enfin pas tout à fait : n'écoutant que son courage – et alors qu'un virus d'origine asiatique pointait le bout de son nez – un dimanche, le dimanche qui suivait justement ce cortège de blouses blanches dans les rues de Paris, Madame Agnès Buzyn quittait son ministère. Estimant certainement que de ministère elle n'en avait précisément point et que seul le Budget décidait, elle partait. Elle, qu'on percevait déjà ni convaincante ni convaincue par ce plan bourré de primes et reprenant une partie de la dette sur des fonds d'origine inconnue, avouait son impuissance. Enfin pas tout à fait non plus, elle n'avoua rien du tout : ne voulant plus quitter les charmes du pouvoir, elle ne put pas s'offrir le luxe de la sincérité – tout autant effrontée qu'ingénue – de Nicolas Hulot, et dire qu'elle foutait le camp. Elle aurait pu, mais non. En fait elle ne flancha qu'après, le 17 mars, mettant tout sur le compte de la crise sanitaire dont elle seule mesurait l'ampleur ; le virus a le dos large.

Nous en étions donc là quand, alors que le nouveau Ministre en route pour une tournée qu'il entamait en Loire – histoire de calmer les esprits –, et tandis que sa prédécesseure s'agitait bizarrement pour la mairie de Paris, ce virus, ce funeste virus qu'on espérait rester ressortissant chinois, débarquait en Europe, comme un vilain migrant mais en plus inquiétant. Et en moins de dix jours arrivait au galop une charge inattendue emportant avec elle les plus intolérables attributs de la vie pour l'homme occidental : le hasard, l'aléa, le risque, la mort et la peur de la mort. Et voilà l'Occident face à sa vulnérabilité. Tétanisé, il fait le hérisson. Fragile, il n'a pas le choix. La vitesse, dont il avait naguère fait sa façon de vivre, de croître et de communiquer, soudain le fit trembler. À l'heure près, il devint attentif aux voyages du virus en question, des grippés, des fiévreux, des tousseux et même des porteurs sains, bref, tous les êtres humains. L'inhibition de l'action fait œuvre d'ultime parade.

Mais cela ne suffit pas car la réalité s'impose. Se terrer ne suffit pas. Derrière : le hérisson, mais devant : l'hôpital. Par leurs cadences, en quelques jours naquirent deux mondes distincts : tapi pour l'un, fébrile pour l'autre. Et voilà que soudain, bien des choses, des constats, des faiblesses concernant un système laissé aux mains de technocrates – je parle de l'hôpital public – reviennent, comme un boomerang, violemment au visage d'un corps politique qui ne comptait jusque-là que sur nous pour nous taire et faire notre travail (suffit pour s'en convaincre de revoir cet échange édifiant entre Emmanuel Macron et le Dr Salachas le 27 février dernier[1]). Un corps politique qui, disons-le, comptait tout autant sur une autre variable ayant souvent raison des soulèvements de masse : le temps, le temps qui apaise tout.

Mais voilà, la nature est brutale, elle ramène au concret. Comme disait Jean Baudrillard dans *L'Esprit du terrorisme* (*Le Monde*, 3 novembre 2001 / Galilée, 2002), « les événements ont cessé de faire grève ». Et les données s'inversent. C'est une particule ni vivante ni inerte, un virus, qui les a inversées.

Comment ? C'est assez simple. Quand réduction du nombre de lits, réduction du personnel paramédical – par décision bureaucratique en vue de réduire les dépenses – conduisaient le praticien à faire un tri en lui imputant le risque médical voire juridique de le faire, de quoi était-il

1. *Macron interpellé à l'hôpital*, disponible sur YouTube.

le jouet ? Ni plus ni moins de ce que Johann Chapoutot développe, à l'ère contemporaine, dans l'épilogue de son dernier essai[2] : le management par délégation de responsabilité. Une technique éprouvée qui consiste à dire à son subordonné : « voici le but à atteindre, la façon de l'atteindre vous incombe, vous en êtes responsable ». À ceci près toutefois qu'au sein de l'hôpital ce but n'était jamais avoué mais simplement acté par cette réduction continue de moyens matériels et, partant, de soignants. De quoi rendre fou le praticien.

Hélas donc surgit Covid-19, et le politique prit peur.

Si le politique prend peur – et avec lui le corps administrant des hôpitaux publics appliquant jusqu'ici à la lettre les consignes imposées, en fait, par Bercy – c'est qu'il sait parfaitement que la donne s'est inversée. Il sait pertinemment que le praticien, pour soigner un nombre de malades qui s'annonce considérable, peut lui dire à son tour : « voici le but à atteindre, les moyens vous incombent, vous en êtes responsable ». En fait le praticien n'a même pas besoin de lui dire, tellement c'est manifeste. Le roi est en échec.

C'est bel et bien une véritable inversion de la délégation de responsabilité qui se fait jour.

Soudain le corps administrant prétendant s'immiscer dans l'organisation des soins, saisit qu'en la matière les choses sont compliquées, que seul le corps soignant sait

2. Johann Chapoutot, *Libres d'obéir. Le management du nazisme à aujourd'hui*, Gallimard, 2020 (coll. NRF essais).

vraiment de quoi il parle. Du praticien qu'il souhaitait convertir en manager d'équipe, il implore une conduite sanitaire et se réjouit de le voir exercer son métier à plein temps et plus encore. Lui qui, aux fins de rentabiliser, soumettait le corps soignant à un lien grandissant de subordination, implore de lui conseils et directives, et vénère ses sacrifices. De le savoir vital il l'envie presque.

Le politique, lui, comprend qu'il ne suffira plus de dire que nous sommes formidables, qu'il va devoir parler franchement et qu'il est temps de nous prendre au sérieux.

Et vous, les gens, vous qui étiez à ses yeux porteurs de maladies plus ou moins coûteuses, les objets d'actes plus ou moins lucratifs, êtes enfin devenus des sujets au cœur de ses tourments. Peut-être car il se sent, enfin, faire partie de nous tous.

Mais face à l'hôpital public éclairé et debout jour et nuit, ses paupières vont-elles pour autant amorcer un état de réveil ? C'est difficile à dire. Une petite lueur apparut tout de même le 12 mars quand Emmanuel Macron s'adressa à la France. Comme souvent, un discours marque par son ton, son début et sa fin. Passons sur le début : qualifiant de « héros » les soignants, il aura reconnu la fibre sacrificielle dont ils ont hérité de l'Histoire – on n'en demandait pas tant, mais c'est attentionné, notons. Mais à la fin surtout, en l'entendant s'interroger sur « les failles du modèle de développement [de] notre monde », plus loin dire que « la santé gratuite sans condition de revenus [était un] bien précieux» et «qu'il était des biens [...] qui devaient être placés en dehors des lois du marché», nous fûmes abasourdis et réjouis à la fois. Démonter en trois phrases le néolibéralisme était si inespéré que c'était à n'y pas croire. Quant au ton empruntant celui d'un chef incitant au ressaut de la nation en temps de guerre (mot qu'il prononcera d'ailleurs plusieurs fois le 16 mars) – et insérant au passage un «quoi qu'il en coûte» assez peu rassurant –, admettons qu'il était paniqué mais fut parfois touchant. Voilà pour l'impression, forcément subjective.

Mais, sincère, sera-t-il audacieux ? Rien n'est moins certain. D'abord notons qu'il aura fallu cette particule virale pour qu'enfin, comme en réponse à ce fameux vendredi dans les rues de Paris, on entende une prise de position de fond sur l'hôpital public. Il était temps.

Reste que, l'ampleur de la crise sanitaire se révélant ou non dépasser les limites du système, il faudra bien acter un retard de trente ans à l'avoir réformé, un retard imputable à vingt gouvernements, et une dette abyssale. Or, ne pouvant revenir en arrière en urgence, bonnes intentions ou pas, sincérité ou pas, Bercy va se trouver contraint. Augmenter notre dette ; prélever dans la poche des Français déjà saignés à blanc par la pression fiscale ; amputer un autre budget (Éducation, Justice, Intérieur, Enseignement supérieur...) : laquelle de ces trois cases cocherait un étudiant de l'ENA ? Laquelle de ces trois cases cocheront Bruno Le Maire et Gérald Darmanin ?

Et si, perfide, le Budget justement en profitait pour vous faire accepter d'injecter du sang neuf. Un petit peu de sang neuf, au début un petit peu, juste un peu. C'est-à-dire de l'argent du privé pour sauver le public dont cette crise risque d'achever la déroute, avec cet argument inspiré de Thatcher : aucune alternative. Et si cette crise, comme peuvent l'être les crises, était une occasion de fabriquer le consentement ? Le vôtre. L'hypothèse a du poids, celui de l'économie.

Mais si tel était le cas, qu'on ne se berce pas d'illusions, c'est à un autre tri auquel on assistera dans les prochaines années. Car ayant infiltré le système, industries pharmaceutiques, compagnies d'assurances ou GAFA (pourquoi pas, on ne sera plus à ça près) ne vous permettront plus d'accéder aux mêmes soins si vous n'avez pas le sou. Dès lors qu'existera un marché de nos compétences, elles vous coûteront très cher.

Au fond, au début de ses ravages, le virus du SIDA aura révélé autant d'incompétence scientifique dans les pays les plus industrialisés du globe que, quarante ans plus tard, le début des ravages (différents) du Covid-19 y aura révélé d'incompétence politique. Des deux incompétences, seule la première est à mettre au crédit de l'ignorance immanente, pardonnable, qu'ont les êtres humains du monde dans lequel ils vivent. La seconde est tellement plus grave…

STÉPHANE VELUT

NÉ EN 1957, STÉPHANE VELUT EST L'AUTEUR DE *FESTIVAL*, ROMAN PARU CHEZ VERTICALES EN 2014. IL A PUBLIÉ DANS « TRACTS/GALLIMARD » *L'HÔPITAL, UNE NOUVELLE INDUSTRIE*. IL EST CHEF DU SERVICE DE NEUROCHIRURGIE DU CHU DE TOURS.

Ce séjour en résidence d'écriture de mi-mars à mi-avril était prévu de longue date : je suis arrivé chez Julien Gracq, à Saint-Florent-le-Vieil, dans le Maine-et-Loire, un dimanche ; le lundi, entrait en vigueur un décret portant diverses mesures relatives à la lutte contre la propagation du virus Covid-19, qui sans évoquer le confinement imposait aux Français de rester chez eux. Les jours précédents, nombre d'entre eux s'étaient retrouvés sur des marchés, sur des plages, dans des parcs, indifférents aux recommandations des professionnels de santé, rétifs aux conseils de « distanciation sociale », négligeant les « gestes barrières », comme si la situation n'avait rien d'alarmante, comme s'ils n'avaient pas pris la mesure de sa gravité. Camus, dans *La Peste*, nous avait pourtant mis en garde : méfions-nous des guerres ou des épidémies auxquelles on ne croit pas assez.

FRANÇOIS-
HENRI
DÉSÉRABLE

TOUT EST DÉJÀ DANS LES LIVRES

TRACTS
DE CRISE
GALLIMARD

20 MARS 2020 / 20 H / **N° 7**

> *Quand une guerre éclate, les gens disent : « Ça ne durera pas, c'est trop bête. » Et sans doute une guerre est certainement trop bête, mais cela ne l'empêche pas de durer. La bêtise insiste toujours, on s'en apercevrait si l'on ne pensait pas toujours à soi. Nos concitoyens à cet égard étaient comme tout le monde, ils pensaient à eux-mêmes, autrement dit ils étaient humanistes : ils ne croyaient pas aux fléaux. Le fléau n'est pas à la mesure de l'homme, on se dit donc que le fléau est irréel, c'est un mauvais rêve qui va passer. Mais il ne passe pas toujours et, de mauvais rêve en mauvais rêve, ce sont les hommes qui passent, et les humanistes en premier lieu, parce qu'ils n'ont pas pris leurs précautions.*

De là, plusieurs solutions étaient envisageables. Laisser le virus se propager, les citoyens le contracter, et faire le pari d'une « immunité de masse » – ce fut, dans un premier temps, celui de l'Angleterre, au risque de voir succomber les personnes les plus faibles. À ce compte, pourquoi ne pas adopter les mesures des Émanglons, ce peuple imaginé par Michaux dans *Voyage en Grande Garabagne* ?

> *Quand un Émanglon respire mal, ils préfèrent ne plus le voir vivre. Car ils estiment qu'il ne peut plus atteindre la vraie joie, quelque effort qu'il y apporte. Le malade ne peut, par le fait de la sympathie naturelle aux hommes, qu'apporter du trouble dans la respiration d'une ville entière.*
>
> *Donc, mais tout à fait sans se fâcher, on l'étouffe.*
>
> […]

Pour étouffer, on choisit une belle jeune fille vierge.

[…]

La difficulté est d'être douce à la fois et de serrer fort.

Une coquette ne réussira pas, une brutale non plus. Il y faut des qualités de fond, une nature vraiment féminine.

Mais quel bonheur quand on a réussi, et comme on comprend les larmes de joie de la jeune fille cependant que l'assistance la félicite avec émotion !

L'autre solution, appliquée, peu ou prou, par le reste du monde : réduire les contacts entre les citoyens, les sommer de rester chez eux. Bref, les confiner. Et surtout, qu'ils ne sortent pas s'ils sont malades. Mesure déjà préconisée par Molière, dans *Le Malade imaginaire* :

Argan : – Que faire donc, quand on est malade ?
Béralde : – Rien, mon frère.
Argan : – Rien ?
Béralde : – Rien. Il ne faut que demeurer en repos.

Tout, on le voit, est déjà dans les livres ; j'en ai deux mille dans la bibliothèque et la Loire à mes pieds : je ne suis pas à plaindre. D'autres le sont – et je pense en premier lieu à la petite armée de blouses blanches, qui chaque jour monte au front pour combattre l'ennemi invisible. Les voilà, les vrais héros de notre temps. Je ne suis qu'écrivain, alors j'écris. Le virus poursuit sa course folle autour du vaste monde, et j'écris. Ça semble dérisoire, dit comme ça, mais je veux croire que ça n'est pas totalement vain : un ami me rappelle que pendant l'épidémie de peste qui décima Londres en 1603, Shakespeare, réfugié à Stratford-upon-Avon, commença à écrire *Le Roi Lear*. Y a plus qu'à…

FRANÇOIS-HENRI DÉSÉRABLE
18 MARS 2020

FRANÇOIS-HENRI DÉSÉRABLE EST L'AUTEUR DE TROIS ROMANS CHEZ GALLIMARD, *TU MONTRERAS MA TÊTE AU PEUPLE* (2013), *ÉVARISTE* (2015) ET *D'UN CERTAIN M. PIEKIELNY* (2017), TOUS PRIMÉS.

J'ai passé ma journée à refendre des bûches, sous les quatre grands chênes devant la maison. Ma petite chatte était assise à côté, ses yeux bleus et ronds suivaient chacun de mes gestes. Quand mes épaules étaient plus dures que le bois, je m'appuyais sur la hache et nous échangions quelques mots. Autour de nous la lumière n'avait jamais été aussi belle. Les prés sont déjà d'un beau vert très gras, piqués de géraniums sauvages et de minuscules myosotis. Plus bas, vers le village, les flaques blanches des pâquerettes éclairent le chemin, les épervières allument mille soleils sur les talus. Les collines ont encore leur fourrure de renard.

RENÉ FRÉGNI

LES JOURS BARBARES

TRACTS
DE CRISE
GALLIMARD

21 MARS 2020 / 10 H / N° 8

Il y a trente-six ans je travaillais dans un hôpital psychiatrique de Marseille, mon corps se couvrait d'eczéma, mes mains, mes bras, mon dos… Un matin je ne suis pas retourné à l'hôpital, je suis parti vers les collines. J'ai posé mon sac dans un minuscule cabanon abandonné.

J'ai ouvert un cahier et je me suis mis à écrire, sous une tonnelle bourdonnante d'abeilles, dans une odeur de miel et de genêts. Je n'avais pas un sou. Huit jours plus tard mes mains étaient propres, mes bras aussi. L'eczéma avait disparu. J'avais récupéré mon corps, ma tête, mon temps. J'étais pauvre et libre. Ma vie enfin m'appartenait. Il y a trente-six ans que j'écris chaque jour, que je marche et que je fends du bois. Il y a trente-six ans que j'évite mes semblables.

Si je n'avais pas deux filles, une femme dont je rêve et trois vrais amis, je penserais que l'homme doit disparaître le plus vite possible de la surface de cette Terre. Il a fait tellement de mal…

En quarante ans, nous avons massacré soixante pour cent des vertébrés et nous ne sommes qu'au début de la sixième extinction de masse, la première attribuée à l'homme, l'anthropocène disent certains… Nous avons massacré les baleines, les aigles et les faucons pèlerins, le cheval sauvage de Mongolie, le daim de Mésopotamie, nous avons traqué en jeep l'onyx, aux confins du désert, exterminé les derniers rhinocéros de Java, l'ibis du Japon, la grue blanche américaine, les petits paresseux sont au bord de l'extinction. Nous écrasons tout ce qui est vivant, pour notre jouissance ou pour entasser dans des caves blindées des pyramides de billets de banque.

Partout la main de l'homme, l'œuvre de l'homme. Les vrais rapaces, c'est nous ! Nous avons appelé ces massacres la civilisation. Nous succomberons, broyés par cette civilisation.

Coronavirus... Serait-ce le début de la fin ? Nous avons dominé la rage, la poliomyélite, la fièvre jaune, dominerons-nous cette fièvre de l'argent, de la possession, du profit, cette maladie contagieuse du pouvoir, cette certitude que nous sommes plus intelligents que tout ce qui est vivant autour de nous, les forêts, les rivières, les océans, l'air et tous les animaux qui sautent, rampent, volent.

Je suis agnostique, je n'ai jamais mis les pieds dans une église sauf quand elle était très belle, qu'il faisait très chaud. Je ne crois pas au châtiment divin, à la punition dernière, à l'expiation. Je crois à une réaction cosmique, une saine réaction. Une réaction non préméditée, ni religieuse, ni vengeresse, le début du soulèvement de tout ce qui est vivant, face à notre impérialisme cynique et aveugle. Le virus de notre toute-puissance a fait mille fois plus de dégâts, de souffrances, de morts que ce pauvre coronavirus. Nous sommes, sur cette Terre merveilleuse, l'espèce la plus criminelle, la plus prédatrice, la plus dangereuse. La vie lentement s'écarte de nous, se méfie de nous, sécrète ses anticorps dans les profondeurs des racines et les molécules de l'eau, de l'air.

Le mot virus vient de venin, poison. Nous sommes le venin et le poison, nous sommes la contagion. Nous nous sommes pris pour les dieux de cette planète. Tout ce qui tentait de vivre nous l'avons méprisé, mis en esclavage. Chacun de nous est l'égal d'un figuier, d'un caillou, d'un ruisseau, d'un ver de terre. Nous avons besoin du ver de terre, il n'a pas besoin de nous. C'est un infatigable laboureur qui travaille jour et nuit pour qu'explose la vie, comme les abeilles, les hérissons, les oiseaux et les nuages.

Le coronavirus est peut-être notre dernière chance. « Il lui avait inoculé le virus redoutable de la vertu », écrit Victor Hugo. Puisse ce virus nous contraindre à cette vertu. Nous avons quelques mois pour ouvrir les yeux, pour nous rendre compte que dans les banques il n'y a rien, que les vraies richesses sont autour de nous, ces géraniums sauvages, ces bourgeons qui éclatent partout, cette lumière unique qui n'existe nulle part ailleurs. Le paradis est partout. Nous y sommes.

La seule intelligence, c'est la vie. Tout ce qui pousse vers la mort est bête, les guerres, la frénésie de l'argent, notre consommation effrénée, la lumière morte de nos écrans, les bonheurs virtuels, l'ère du plaisir instantané. Ce n'est pas le virus qu'il faut combattre désormais mais notre rapacité, notre démence qui nous ont éloignés des rivières car nous leur préférions les fleuves d'argent.

Notre vie nous appartient, notre corps nous appartient, notre temps si précieux nous appartient. Chaque jour depuis trente-six ans j'écris le mot gare et je monte dans un train qui n'existe pas. L'imagination ne consomme aucune goutte de kérosène et m'emmène tellement plus loin. J'ai passé ma vie à lire, écrire, marcher, rêver, fendre du bois et caresser la tête d'un chat.

Je vis de presque rien et rien ne me manque. J'ouvre les volets le matin, tout est sous mes yeux, l'herbe pailletée de rosée, la brume rose et verte à l'est, les amandiers couverts d'une neige de fleurs qui éclairent les collines. Ma journée sera semblable à celle d'hier, celle de demain. J'aimerais que cela dure encore mille ans, je ne m'ennuie jamais, je n'ai besoin que de douceur et de beauté.

Je sais pourtant que la mort rôde dans les rues de chaque ville, pousse des portes, escalade à pas de loup des escaliers, se glisse sans bruit dans les maisons des hommes. Quand je pousse mes volets, je ne vois que le printemps, insouciant, jeune à nouveau, lumineux, si heureux de vivre, ivre de sa beauté. Chaque chose est à sa place, la nature est sereine, modeste, équilibrée. Nous nous sommes octroyé une place démesurée et le droit de tout détruire, de tout saccager.

Nous n'avons que quelques mois pour regarder le printemps, écouter le printemps, marcher dans le printemps. Nous n'avons que quelques mois pour entrer dans l'été et vivre comme les oiseaux, les feuilles, les nuages et les vers de terre. Nous ne sommes pas en guerre. Nous devons tuer la guerre. Nous devons nous ranger du côté du printemps, de la beauté, sinon nous serons balayés et la terre se refermera sur nous, nous oubliera pour ne se concentrer que sur la vie et les saisons qui passent. Nous n'aurons été pour elle qu'un simple virus parmi des millions d'autres, dans ces milliards d'années.

Il y a trente-six ans, j'ai fait un choix. Je vais descendre fendre mes bûches, caresser la tête de mon chat et j'irai marcher un peu dans la colline, au moins, si je pars demain, j'aurai profité du printemps.

RENÉ FRÉGNI
18 MARS 2020

RENÉ FRÉGNI, NÉ À MARSEILLE EN 1947, EST L'AUTEUR D'UNE QUINZAINE DE RÉCITS ET ROMANS. IL A PUBLIÉ EN 2019 CHEZ GALLIMARD *DERNIER ARRÊT AVANT L'AUTOMNE* ET, DANS LA COLLECTION « TRACTS/GALLIMARD », *CARNETS DE PRISON*. IL ANIME DEPUIS VINGT-CINQ ANS DES ATELIERS D'ÉCRITURE EN PRISON, NOTAMMENT AUX BAUMETTES. IL VIT À MANOSQUE.

« Pendant trois jours, on a cru te perdre... », c'est ce que me disait ma mère chaque fois qu'une catastrophe ravivait le souvenir des grands périls. En ce mois d'octobre 1957, avec mes deux sœurs nous venions de nous installer au rez-de-chaussée d'un bâtiment de la cité Robespierre, à Aubervilliers, et une forte fièvre m'avait forcé à rester à la maison. Pendant une semaine j'avais gardé le lit face à la fenêtre baignée par le soleil d'automne jusqu'à ce que les murs se mettent à se tordre, les meubles à s'étirer, le plafond à fondre comme une guimauve. Dans le même temps, le poids des draps m'était devenu insupportable, j'avais la sensation de grossir démesurément, de peser des tonnes, d'occuper tout l'espace disponible. Le docteur Saiz, dépêché d'urgence, avait fourni quelques médicaments pour apaiser la fièvre intense qui provoquait le délire. Il avait conseillé de me découvrir, de placer des linges frais sur mon front. C'est tout ce qu'il pouvait faire, et contre toute attente le miracle avait eu lieu.

DIDIER DAENINCKX

ON A CRU TE PERDRE

TRACTS
DE CRISE
GALLIMARD

21 MARS 2020 / 20 H / **N° 9**

J'étais resté quinze jours sans sortir à faire des moulages en plâtre, du découpage de bois grâce à une panoplie de menuisier. Le mal, venu de Chine, rôdait en Europe depuis juin mais personne ne l'avait vraiment pris au sérieux jusqu'à ce qu'il s'installe dans douze provinces italiennes à la toute fin du mois d'août :

À Rome, trente-cinq jeunes congressistes de la Jeunesse Ouvrière Chrétienne, hollandais et belges, ont été isolés dans un lazaret. On fait remonter la source de l'infection au port de Naples, d'une part, et, d'une autre, à la contamination d'un jeune sportif à son retour du Festival de la jeunesse de Moscou. Le virus aurait passé les mers et survolé les monts Oural en même temps.

Un mois plus tard, en l'absence de tout organisme international de veille, « l'influenza » avait franchi les Alpes et un bref article du journal *Le Monde*, le 28 septembre, rassurait la population à propos de la rentrée scolaire alors fixée au premier octobre :

Des craintes se sont manifestées concernant la rentrée des classes à la suite de l'apparition en quelques points du pays de cas particuliers de grippe « asiatique », affections au demeurant assez bénignes.

Une semaine plus tard, on dénombrait 450 morts en Angleterre, ce qui n'empêchait pas les autorités de préciser

« que ces chiffres sont très comparables à ceux de 1956 ». En France, la comptabilité macabre ne concernait alors que le résultat des combats en Algérie : 250 rebelles tués à Tébessa sur le djebel Tadjetount, 28 à Médéa, 48 fellaghas tués par la 12e division d'infanterie coloniale à Beni Ouazzane, 50 autres à Batna, Palestro, Khenchela…

Les équipes de l'Institut Pasteur s'étaient néanmoins lancées dans la fabrication d'un vaccin, nécessitant de disposer d'un nombre impressionnant d'œufs de poule fécondés de 5 à 9 jours pour un investissement de 250 millions de francs non subventionné par l'État. Le professeur Lépine estimait que 15 millions d'œufs, au minimum, seraient indispensables à la vaccination de 25 % de la population française avant de conclure :

> *Le problème consiste à savoir si l'on veut engloutir des millions de francs et soustraire du marché un précieux aliment pour fabriquer un vaccin dont on ne peut être sûr qu'il soit efficace contre une souche dont on doute qu'elle soit dangereuse.*

Selon les sources les plus fiables, la pandémie connue sous le nom de grippe asiatique qui submergea le monde en 1957 fit plus de deux millions de morts dont 15 000 en France métropolitaine.

La chance a fait que je ne me suis pas fondu dans ce chiffre, que je suis demeuré un individu. Le virus mutant rôde à nouveau. C'est un touriste opportuniste, il prend son temps, il profite de toutes les occasions, il fait des selfies, serre la main du premier venu, applaudit ceux qui s'époumonent, se faufile dans les cortèges, visite les églises, les assemblées comme les bidonvilles.

Le Temps, lui, est plus déterminé. Il avance de son pas mesuré, droit devant lui. Il prend son temps pour mieux prendre le nôtre. Et même s'il est mécanique, moins imprévisible, je lui donne la préférence.

DIDIER DAENINCKX

NÉ EN 1949 À SAINT-DENIS (93), DIDIER DAENINCKX EST L'AUTEUR D'UNE SOIXANTAINE DE ROMANS POLICIERS, D'ESSAIS ET DE RECUEILS DE NOUVELLES DEPUIS LA PARUTION EN 1984 DE *MEURTRES POUR MÉMOIRE* DANS LA SÉRIE NOIRE. SON DERNIER ROMAN, *ARTANA ! ARTANA !*, A PARU CHEZ GALLIMARD EN 2018. IL A PUBLIÉ, DANS LA COLLECTION « TRACTS/GALLIMARD », *MUNICIPALES. BANLIEUE NAUFRAGÉE*.

Commencer un livre, c'est avoir un sujet en tête.
Un sujet qui bouillonne et qui nous appartient.
Un sujet dont on n'aime pas parler.
Par superstition – mais pas que.
(Aussi pour le garder en soi comme un secret.)

Tout écrivain possède d'ailleurs une arme secrète.
De se dire, en cas de malheur : *je vais l'écrire*.
Un parent meurt : écrire le deuil.
Un amour meurt : écrire le chagrin.
Or quand tout le monde est obnubilé par le même sujet,
l'écrivain a peur.

N° 10 / **L'IMPOSSIBILITÉ D'ÉCRIRE**

ARTHUR DREYFUS

L'IMPOSSIBILITÉ D'ÉCRIRE

TRACTS
DE CRISE
GALLIMARD

22 MARS 2020 / 14 H / **Nº 10**

Peur de quoi ? De se trouver réduit à deux choix mauvais :

1. Passer, par orgueil, à côté du sujet majeur.
2. Se borner, par paresse, au sujet trop évident.

Le sage s'écrie : « Ce n'est pas le sujet qui importe, mais la façon dont tu le traites ! »
Le défaitiste répond : « Certes, mais tous les traitements sont déjà confisqués. »

Traitements – ou plutôt : « grilles de lecture ».
Comme s'il était impossible de parler du virus sans en tirer sa petite leçon.
Comme si la pandémie transformait tout écrivain en moraliste.
Comme s'il était indécent de recourir au « je ».
Moyennant quoi, l'écrivain passe en revue les *grilles* offertes par les temps qui courent.

La grille de lecture écologique : les dauphins regagnent Venise. On se souvient que les oiseaux chantent. Malmenée depuis un siècle, notre planète respire et c'est tant mieux.

La grille de lecture anticapitaliste : avons-nous besoin de tout ce que nous désirons ? La mobilité du virus pointe les folies du système mondialisé.

La grille de lecture historique : Foucault démontra comment, au Moyen Âge, les épidémies de peste permirent aux administrations de raffermir leur pouvoir de surveillance.

La grille de lecture végétarienne : si les Chinois ne gobaient pas tous les animaux possibles pour leurs vertus soi-disant aphrodisiaques, on n'en serait pas là.

La grille de lecture psychologisante : le virus révèle notre déni de la mort. L'homme s'affole de ne plus pouvoir maîtriser son destin. La peur aussi est contagieuse.

La grille de lecture provocatrice : face à la prolifération d'indignations abusives, et du délire de l'écriture inclusive, la nature se venge, nous rappelant aux vrais sujets.

La grille de lecture scandaleuse : lorsque chacun peut mourir à tout instant, la vie redevient précieuse. (Pourvu qu'on ne découvre pas de vaccin.)

Non. Stop. On n'a pas envie de choisir sa grille.
On n'a pas envie de grilles.
Alors l'écrivain se tourne vers son dernier trésor : l'imaginaire.
Las ! En temps de crise, l'imaginaire individuel se diffracte au profit d'un imaginaire collectif.
En temps de crise – et plus encore de *distanciation sociale.*

Au demeurant : rien n'est plus proche de la vie d'un écrivain que le confinement.
Se lever tard, ne voir personne, repousser les échéances, avoir des scrupules.
Tourner en rond, mâcher du chocolat, remâcher ses obsessions, résister à la sieste, au porno.
(En un éclair, la vie secrète des écrivains est devenue banale.
Un virus a révélé leurs trucs au grand public.)

Cut. Dans un premier temps, l'écrivain songe à écrire un journal de confinement.
Mais tous les écrivains n'auront-ils pas la même idée ?
Les librairies ne seront-elles pas bientôt saturées de récits confinés – criminellement bourgeois ?
Des livres ne parlant pas du virus auront-ils encore le droit d'exister ?
Si oui, qui les lira ?

On en arrive au pied du mur : à ne pouvoir écrire ni sur autre chose – ni sur *ça*.
Incapable de peindre la tempête au cœur de la tempête.
Incapable de ne pas être emporté par la tempête.
Fiction ? Théâtre ? Poésie ? Toute forme paraît absurde.
Ce n'est plus nous qui écrivons le livre : nous sommes dans le livre.
Autrement dit : *cernés par le réel*.

Et quand le réel prend toute la place, on n'a pas envie de détourner les yeux du spectacle.
Car le réel – ou plutôt l'effroi contraignant à scruter ce réel – contraint aussi à vivre au présent.
Et lorsque chaque jour redevient un jour, que chaque heure redevient une heure, les pages rêvées se dissipent dans un futur abstrait ; emportées au vent du Grand Maintenant.

Pause. L'écrivain s'aperçoit que comme tout le monde, il faisait quelque chose pour oublier qu'il était assis sur une chaise, et que demain ressemblerait à aujourd'hui.
Alors profitant de cet aujourd'hui qui ne ressemblera pas à demain, il décide, une fois n'est pas coutume, de ne rien *faire* de tout ça.
De ne rien écrire. De n'en rien dire.
De ne plus être un écrivain.
Et pour la première fois peut-être : d'accepter d'être.

ARTHUR DREYFUS

ARTHUR DREYFUS EST NÉ À LYON EN 1986. IL EST L'AUTEUR DE PLUSIEURS OUVRAGES, DONT QUATRE ROMANS AUX ÉDITIONS GALLIMARD.

SEMAINE 2

23 MARS / 29 MARS 2020

L'ordinaire des grandes villes, c'est le bruit, parfois assourdissant. On voudrait dire aux automobilistes, aux camionneurs, aux motards, et à quelques jeunes fêtards en grappe sous nos fenêtres, de mieux mesurer la nuisance sonore qu'ils produisent. À Paris au milieu du mois d'août, durant peu de jours et de nuits, le bruit est bien moindre, et l'on est comme en vacances, traversant les rues en dehors des clous, avec une insouciance heureuse, presque un sentiment de possession de la ville. En cette toute fin de l'hiver de l'année 2020, alors que le printemps commence à poindre, que les bourgeons éclosent, c'est un étrange et peu ordinaire silence qui s'est installé, qui n'a aucun effet apaisant, qui met en alerte.

PATRICK KÉCHICHIAN

LE DEHORS N'EST PAS LOIN

TRACTS
DE CRISE
GALLIMARD

23 MARS 2020 / 14 H / N° 11

Une sorte de suspension, comme si tout le souffle urbain était retenu dans la gorge et les poumons de la cité. On pourrait s'en réjouir, et même en jouir, ou éprouver un apaisement… et puis non, pas du tout, c'est même tout le contraire. Diffuse, difficile à cerner, l'inquiétude reste à fleur de peau. On tend l'oreille, mais vainement : aucun écho.

Alors, dans ce silence, ou plus précisément dans ce bruit qui manque, fait défaut, cantonné chez soi, on se met à penser. Ou du moins, on essaye, à frais nouveaux. On en a le loisir, et même dans des conditions en apparence optimales. Mais cette pensée, en une telle circonstance, est tout sauf sereine. À chaque instant, elle risque même de se diluer dans l'anxiété, de devenir précipité d'angoisse. Une sorte de noire divagation s'installe, qui ennuage la pensée, plus forte en certaines heures – pour moi, dès que le soir approche. La nuit venue, on en vient presque à regretter le tintamarre juvénile des terrasses, la fumée de cigarette qui monte des trottoirs encombrés, le vrombissement des motos ou des voitures. Ces derniers jours, des applaudissements, quelques voix chantantes, des notes de musique, contrarient heureusement le lourd silence, et les miasmes invisibles qu'il transporte.

Dans cette veille, quelle idée peut nous venir, qu'il faut s'efforcer d'articuler, de formuler, de préserver de cette crainte qui est dans l'air, dans les regards et le mouvement des corps ? Celle, par exemple, allons-y carrément, du dedans et du dehors et de la sensible frontière qui les sépare, ou les rapproche. Je reviens à la première personne, celle de mon confinement. Avant ces jours d'épidémie et de désarroi aux contours flous, le dehors, certes, pouvait m'affecter, m'envahir. En lisant les journaux, en écoutant la radio, je pouvais percevoir, avec précision, information et réflexion, la menace qui pesait sur telle ou telle partie du monde, telle population, ethnie ou groupe, parfois proche. Des catastrophes, naturelles ou non, étaient désignées, décrites, analysées, reliées entre elles. Certaines étaient anticipées. Je compatissais, parfois jusqu'aux larmes. Mais l'impuissance était bien là, massive, muette, évidente, objective et donc protectrice de ma propre personne, que je le veuille ou non. Infranchissable mais transparente la barrière qui, en même temps m'abritait de tous les maux, ou de la plupart, et me donnait d'assister aux affres, incuries et folies du monde. En homme raisonnable, en chrétien tolérant qui refuse – avec une certaine condescendance, il faut bien le dire – les colères et les vitupérations, les jugements à l'emporte-pièce, l'humeur méchante, les partis pris idéologiques ou philosophiques, j'observais, pensais, partageais parfois, avec un ami, un proche, telle pensée ou question…

Quant à mon intériorité, elle suivait cahin-caha son propre chemin, dans le refuge de ma maison et de ma tête, sous la protection de ma bibliothèque et des personnes proches, aimées. Dieu le sait, dans cette tête, cela n'allait pas toujours bien. La productivité de mon esprit laissait souvent à désirer, en termes de qualité plus encore que de quantité. Parfois même, cela déraillait, vers le rêve ou quelque fantasmagorie incontrôlable. Des images du dehors surgissaient, mais demeuraient images, sans réelle menace. Globalement les choses, toutes les choses, du dedans, elles, étaient à l'abri, libres, y compris de déraisonner, de suivre leurs propres chemins et travers, mais dans un espace bien délimité, protégé et identifié : le mien.

Et puis patatras ! Le dehors a surgi dans cet espace, s'est imposé, au cœur même du dispositif, le dénonçant. La frontière n'est plus simplement transparente, elle devient, d'une minute à l'autre, poreuse. Cela suinte de partout. Mon dedans est attaqué – pour la première fois avec cette brutalité, cette frontalité. L'abri de ma propre personne n'est plus sûr, plus sûr du tout. Je ne peux plus, désormais, me prélasser dans les pauvres œuvres d'un moi inattaquable, autonome. L'être spirituel et intérieur dont, secrètement, sans l'avouer, je faisais mon projet, mon motif, ma raison d'être, mon identité, et presque ma gloire, doit affronter une autre vérité : celle du réel. Et de quel droit, de cela, me plaindrais-je ? Cette relativisation, dois-je, clamant ma propre innocence, la condamner ? À l'empire microscopique de mon dedans triomphant, n'est-il pas temps de soumettre l'épreuve décisive, virtuellement mortelle, du dehors ?

Et d'ailleurs, Charles Péguy, dans la *Note conjointe*, peu de temps avant sa mort au champ d'honneur, écrit :

En réalité tout ce grand besoin de fixer l'esprit est un besoin de paresse et d'expression même de la paresse intellectuelle. Ils veulent avant tout être tranquilles. Ils veulent avant tout être sédentaires. Cette même tentation de paresse, cette même fatigue, ce même besoin de tranquillité pour demain qui les fait tous fonctionnaires est le même aussi qui les fait tous intellectuels. De même qu'ils courent tous après les chaires, non point parce qu'on y enseigne, mais parce qu'on y est assis, de même ils veulent avant tout une philosophie, un système de pensée, de connaissance où on est assis.

Ce qu'ils nomment la bonne ordonnance de la pensée, c'est la tranquillité du penseur.

PATRICK KÉCHICHIAN
20 MARS 2020

PATRICK KÉCHICHIAN, NÉ EN 1951 À PARIS, A LONGTEMPS ÉTÉ JOURNALISTE ET CRITIQUE LITTÉRAIRE AU *MONDE*. IL A PUBLIÉ QUELQUES LIVRES, NOTAMMENT *PAULHAN ET SON CONTRAIRE* (GALLIMARD, 2011), *PETIT ÉLOGE DU CATHOLICISME* (FOLIO, 2009) ET *LA DÉFAVEUR* (AD SOLEM, 2017).

À chaque crise planétaire de bons esprits nous objurguent : « Think global, stupid. »

C'est drôle – ou pas – mais, en ce moment, c'est tout à fait autre chose qui s'étale à mes yeux.

En deux mots : la mondialisation ne produit pas de mondialisme.

Bien au contraire. Chacun pour soi, vive la nation !

Du coup, les bons esprits s'étonnent, s'inquiètent.

Si ce sont de bons esprits – ce que je ne suis pas – ils ont raison de s'inquiéter. Mais ils n'en ont pas de s'étonner.

N° 12 / **UN MONDE MOINS MONDIAL QUE JAMAIS**

PASCAL ORY

UN MONDE MOINS MONDIAL QUE JAMAIS

TRACTS
DE CRISE
GALLIMARD

23 MARS 2020 / 20 H / **Nº 12**

I

Reprenons les choses par leur commencement, c'est-à-dire par la fin : la pandémie de 2020.

Les conséquences économiques en seront durables, les conséquences culturelles – qui tiendront surtout à une accélération de tendances antérieures – ne seront pas négligeables. Mais la question la plus importante reste celle des conséquences politiques. Et là, des mots simples les résumeront : échec de l'Union européenne – la seule approximation présente d'un mondialisme à petit pas –, clarté aveuglante des réponses nationales. Ici la voie totalitaire de la Chine continentale, là la voie libérale de la Chine de Taïwan : même efficacité confucéenne, mais rien à voir. Ici tentation du darwinisme social dans les élites britanniques, là ralliement réluctant à l'étatisation des Français, ces perpétuels étatistes perpétuellement réluctants. *Et cætera*. Au reste le grand retour à l'État qu'on diagnostique est décliné de manière totalement nationale : État ancien, État neuf, État fort, État faible…

On objectera que, plus le temps passe, plus les solutions nationales convergent vers le même modèle de réponse, entre fermeture et confinement. Mais la question n'est pas là. Elle est dans la manière dont chaque État-nation gère la crise, qui devient, *ipso facto*, sa crise. Chaque État-nation est en train de décider comment se fermer – ou pas – aux autres : rien de mondialiste là-dedans.

Alors, « ça va servir de leçon » ? Oui : de leçon nationale, particulière à chaque nation. Environ deux cents États-nations, environ deux cents leçons.

II

Pour le comprendre, remontons au Déluge. Remontons à 1917.

Toute histoire politique est une histoire expérimentale : ça marche ou ça ne marche pas ; un peu, beaucoup, pas du tout. Le XXe siècle aura été le siècle d'une courte expérimentation politique – le fascisme – mais encadrée en amont (1917) et en aval (1989) par une longue, une gigantesque expérimentation politique, qui lui a donné sa couleur apparente : l'expérience léniniste.

Le XIXe siècle fut le siècle de la Reine Victoria, le XXe fut le siècle de Lénine. La Commune de Paris dura 72 jours : idéal pour demeurer à l'état d'utopie pure et parfaite. L'URSS dura 72 ans : les sociétés eurent tout le temps de mesurer son bilan. « Union des républiques socialistes soviétiques » : un nom qui dit tout, qui dit l'abolition du national. Un nom très cohérent, d'une ambition impressionnante. Et un échec à son échelle.

Les pays léninistes furent, au final, autant de prisons des peuples, mais ils firent mieux encore : ils terminèrent en exemplaires régimes « de droite » : totalitaires sur le plan politique, autoritaires sur le plan économique, inégalitaires sur le plan social, chauvins, victoriens et conformistes sur le plan culturel.

De ce double échec, en soi et pour soi, dans la confrontation et en interne, est issue la révolution de 1975 : face à la chute de Saïgon, c'est *L'Archipel du Goulag* de Soljenitsyne qui annonçait le monde nouveau, pas le contraire. En quinze ans tout l'univers léniniste s'effondra et, avec l'eau du bain marxiste, les fameux peuples des démocraties populaires jetèrent le bébé de l'international.

À l'ère progressiste des Trente Glorieuses mondiales (Croissance/ Progrès/ Avant-garde) succéda donc une trentaine d'autres années, libérales, qui réhabilitèrent symboliquement la nation. Elle n'avait jamais disparu mais, à l'instar de la lettre volée d'Edgar Poe, on n'avait pas voulu la voir toujours vivace à l'heure des « décolonisations », où pourtant les « fronts de libération nationale » crevaient les yeux. Et puis, quand l'ère libérale commença à donner des signes de faiblesse, le populisme a pris le relais, plus national que lui tu meurs.

Le siècle de Lénine disait : la nation est une « construction », la nation est une « communauté imaginée ». Rien de plus vrai. Sauf que.

Sauf que l'inter-nation, elle aussi, est une construction, une communauté imaginée, tout comme « l'humanité », tout comme le « genre humain ».

Sauf que toute institution politique se fonde sur un mythe, autrement dit un récit structurant, qui lui donne sens. Mythe national mais tout autant mythe international, mythe anarchiste, mythe fasciste… On devrait pourtant savoir, depuis *L'Homme qui a tué Liberty Valance*, que les sociétés n'impriment que les légendes.

Sauf que le mythe national, ça marche encore mieux que le mythe international.

En d'autres termes, à la proposition « la nation est imaginée », la réponse sera toujours : « so what ? »

III

Petite leçon modeste de la pandémie 2020 – en attendant d'autres catastrophes :

1. La nation est la grande invention politique des temps modernes. Elle a déjà duré quatre fois plus longtemps que l'Union soviétique. Cette efficacité est fondée sur le croisement d'une tradition et d'une révolution : l'expérience historique d'un peuple et une hypothèse géniale, de pure idéologie, qu'on appelle la souveraineté populaire.

2. Comme nous le dit Renoir dans *La Règle du jeu* : « Il y a quelque chose d'effrayant sur cette Terre, c'est que tout le monde a ses raisons. » Plus effrayant encore, les sociétés ont toujours raison. Elles fonctionnent à l'intérêt, à la « température ressentie » de ce qu'elles croient leurs intérêts. En histoire il n'y a pas de causes. Rien que des effets. Présentement la cause peut bien être planétaire, les sociétés politiques, faute de mieux, y répondront par un effet identitaire.

3. Il n'y a plus de sens de l'histoire. Entendons par là un sens au sens chrétien. Le dernier sens chrétien, le messianisme marxiste, s'est effondré avec le Mur de Berlin. En matière politique, on est entré – ou retourné – dans l'ère du polythéisme. Les conversions et les révolutions appartenaient à l'ancien monde. Les catastrophes – vocabulaire de la tragédie grecque – sont harmoniques du nouveau.

Voilà qui donne le vertige mais, depuis le temps – près d'un demi-siècle – où tout ça a commencé, il faudra bien qu'on finisse par s'y faire.

PASCAL ORY

PASCAL ORY EST PROFESSEUR ÉMÉRITE D'HISTOIRE À LA SORBONNE (PARIS 1). DERNIER OUVRAGE PARU : *PEUPLE SOUVERAIN* (GALLIMARD). PROCHAIN OUVRAGE À PARAÎTRE : *QU'EST-CE QU'UNE NATION ?* (GALLIMARD).

Le colonel Dandrelin, du temps où, obscur bidasse, je lui rendais visite pour parler des grandes choses, me donnait l'impression d'avoir connu Napoléon. Son pied gelé de la Moskowa en témoignait devant l'Histoire. Le colonel se redressait dans son fauteuil et il s'exclamait devant son orteil sibérien : « mon petit Crépu, il va y avoir du sport ! » Le colonel relisait *Le Mémorial de Sainte-Hélène* à intervalles réguliers. Il ne voyait pas comment tenir, sinon. Car comment vivre sans faire la guerre ? Le colonel n'arrivait pas à conceptualiser une telle chose. Il vivait dans un petit réduit de l'avenue de Breteuil qu'il considérait comme une guérite du pays des Tartares : de là, il pouvait voir venir, sommer l'adversaire de se rendre sans délai. À force de flatterie hors de prix, je lui arrachais le titre de conseiller littéraire, qui me donnait l'allure d'un Las Cases du XXIe siècle. J'aimais sentir le vent du grand soir souffler sur ses volumes reliés en peau d'hippopotame. On n'a pas idée de ce que cachent les septièmes étages du quartier des Invalides.

MICHEL CRÉPU

LA CORONA DU COLONEL DANDRELIN

TRACTS
DE CRISE
GALLIMARD

24 MARS 2020 / 10 H / **Nº 13**

« Comment voyez-vous les choses ?, mon colonel », lui demandais-je respectueusement. On parlait alors d'une invasion invisible qui était aux portes de Paris. « Que dit-on, à Rome ? », me rétorqua-t-il. Rome était son phare d'Ouessant, l'odeur d'encens qui s'en écoulait agissait sur ses neurones à la manière d'un énorme joint de bonne herbe colombienne. Cela lui faisait monter des visions à la tête. « Notez !, me disait-il, je sens que çà vient ». Rome, dans ses vieux ors, lui donnait un matelas intellectuel qui a bien disparu depuis. Le colonel Dandrelin avait l'habitude de prophétiser au gré de ses lectures diverses. Abonné à *La Revue du Joyeux Castor*, fondée vers le temps des débuts de la NRF, il se délectait d'y trouver des signaux avant-coureurs. De croiser une araignée dans l'escalier qui menait à sa turne lui apportait la certitude d'une catastrophe imminente. La dernière fois qu'il avait croisé une araignée dans son escalier avait été la veille d'une invasion des derniers mameluks passée inaperçue des laboratoires de Sciences-Po. « Je vous l'avais dit !! », m'avait-il proclamé. Il n'y avait rien qui faisait rire le colonel comme le programme d'études de Science-Po. Il faut dire qu'il y avait de quoi. Il est vrai qu'on hésite parfois, entre une après-midi d'étude des œuvres complètes de Jacques Attali et une après-midi d'observation des allées et venues d'un groupe d'araignées égarées dans le VIIe arrondissement.

Je penchais personnellement pour les araignées – celles de Chine, a priori. Le colonel Dandrelin se méfiait de la Chine, en qui il voyait une ténébreuse jalouse. « D'ailleurs vous voyez bien, me disait-il, Balzac n'a pas osé introduire des Chinois dans sa *Comédie.* » « Vous êtes sûr ? », objectais-je. Il le jurait, rouvrant pour me le prouver son édition des *Œuvres complètes* de M. Mitsuhirato, également reliée en peau d'hippopotame. Le colonel Dandrelin n'aimait pas sentir la présence d'un rival dans la pièce. Je n'étais pas de taille à jouer le rival, et j'étais trop content de fournir au colonel une petite satisfaction d'ego. Ce n'est pas rien de savoir voir venir. Le colonel ne doutait pas qu'à ce petit jeu, il était le meilleur. « Vous verrez », me dit-il un soir d'automne, alors que je venais de tisonner une bûche dans l'âtre, « nous allons avoir les coronavirus ». « Les coronavirus ? » m'exclamais-je , interloqué par l'irruption de ce vocable dont je n'avais jamais entendu parler.

Le colonel me regardait comme si j'étais un jeune sapeur-pompier venu vendre un calendrier de Nouvel An. Ce qui était d'ailleurs assez le cas. Assez, comme dit Gide, assez souvent dans son *Journal* qu'ignorait superbement le colonel. Le colonel trouvait que *Le Mémorial* valait deux pléiades de plus et surtout, il pensait que la lecture du *Mémorial*, même rafistolé à la noix par Las Cases, permettait seule de lire dans l'avenir. Comment avait-il repéré l'existence du coronavirus ? Il ne voulait rien révéler à ce sujet. J'avais seulement été frappé de voir que le colonel lisait ses chers vieux tomes du *Mémorial* à l'envers. Plusieurs fois, j'avais cherché à faire de même, jetant rapidement l'éponge, à la fin du premier paragraphe, quand l'Empereur évoque ses années d'enfance à Ajaccio. Une migraine épouvantable m'avait saisi au collet, je voyais danser sur ma page des sortes de lutins ricanants. Étaient-ils les ambassadeurs du Corona dont le colonel avait fini par me dire qu'il était semblable aux araignées venimeuses de l'impératrice Tseu-Hi ? L'impératrice portait toujours son masque, brodé de fines pattes de libellule. Le colonel en conservait une sous un bocal de cristal, en provenance des verreries de Wuhan. Cette libellule était fort âgée, on lui donnait dans les trois cents ans. Un érudit de la Cité interdite a prétendu un jour, devant Tchouang-Tseu lui-même, que les araignées à patte de libellule connaissaient les secrets de l'avenir. Cet érudit, âgé lui-même de trois cent douze ans, prétendait que Balzac était la réincarnation d'un mandarin de la cour rapprochée de la terrible impératrice. Si l'on arrivait à mettre tout cela en forme, alors on voyait les lettres du futur s'aligner sagement les unes à côté des autres. Ainsi le colonel avait-il déchiffré l'ultime message annonciateur du virus et il m'en faisait part, avec l'impatience d'un vieux soldat qui s'ennuie. Il avait hâte d'en découdre. En descendant l'escalier, je croisais une colonne d'araignées en robe d'apparat. On entendait des trompettes dans les étages, il y avait une atmosphère spéciale de grand soir inhabituel. Le colonel me cria de son septième étage de bien mettre mon masque. Et j'entendis sa voix de stentor résonner dans la cage d'escalier, comme je n'ai plus jamais entendu depuis. « Il va y avoir su sport ! »

MICHEL CRÉPU

MICHEL CRÉPU EST ÉCRIVAIN ET, DEPUIS 2015, RÉDACTEUR EN CHEF DE *LA NOUVELLE REVUE FRANÇAISE*.

C'est un lieu commun des sciences humaines que de dire que les pathologies conjoncturelles (une épidémie, par exemple) révèlent les pathologies structurelles d'une société.

L'épidémie actuelle le confirme très bien, si l'on s'en fie au petit inventaire, non exhaustif, qui suit, et que chacun.e pourra compléter à loisir (un peu de science participative en ces temps d'otium confiné !).

JOHANN CHAPOUTOT

PATHOLOGIES SOCIALES

TRACTS
DE CRISE
GALLIMARD

24 MARS 2020 / 20 H / **N° 14**

Premier constat, les classes sociales existent et conditionnent, sinon déterminent, la vie – et peut-être la mort – des individus. L'exode des lundi 16 et mardi 17 mars l'a bien prouvé : une résidence secondaire ? une maison de famille ? En route pour un confinement à la campagne ou à la mer ! Peu importe, au passage, que l'on véhicule le virus et que l'on s'installe dans des localités dont les structures hospitalières sont sous-dimensionnées. Une amie éditrice part dans le Luberon et observe – très justement – que les assistantes éditoriales restent dans leur 15 m² parisien. Encore lesdites assistantes peuvent-elles espérer devenir éditrices à leur tour et survivre, plus tard, au Covid-27 ou -32 en Provence, si le réchauffement climatique, d'ici-là, ne l'a pas rendue inhabitable. Ce n'est pas le cas du *Lumpenproletariat* de la livraison à domicile, ni des caissières de supermarchés (monstrueusement exposées), ni des esclaves d'Amazon. Les cadres sont confinés, car le péril est là, et éprouvent les joies du « distanciel » mais les ouvriers, les emballeurs, les techniciens restent rivés au « présentiel », transports en commun inclus. Ajoutez les ouvriers du BTP : manifestement, construire une copropriété est une activité essentielle à la vie de la nation, selon la ministre du Travail. Ex-DRH bien connue pour ses lumières et son humanisme (c'est elle qui avait refusé que le congé de deuil pour perte d'un enfant fût étendu à 15 jours), cette dame intime l'ordre aux entreprises de construction de poursuivre leurs chantiers, peu importe si les gueux qui y travaillent s'exposent et se contaminent – car, c'est bien connu, quand le bâtiment va, tout va. On a pu lire que les premières gardes à vue pour « mise en danger de la vie d'autrui » ont été prononcées (en Seine-Saint-Denis et dans le Pas-de-Calais) contre des « individus » rétifs au confinement. La police ira-t-elle donc appréhender la ministre du Travail ?

Autre enseignement de l'épidémie, la redécouverte de l'État. « L'État tient », se félicite-t-on en haut lieu – l'État, c'est-à-dire les fonctionnaires de l'enseignement, de la santé, de la Poste, pompiers, pour l'essentiel. On pensait ces gens inutiles, oisifs et obsolètes, étrangers à la start up nation et incurablement hostiles au « winning spirit » des « premiers de cordée » : voilà que ces gens qui ne pensent pas qu'à l'argent se révèlent « héroïques ». C'est curieux : il y a encore quelques semaines, ils étaient frappés, gazés au lacrymogène et visés par des grenades et des LBD parce qu'ils réclamaient les moyens de faire leur travail. Les voilà premiers de corvée, « héros en blouse blanche », mais sans masques de protection contre la contamination : en bonne logique néolibérale, il fallait du flux et non du stock (tout stock a un coût budgétaire, en effet). L'argent a été économisé, mais pas l'agent : on le paiera en morts dans le personnel hospitalier. Gageons que les funérailles nationales subséquentes donneront l'occasion de tenir d'émouvants discours sur l'abnégation et le sacrifice de ces admirables combattants. On entendra des couplets émouvants sur les « nouvelles solidarités » et « l'État-providence » de la part de ceux qui, par idéologie, bête et méchante, les détruisent avec acharnement et méthode.

Il y aura un après, nous dit-on. Voire : après la crise de 2008, l'après a consisté à aggraver l'avant. L'État, qui avait sauvé les spéculateurs voyous, a été stigmatisé pour ses déficits !

L'aveuglement odieux de ceux qui détruisent l'État, qui méprisent ses fonctionnaires, tous ceux qui dénonçaient la « gestion » et le « management » du « nouveau monde », tous ceux qui, comme les infirmières et les médecins gazés en manifestations disaient « Vous comptez les sous, on comptera les morts », se paye au prix fort. Cette pandémie est le crash-test du néolibéralisme qui atomise les individus, érige l'argent en seule valeur, raisonne en masses (le BTP, trop important pour l'économie, doit continuer) et en statistiques, et n'a su opposer aux lanceurs d'alertes, aux militants et aux syndicats que la violence d'un État dépouillé en amont et réduit, en aval, à la seule répression policière. On a entendu lors d'une allocution quelconque que toutes les conséquences devraient être tirées : elles le seront.

JOHANN CHAPOUTOT

JOHANN CHAPOUTOT EST PROFESSEUR D'HISTOIRE CONTEMPORAINE À L'UNIVERSITÉ PARIS-SORBONNE. IL A PUBLIÉ DERNIÈREMENT, CHEZ GALLIMARD, *LIBRES D'OBÉIR. LE MANAGEMENT, DU NAZISME À AUJOURD'HUI* (COLLECTION « NRF ESSAIS ») ET A CONTRIBUÉ À L'OUVRAGE *LES NOMS D'ÉPOQUE. DE « RESTAURATION » À « ANNÉES DE PLOMB »* (COLLECTION « BIBLIOTHÈQUE DES HISTOIRES »).

On peut prendre le coronavirus comme le retour de bâton de la mondialisation et du libéralisme débridé. La circulation sans limites des hommes et des marchandises a permis la mondialisation du virus et nous condamne au confinement.

La soumission de la santé publique à la seule logique économique, la politique déjà ancienne en France de démolition du service public laissent les hôpitaux démunis face à une pandémie. Il y a en France quatre fois moins de lits de réanimation qu'en Allemagne. La délocalisation des industries nous a rendus dépendants pour la fourniture de divers produits désormais indispensables. L'orientation de la recherche vers des résultats immédiats a bloqué il y a plusieurs années des recherches en cours sur la famille de virus à laquelle appartient le coronavirus.

PIERRE JOURDE

IN ABSENTIA

TRACTS
DE CRISE
GALLIMARD

25 MARS 2020 / 10 H / **N° 15**

Nous sommes confinés, certes, mais heureusement, nous dit-on, il y a le télétravail. Assurer des cours par Skype ? Les universités n'ont pas toujours l'équipement nécessaire. Il y aura une note à présenter après cette crise, tant elle met en lumière les résultats accablants de cette politique poursuivie en France tous partis confondus, droite, socialistes ou LREM.

D'un autre côté, le confinement qui en résulte fait ressortir un autre aspect de notre monde : chacun enfermé chez soi, plus de contacts physiques, tout à distance, les liens avec le monde extérieur passant désormais par Internet, la télévision, la radio ou le téléphone : la maladie pousse à une sorte de perfection la tendance lourde de nos sociétés à ne plus vivre qu'à distance et virtuellement. Le coronavirus se moque de nous. Vous aimiez tant que ça regarder la télé, faire des jeux vidéos, téléphoner ou envoyer des mails ? Allez-y, à fond, faites-vous plaisir, vous avez désormais une bonne raison pour ça.

Dans notre existence ordinaire, trop souvent, nous circulons enfermés, nous communiquons *in absentia*, nous n'y sommes pas. Nous allions sur les plages, au restaurant, dans le métro, dans la rue ? Oui. Qui n'a jamais vu un cycliste envoyer des SMS en roulant, un touriste téléphoner les pieds dans l'eau face à la mer, des wagons entiers de voyageurs la tête casquée ou penchés sur leur téléphone, des passants qui semblent parler tout seuls mais sont en pleine conversation téléphonique, de jeunes couples au restaurant où chacun de son côté est concentré sur son écran de smartphone ? Nous ne sommes pas là où nous sommes. Plus le monde nous est transparent et ouvert, plus il perd de sa réalité. C'est un bruissement d'images et de sons qui nous parviennent toujours de loin, et la Venise parcourue par les touristes n'est jamais qu'une autre image de Venise. Nous n'allons plus désormais à Venise, son inaccessibilité est celle de toute la réalité pour nous. De sorte que le confinement ne semble rien changer à cette déréalisation. Les rues vides des métropoles, qui paraissent des images de rêves ou de films fantastiques, illustrent ce défaut de réel que sanctionne le coronavirus. La maladie est à la fois le retour du réel, comme il y a un retour du refoulé, et l'assomption définitive de l'irréel.

Notre monde ouvert a également créé la passion du confinement mental. De plus en plus, on voit des étudiants refuser que soient traités des sujets qui heurtent leurs convictions, on expurge des ouvrages de tout ce qui pourrait blesser la sensibilité de toutes sortes de catégories sociales, physiques, sexuelles ou ethniques, on refuse que des blancs traitent de culture noire ou amérindienne car ce serait de l'« appropriation culturelle », une artiste américaine refuse que ses spectacles soient commentés par des critiques blancs. Chacun s'enferme dans son identité, quel que soit le contenu qu'il donne à cette identité. Chacun chez soi. Le village global est devenu une réalité, mais pas du tout au sens qu'envisageait Mac Luhan : c'est l'esprit de clocher universalisé. À quoi bon des métropoles où se côtoient des populations venues de tous les coins du monde, si c'est pour reproduire un isolement ethnique et culturel dont nous pensions que les échanges internationaux le briseraient ?

Lorsque le confinement prendra fin, que nous reprendrons possession des rues et des restaurants, que nous nous embrasserons à nouveau, on peut espérer que nous en finirons avec tous ces confinements, avec tous ces enfermements, on peut espérer que l'orgie de communications à distance à laquelle nous nous serons livrés pendant des semaines nous redonne le goût des contacts réels, que nous serons un peu plus à ce que nous faisons, là où nous sommes, en présence de qui nous sommes.

PIERRE JOURDE

PIERRE JOURDE EST ROMANCIER ET CRITIQUE LITTÉRAIRE. AUX ÉDITIONS GALLIMARD, IL EST NOTAMMENT L'AUTEUR DU *MARÉCHAL ABSOLU*, DE *PARADIS NOIRS*, DE *LA PREMIÈRE PIERRE*, QUI A REÇU LE PRIX JEAN-GIONO 2013, DE *WINTER IS COMING* ET DU *VOYAGE DU CANAPÉ-LIT*.

En 1827, Alessandro Manzoni publie la première édition des *Fiancés* (*I Promessi Sposi*), qui fonde le genre du roman en Italie – où, jusqu'alors, la poésie, le théâtre et la philosophie dominaient.

Un *Don Quichotte* ou un *Tristram Shandy* dûment étudié à l'école par tous les Italiens, qui en connaissent l'histoire par cœur. Lombardie, 1628. Lucia doit épouser Renzo, mais Don Rodrigo s'est épris d'elle et la fait enlever. C'est le début de multiples péripéties avant le mariage final, dans une région dévastée par la peste.

VINCENT RAYNAUD

L'ÉCLIPSE

SITUATIONS ITALIENNES

TRACTS DE CRISE
GALLIMARD

25 MARS 2020 / 20 H / **N° 16**

Devant les images dramatiques de camions militaires quittant Bergame et emportant en pleine nuit des dizaines de cercueils hors de la ville afin qu'ils soient incinérés, on pense à la Lombardie de Manzoni. Nous sommes en 2020 et c'est une autre épidémie qui sévit, faisant payer un lourd tribut à une grande partie du pays. Que se passe-t-il en Italie ?, se demande-t-on face à une situation de catastrophe, à un drame humain sans précédent depuis un siècle et à des chiffres en constante augmentation. Il y a bien des explications (la pyramide des âges, le manque de place en réanimation, voire la pollution, dans ces zones très industrialisées), mais elles paraissent insuffisantes. Le temps de l'analyse viendra. Dans l'immédiat, il faut tenir, contre une épidémie qui échappe à tout contrôle et menace les structures sociales, politiques et économiques. On craint pour le Sud très peuplé, à la population âgée, et dont le système sanitaire ne résistera pas au choc que subissent ces jours-ci la Lombardie, la Vénétie, l'Émilie-Romagne et le Piémont, le Nord prospère.

Tenir, mais comment ? Panique à la Bourse. Nous sommes à Rome, pas Piazza Affari à Milan. Mais c'est tout comme, tant la ville est crépusculaire et méconnaissable, dans l'attente du pire. C'est une scène de *L'Éclipse*, le film de Michelangelo Antonioni qui clôt en 1962 la trilogie dite de « l'impossibilité du couple ». Alain Delon déambule seul dans le décor monumental d'une ville de fin du monde, et sa solitude complète semble bien peu italienne. Ne pas pouvoir se rendre au *bar*, au stade ou au théâtre est plus difficile à vivre dans un pays où le besoin de sociabilité est si fort. D'où la formidable inventivité dont tous font preuve ces jours-ci afin de recréer du lien social. Point d'existentialisme antonionien : dès le début du confinement, les gens sont sortis sur leur balcon et se sont mis à chanter, à jouer de la musique, à se parler et à rire. Puis le reste de l'Europe les a imités.

Les Italiens chantent *Fratelli d'Italia*, l'hymne de Mameli, alors qu'ils ne se sentent d'abord italiens (et non lombards, toscans, napolitains ou siciliens) que tous les quatre ans, pour suivre la *Nazionale* en Coupe du monde de football. Ils l'ont écouté sur toutes les radios du pays – une première – le vendredi 20 mars, étrange façon de célébrer les 159 ans de l'Unité. L'ont suivi trois chansons choisies par la population : *Azzurro* de Celentano, *La Canzone del sole* de Battisti et *Nel blu dipinto di blu* de Modugno. Pourquoi pas Mina, pourquoi pas Patty Pravo, pourquoi pas De André ? Qu'importe. Écoutez-les : c'est l'Italie, vivante et joyeuse.

On le sait, les Italiens possèdent une remarquable capacité à parler de leur présent et de leur passé récent : romans et films, mafia et années de plomb, règne berlusconien et intrigues vaticanes, ils ont cette audace. Depuis le début de l'épidémie, artistes, intellectuels, romanciers et romancières de premier plan racontent l'Italie du virus à leurs concitoyens. Des interventions vidéo d'Alessandro Baricco, de Paolo Fresu et de Jovanotti ; des articles de Paolo Di Paolo et Stefano Massini ; un essai de Paolo Giordano à paraître dans les prochains jours ; des contributions de Marco Missiroli, de Melania Mazzucco ; souvent ils habitent dans les régions les plus touchées ou en sont originaires, et ils racontent ce qu'ils observent autour d'eux. Ils écrivent ou s'expriment alors que les salles de concert, les théâtres et les librairies sont fermés, que les imprimeries sont à l'arrêt et que le monde du livre – pas à la fête en temps normal – souffre encore plus qu'à l'ordinaire.

L'Italie se relèvera, l'hymne de Mameli le dit bien : *L'Italia s'è desta*. Indépendamment et parfois malgré ceux qui la gouvernent, elle a une capacité de rebond, une énergie et une fantaisie qui l'aideront à se remettre en mouvement après la crise, et il y aura beaucoup à apprendre de cette « République fondée sur le travail » (c'est dans sa Constitution). Entre-temps, que peut-on faire pour l'Italie ? Écouter ses artistes, lui dire notre solidarité et donner rendez-vous à la *Squadra azzurra* en finale de l'Euro 2020. En 2021.

VINCENT RAYNAUD

P.S. *Les Fiancés* adapté par Mario Bonnard en 1922, c'est ici : https://www.cinetecamilano.it/news/17-03-2020-i-promessi-sposi-in-streaming-, mis en ligne gratuitement par la Cinémathèque de Milan.

NÉ EN 1971, VINCENT RAYNAUD EST ÉDITEUR ET TRADUCTEUR LITTÉRAIRE. SON ROMAN *TOUTES LES PLANÈTES QUE NOUS CROISONS SONT MORTES* A PARU EN 2019.

Choc. Nous y sommes en plein. Nous voici en état de choc. Un état qui se manifeste d'abord par une suppression du temps. Il nous coupe du passé et de ses repères, du présent et de sa routine, mais aussi de l'avenir dont on ne sait pas grand-chose, si ce n'est que rien ne sera plus comme avant. D'imprévisible il est devenu irreprésentable. Cette suppression du temps est le propre de toutes les révolutions – on le sait depuis Michelet : « le temps a péri, l'espace a péri, ces deux conditions matérielles auxquelles la vie est soumise... Étrange *vita nuova* qui commence pour la France » – sauf que ce n'est pas une révolution que nous vivons, pas plus qu'une guerre d'ailleurs.

ARTHUR
DÉNOUVEAUX
&
ANTOINE
GARAPON

DU CHOC À L'EXPÉRIENCE

TRACTS
DE CRISE
GALLIMARD
26 MARS 2020 / 10 H / **N° 17**

Que vivons-nous alors ? Une menace ? À l'évidence, mais elle n'a rien à voir avec la menace nucléaire ou la menace, très réelle aujourd'hui, de la récession qui ont des causes politiques ou économiques. Un risque ? Non car le risque se calcule, à la différence de la catastrophe qui nous cueille « à froid » ; on mesure entre le risque et la catastrophe la même distance qu'entre la peur – qui justifie selon Hobbes de s'unir autour d'un pacte de délégation de sa liberté contre la protection du souverain – et la terreur – qui paralyse et pousse à un regroupement archaïque autour du chef : « la seule façon de mettre les gens ensemble, c'est encore de leur envoyer la peste », dit à Tarrou le cynique Cottard dans *La Peste*. Un danger ? Oui, mais ce danger c'est celui de la contamination dont Ricœur rappelle qu'il s'agit de la perception la plus archaïque de la propagation du mal, par contact. Elle fait pièce à l'idée de souillure et de sacré ; cette pandémie moderne nous renvoie à quelque chose d'archaïque.

Certains voient un peu précipitamment dans cet événement une invention maléfique du biopouvoir pour se maintenir ; elle serait le stade ultime d'une domination qui ne peut plus s'exercer que sur la vie biologique. D'autres y voient le retour de peurs ancestrales, d'un mal inconnu et invisible, voire d'une punition divine. Les deux ont raison, à leur manière, car nous vivons en même temps le stade ultime du monde d'hier et un stade premier du monde de demain. D'où ce temps si particulier que les anthropologues appellent un « temps fondateur ». Mais ils ne peuvent en parler qu'en regardant en arrière, avec le regard distancié du savant ; nous, nous sommes en plein dedans, en étant confinés dans la caverne.

Le choc vient de ce que l'entendement bute contre un événement dont la causalité est introuvable. Bien sûr, nous savons tout ou presque, sur le virus, ses modes de propagation, etc., mais il nous plonge dans un registre de sens inconnu, qui se situe au-delà de la politique ou de l'économie. Nous sommes propulsés dans un nouvel ordre dans lequel, comme dit le juge Othon : « ce n'est pas la loi qui compte, mais la condamnation » ; « du point de vue supérieur de la peste, ajoute Camus, tout le monde, depuis le directeur jusqu'au dernier détenu, était condamné et, pour la première fois peut-être, il régnait dans la prison une justice absolue ». La loi humaine, le droit, se trouvent directement aux prises avec la loi biologique fondamentale, celle de la vie et de la mort. La différence avec la guerre où des vies s'affrontent dans une lutte impitoyable, c'est qu'aujourd'hui tous les hommes, peut-être pour la première fois dans l'histoire de l'humanité, conscients ensemble d'affronter le même danger mortel, se réunissent pour lutter contre l'agent mortifère. Dans l'état d'urgence sanitaire, l'espèce humaine tout entière est devenue un grand syndicat des vivants contre la mort. Un syndicat qui aurait décidé unanimement d'une grève d'un genre nouveau, qui donnerait du temps pour élaborer les revendications de demain. Décidément le temps est inversé.

L'état de choc nous laisse collés, presque fascinés, par les dégâts que provoque l'entrechoc du virus avec nos corps, nous voilà ramenés à la fragilité de nos corps physiques. La seule causalité mécanique de la propagation ne peut satisfaire notre aspiration à donner du sens à ce qui nous arrive, qui exige de rapatrier l'événement dans l'ordre moral, et de nous permettre d'en tirer une expérience nouvelle du monde. C'est la raison pour laquelle nous multiplions les métaphores adéquates, non seulement pour rendre compte de cette causalité qui ne nous suffit pas, mais aussi de façon à utiliser notre imagination pour dédoubler les faits bruts par des signes d'actions possibles. Ce qui retient l'attention dans la métaphore guerrière, ce n'est pas tant l'ennemi, ni la victoire finale, que la mobilisation générale. C'est à cette condition que le choc, que la seule science ne suffit pas à dépasser, pourra prendre véritablement du sens, et accéder au statut d'expérience.

On passe du choc à l'expérience lorsque l'on arrive à mettre des mots sur notre vécu, et donc à le rendre partageable avec d'autres, à le faire entrer dans une relation. Difficile quand l'autre est devenu source de danger et de méfiance, et que le confinement est devenu la règle planétaire. Il nous faut pourtant trouver une relation qui identifie le mal sous sa forme nouvelle, et qui nous permette de se projeter à nouveau collectivement dans l'avenir, bref de renouer avec la politique. Le choc paralyse tandis que l'expérience insuffle un nouvel élan vital. Cet élan rouvre le temps, il permet de sortir du temps immobile du choc pour « durer » ensemble, penser à l'avenir, et agir de nouveau politiquement. L'expérience lie le passé, le présent et l'avenir : demain commence aujourd'hui.

Si Pierre Hassner a pu parler de « la revanche des passions », après les attentats de 2015, aujourd'hui, c'est la revanche de la nature. La nature va peut-être réaliser en quelques mois ce que les hommes n'arrivaient pas à faire depuis des décennies, à savoir de discipliner une mondialisation en bout de course et à remettre l'humain au centre d'un capitalisme saisi d'hubris. « Il faut fonder le concept de progrès sur l'idée de catastrophe, écrit Walter Benjamin dans son essai sur *Charles Baudelaire*. Que les choses continuent comme avant, voilà la catastrophe ».

Passer de l'infection à la contamination, du contact qui tue à la solidarité qui vivifie, c'est habiller d'expérience une réalité physique, et préparer la vie d'après. C'est le sens que l'on peut lire dans la dernière phrase de *La Peste* : Rieux savait « que le bacille de la peste ne meurt ni ne disparaît jamais, il peut rester pendant des dizaines d'années endormi dans les meubles et le linge, qu'il attend patiemment dans les chambres, les caves, les mouchoirs et les paperasses, et que, peut-être, le jour viendrait où, pour le malheur et l'enseignement des hommes, la peste réveillerait ses rats et les enverrait mourir dans une cité heureuse ». Alors que nous sommes encore sous le choc, interdits par le malheur, l'expérience nous permettra d'en tirer les enseignements pour nous rendre plus forts, en méditant ce dernier vers du poème « Pendant que la mer gronde » de Victor Hugo : « Tout orage finit par ce pardon, l'azur. »

ARTHUR DÉNOUVEAUX, ANTOINE GARAPON

ARTHUR DÉNOUVEAUX, NÉ EN 1986 ET DIPLÔMÉ DE L'ÉCOLE POLYTECHNIQUE, EST ENTREPRENEUR. SURVIVANT DE L'ATTENTAT DU BATACLAN, IL PRÉSIDE L'ASSOCIATION DE VICTIMES « LIFE FOR PARIS : 13 NOVEMBRE 2015 ». ANTOINE GARAPON, NÉ EN 1952, EST MAGISTRAT, SECRÉTAIRE GÉNÉRAL DE L'INSTITUT DES HAUTES ÉTUDES SUR LA JUSTICE. ILS ONT PUBLIÉ *VICTIMES, ET APRÈS ?* DANS LA COLLECTION « TRACTS/GALLIMARD » EN NOVEMBRE 2019.

Sans doute le professeur Adrien Proust se serait-il ébahi si quiconque avait osé affirmer devant lui que le confinement était le souverain remède aux épidémies. Le grand hygiéniste, promoteur du cordon sanitaire et de la quarantaine, ne connaît du mot « confinement » que le sens de réduit malsain où se propagent les miasmes, et il parle d'une atmosphère ou d'un air « confinés » comme de milieux favorisant le développement de ces maladies infectieuses – peste, fièvre jaune, choléra asiatique – dont il a étudié la marche de la Russie à l'Inde, de la Perse au Levant.

THIERRY LAGET

SÉQUESTRATIONS PROUSTIENNES

TRACTS DE CRISE
GALLIMARD

26 MARS 2020 / 20 H / **N° 18**

À ce terme, qui a brutalement pris une actualité si vitale que certains réclament aujourd'hui la destitution du Président de la République chaque fois qu'il ne le prononce pas, le professeur préfère celui de « séquestration » – celle des malades, plutôt que celle des bien-portants : « La transmissibilité du choléra se trouve confirmée par les résultats des mesures restrictives, écrit-il en 1873 dans son *Essai sur l'hygiène internationale*. Nous verrons, en effet, qu'une séquestration rigoureuse, l'interruption des communications par terre ou par mer ont réussi à préserver certains lieux ou certains pays. » Il multiplie les anecdotes sur les bienfaits de l'isolement, rapportant qu'en 1865 la Sicile avait pris « les mesures les plus sévères » et obtenu « une immunité complète » : « Elle exagéra même à ce point la prudence, que, en septembre 1867, passant par Messine, je pus constater que, bien que l'épidémie fût presque partout éteinte, la Sicile n'avait pas encore renoncé à tout système restrictif. Les lettres déposées à distance n'étaient remises qu'après avoir été parfumées avec la boîte qui les contenait. »

On imagine que son fils Marcel a souvent entendu narrer ces expéditions : son goût de la prophylaxie exagérée, à la sicilienne, est peut-être une manière d'hommage au père, un témoignage d'affection filiale. Ne songe-t-il pas à ces récits lorsqu'il acquiert l'appareil que décrit Céleste Albaret, « sorte de machine, pareille à une longue boîte, dans laquelle on mettait du formol et on introduisait les lettres » pour les désinfecter ?

« Dans mon état, explique-t-il, il suffirait que quelqu'un qui ait la scarlatine, la rougeole ou une autre maladie contagieuse, m'écrive… j'attraperais en un rien de temps le microbe. » Il reçoit les visiteurs au lit, mais ganté de fil gris, car il redoute la poignée de main, vecteur de germes morbides. Rêve-t-il d'être enfermé, lui aussi, avec ses fumigations et ses manuscrits, dans l'étuve à formol ? Il ne serait pas tellement dépaysé en 2020. En cela comme en bien d'autres choses, il fut en avance sur son temps.

Si, dans *À la recherche du temps perdu*, il a inoculé à tante Léonie, qui ne quitte plus son appartement particulier, « toujours couchée dans un état incertain de chagrin, de débilité physique, de maladie, d'idée fixe et de dévotion », à son narrateur et à divers personnages, neurasthéniques d'occasion ou de vocation, ce qui se nommait naguère hypocondrie, et n'est plus désormais que civisme et principe de précaution, il révèle, dans la dédicace des *Plaisirs et les Jours*, que, lorsqu'il était enfant, aucun sort ne lui semblait plus misérable que celui de Noé, « enfermé dans l'arche pendant quarante jours », jusqu'à ce que lui-même dût, à son tour, vivre claustré par la maladie. « Je compris alors que jamais Noé ne put si bien voir le monde que de l'arche, malgré qu'elle fût close et qu'il fît nuit sur la Terre. »

Le monde que Proust découvre alors est souvent celui de ces espaces clos où l'on dort, où l'on aime, où l'on souffre, dont on ne s'évade que par le rêve, le mensonge, la lecture ou l'imagination – c'est à croire que les carreaux des hublots de son arche sont des miroirs. Et ce n'est pas seulement Albertine qui est « la prisonnière », séquestrée dans la chambre du narrateur, mais, comme des Esclaves de Michel-Ange dans les Prisons de Piranèse, tous les personnages – Odette, que Swann voudrait tenir recluse dans son boudoir, Rachel, que Saint-Loup torture de sa jalousie, le public de l'Opéra dans les baignoires, les gaillards qui flagellent Charlus dans une chambre de l'hôtel de Jupien, et le narrateur même qui se retire pendant des années dans une maison de santé, dont il ne revient que pour délivrer la conclusion de son livre.

Mais la séquestration est d'abord le moyen et le but suprêmes du romancier, lui-même séquestré pour mieux séquestrer son lecteur, telle Shéhérazade dans le palais du roi Chahriar. Le récit ne doit jamais s'interrompre et la claustration doit donc être éternelle. La distance entre le spectacle et la plume qui en rend compte n'est jamais assez grande, la nuit assez noire, le silence assez profond – c'est qu'il s'agit d'écouter des voix intérieures. Et pour cela il faut vivre les volets clos, les rideaux tirés, assourdir les bruits du dehors par des plaques de liège capitonnant les murs, entretenir avec la femme du dentiste une correspondance pour obtenir qu'elle persuade son mari de faire taire la roulette, doubler les gages des domestiques des voisins du dessus pour qu'ils marchent avec des chaussons. Voilà, parole d'expert, ce que devrait être un « confinement général ». Plutôt que dans l'arche, Jean Cocteau, reçu chez Proust, croit pénétrer dans le *Nautilus*.

La littérature est au prix de ce renoncement et de cette séquestration sous-marine. C'est enfermé en soi, hors du monde et en son centre, que Proust a pu, à l'écart de ses contemporains, forger cette langue qui se distinguait de la leur, qu'ils ne comprenaient pas – comme l'italien, le roumain, l'espagnol, le français, éloignés de leur commune matrice par l'écoulement des siècles ou par des frontières naturelles, ne seraient pas compris d'un légionnaire romain ou d'un vieux poète mantouan – mais qui est peu à peu devenue, au fil des ans, celle qui leur parle le plus clairement d'eux-mêmes. Car il n'est peut-être pas, en définitive, de meilleure manière d'être ensemble que d'être longtemps séparés.

THIERRY LAGET

THIERRY LAGET EST L'AUTEUR DE PLUSIEURS OUVRAGES AUX ÉDITIONS GALLIMARD, DONT *LA LANTERNE D'ARISTOTE*, *DIX MANTEAUX ROUGES* ET, DERNIÈREMENT, *PROUST, PRIX GONCOURT. UNE ÉMEUTE LITTÉRAIRE*.

Parmi nos proches à l'hôpital en ce moment, il y a ceux que nous reverrons à l'issue de la période de confinement, et ceux qui vont mourir durant le confinement.

Comment accompagner les personnes hospitalisées ? Peut-on, malgré les règles de confinement, se déplacer pour assister aux obsèques des défunts ? Comment enterre-t-on nos morts ? N'est-ce pas une douleur supplémentaire d'être obligé de manquer le moment crucial ? Que faire de ce besoin d'être présent quand la vie de l'autre est en sursis, puis s'éteint ? Toutes ces questions posent aussi celle du rôle essentiel des soignants, prenant le relais que nous sommes contraints de leur passer.

CLAIRE FERCAK

CES MORTS QU'ON N'ACCOMPAGNE PAS

TRACTS
DE CRISE
GALLIMARD

27 MARS 2020 / 10 H / **N° 19**

Dans mon dernier livre, je traite de l'accompagnement de proches en fin de vie ; j'ai essayé d'aborder cette épreuve jusqu'au deuil qui s'ensuit, de façon plurielle, en recueillant différents témoignages, en envisageant plusieurs points de vue ; cette expérience personnelle, intime, pouvant être vécue de manières très diverses, et cela au sein d'une même famille, d'un groupe d'amis. La façon personnelle dont vous vivez la perte est liée à la singularité de votre relation au défunt, et aux circonstances de sa disparition.

Dans mon approche, j'ai omis une possibilité. À aucun instant, je n'ai pensé à cette situation, terrible, que beaucoup ont maintenant à affronter : celle de ne pas pouvoir accompagner, assister, celle d'avoir l'interdiction d'être là.

Comment choisir qui rend visite – quand il est possible de le faire – dans les hôpitaux, mais aussi dans les services de soins palliatifs ? Qui passe le premier coup de fil de la journée au patient, selon quel planning sans trop le fatiguer – quand il lui est possible de répondre ? Et ensuite, quand vient le décès, comment choisir qui accompagne, qui assiste à la crémation – quand il n'est pas proscrit de le faire ? Comment vit-on cette mort qu'on n'accompagne pas, qu'on ne voit pas, dont on est forcé de s'absenter ? Enfin, comment se recueillir quand l'événement et les lieux, conditions habituelles de la simple présence ou du rassemblement auprès du mort, vous ont été enlevés ?

Les témoignages s'amoncellent ces derniers jours : une femme n'ayant pas pu assister à l'enterrement de son père, un fils ne pouvant organiser le rite religieux pour la mort de sa mère, une mère et ses enfants n'ayant pu être auprès de leur mari et père, etc., etc., etc. Ces décès ne sont pas tous dus au Covid-19, mais leurs conditions sont soumises aux restrictions actuelles.

Les visites en hôpitaux, en EHPAD et en centres de soins palliatifs sont extrêmement réduites, voire bannies. L'accompagnement d'un proche est véritablement une expérience collective, pas seulement dans la chambre qui accueille votre patient ; vous pouvez également croiser, côtoyer, les familles des autres pendant des jours, des semaines, des mois, un lien se crée avec eux, avec le personnel soignant et avec les bénévoles. Aujourd'hui ce lien se voit rompu brutalement, accentuant l'âpreté, l'inquiétude, la souffrance.

Les derniers moments de vie peuvent être joyeux tant qu'ils sont partagés. C'est encore la vie qui s'exprime et chacun a envie d'en profiter. Certaines interactions n'existeront pas : un échange avec un autre patient, chuchoter à l'oreille de ceux qu'on aime, le bonheur du malade qui vous voit arriver, l'instant banal que l'on vit comme un instant de grâce – une dernière sortie dans le jardin de l'hôpital, un ultime aveu, des mains qui se serrent, des caresses sur une joue, des embrassades – parfois seul le toucher est le moyen de communiquer ; tous ces gestes que l'on multiplie parce qu'on sait que le corps bientôt disparaîtra. C'est déchirant de penser que ces moments de partage sont retirés à certains.

Quand le décès survient, l'organisation des cérémonies funéraires demeure actuellement possible, mais sous certaines conditions – respect des gestes barrières, nombre très limité de personnes de la famille, l'organisation demeure possible, mais pas partout.

Le premier mouvement, le rendez-vous pour organiser les obsèques, se fait par téléphone et par mail. Les décisions se prennent dans un rapport aux autres ténu, avec le plus de distance physique possible. Selon les régions, les établissements, les entreprises de pompes funèbres, les règles ne sont pas les mêmes sur tout le territoire, et elles ne cessent d'évoluer. Des lieux de recueillement sont fermés, des messes interdites, les services funéraires réduits, la majorité des crématoriums ont suspendu les cérémonies ; celles qui sont autorisées limitent le nombre de personnes présentes. Il n'est plus possible de monter à bord du véhicule funéraire pour accompagner son proche au crématorium, au cimetière, et les cimetières sont fermés. Les corps des patients décédés du Covid-19 sont placés dans une housse mortuaire étanche qui ne pourra plus être ouverte, avant d'être transférés en chambre funéraire. Les toilettes rituelles, les soins de conservation usuels ne sont plus possibles pour eux.

Aller récupérer les affaires de votre proche à l'hôpital ou en soins palliatifs peut devenir ce moment dépersonnalisé, froid, rapide, effectué dans le respect des gestes barrières. La complicité avec les soignants doit elle aussi être mise à distance, écourtée ; les bénévoles n'ont plus le droit d'être présents.

La nuit du décès de ma mère en 2016, dans un centre de soins palliatifs, la patiente de la chambre voisine est morte aussi. Le lendemain matin, le mari de cette patiente que j'avais croisé pendant des semaines, m'a prise dans ses bras et m'a dit cette phrase dont j'aime bien me souvenir : « Il y avait un bus pour l'au-delà qui passait la nuit dernière, elles ont dû le prendre ensemble. » Un tel échange semble inenvisageable aujourd'hui, alors qu'il participe de cette mémoire que nous persévérons à constituer après le décès, à nous approprier.

Il n'est plus vraiment possible de se sentir libre de réagir au surgissement de la mort ; s'éloigner si on en a besoin, se recueillir sur une tombe, organiser la collation d'après obsèques, retourner chez le défunt, se réunir en famille pour partager des souvenirs amusants, s'échanger des photos, multiplier les accolades, convoquer la mémoire du défunt. Dévoiler des histoires familiales, amicales pour perpétuer cette mémoire. La parole, le langage mis en commun permettent de se recueillir, d'ajuster en groupe cette nouvelle histoire dont un membre a été ôté. La discussion, l'échange de quelques mots, le fait de pouvoir nommer la souffrance ressentie à ce moment-là, nommer le manque, le fait d'avoir la liberté de le faire, peut remettre de l'ordre, du sens dans ce bouleversement. C'est parfois l'occasion de commencer à trouver, inventer, une nouvelle place au défunt. Être présent, témoin, aide alors à construire un socle personnel, un rapport à l'absence.

Même s'isoler chez soi pour se plonger dans le chagrin n'est plus un choix, c'est une obligation, une conformation aux règles de confinement. Bien sûr, on y consent, on les respecte, mais cela va à l'encontre de ce dont on peut avoir besoin en ce temps d'adieu : choisir les conditions, les lieux, susceptibles de nous aider à supporter, traverser cette épreuve, à apprivoiser la mort.

Recueillir : recevoir et assembler pour conserver, comme on le fait de l'eau de pluie. Se recueillir : concentrer son attention, créer des circonstances pour retenir, ne pas disperser, pour prendre le temps de penser au défunt, pour faire vivre cette mort, et l'absorber, la tordre ou l'épuiser. Trouver une façon de vivre son chagrin, de partager la présence du mort. Épouser la forme qui nous convient pour dire adieu correctement. Dans chaque disparition se joue quelque chose de précis, de personnel, qui vous atteint, vous forge ou vous écrase, vous permet de diverses manières (rejet, repli, résignation, colère, affliction, etc.) d'apprivoiser la perte, de pérenniser votre relation au défunt dans ce monde hasardeux de l'après-mort. Toute perte est unique, et provoque en cascade plusieurs chagrins auxquels il faudra faire une place.

Comment vivra-t-on avec les morts qu'on n'a pas pu voir mourir, qu'on n'a pas pu enterrer selon ses croyances ? Comment vivra-t-on avec ces proches pour lesquels le recueillement a été entravé ? D'autres conditions d'accompagnement auraient-elles été possibles, si, par exemple, on avait pu tester un plus grand nombre de personnes : les malades hospitalisés pour d'autres pathologies que le Covid-19 et les proches leur rendant visite, entre autres.

Tous ceux qui fréquentent les hôpitaux savent à quel point les conditions de travail des soignants sont difficiles. Voici qu'aujourd'hui elles sont pires. Outre les conditions, le manque de matériel pour se protéger, la pénurie de masques, les soignants se trouvent face à toutes ces morts solitaires. Ce sont eux qui en sont témoins. Des psychiatres, psychologues et psychanalystes se rendent disponibles pour eux, créent des numéros d'appel gratuit pour les aider. Les soignants et les aidants ont besoin d'aide, voilà notre société. Dans une société où l'allongement des congés d'un parent qui perd un enfant est remis en question par des députés à l'Assemblée nationale, dans une société où les cris d'alerte des personnels médicaux ont été ignorés pendant des années, comment s'organisera l'écoute, le soutien dont les soignants auront besoin ? Qui prendra soin d'eux ? Quel espace et quel temps leur seront ouverts, offerts ? En dehors des mobilisations associatives et individuelles, quelle humanité pour les entendre et agir en conséquence ? Pour eux, pour d'autres, la fin du confinement ne sera pas une grande fête, une bataille remportée, une « guerre » que l'on aura gagnée de façon souveraine et sans inquiétude. Non. Il y aurait bien des choses à retenir de l'inquiétude, de la mort, par exemple que, face à elle, nous pouvons être bien seuls et démunis. Si cela pouvait rendre modestes, plus humains, ceux qui ont échoué par arrogance, par mépris, par intérêt financier…

Après la peur, après l'isolement, après la mort, le gouvernement nous demandera de mettre les bouchées doubles pour rétablir l'économie, et ce sera l'occasion renouvelée de nous enjoindre à être « solidaires ». Pour ceux qui ont perdu un proche, un temps sera nécessaire à la réappropriation des moments retirés.

CLAIRE FERCAK

CLAIRE FERCAK, NÉE EN 1982, EST L'AUTEURE DE TROIS ROMANS AUX ÉDITIONS VERTICALES : *RIDEAU DE VERRE* (2007 ; J'AI LU, 2010), *HISTOIRES NATURELLES DE L'OUBLI* (2015) ET *CE QUI EST NOMMÉ RESTE EN VIE*, PARU EN JANVIER 2020.

J'ai toujours considéré que la situation actuelle, marquée par une pandémie virale, n'avait rien de bien exceptionnel. Depuis la pandémie (virale aussi) du Sida, en passant par la grippe aviaire, le virus Ebola, le virus Sars 1, sans parler de plusieurs grippes, voire du retour de la rougeole, ou des tuberculoses que les antibiotiques ne guérissent plus, nous savons que le marché mondial, combiné à l'existence de vastes zones sous-médicalisées et de l'insuffisance de discipline mondiale dans les vaccinations nécessaires, produit inévitablement des épidémies sérieuses et dévastatrices (dans le cas du Sida, plusieurs millions de morts). Hormis le fait que la situation de la pandémie actuelle frappe cette fois à grande échelle l'assez confortable monde dit occidental – fait en lui-même dépourvu de signification novatrice, et appelant plutôt des déplorations suspectes et des âneries révoltantes sur réseaux sociaux – je ne voyais pas qu'au-delà des mesures de protection évidentes et du temps que mettra le virus à disparaître dans l'absence de nouvelles cibles, il faille monter sur ses grands chevaux.

ALAIN BADIOU

SUR LA SITUATION ÉPIDÉMIQUE

TRACTS
DE CRISE
GALLIMARD

27 MARS 2020 / 20 H / **Nº 20**

Au demeurant, le vrai nom de l'épidémie en cours devrait indiquer qu'elle relève en un sens du « rien de nouveau sous le ciel contemporain ». Ce vrai nom est SARS 2, soit « Severe Acute Respiratory Syndrom 2 », nomination qui inscrit en fait une identification « en second temps », après l'épidémie de SARS 1, qui s'était déployée dans le monde au printemps 2003. Cette maladie avait été nommée à l'époque « la première maladie inconnue du XXIe siècle ». Il est donc clair que l'épidémie actuelle n'est aucunement le surgissement de quelque chose de radicalement nouveau, ou d'inouï. Elle est la deuxième du siècle dans son genre, et situable dans sa filiation. Au point même que la seule critique sérieuse adressée, aujourd'hui, en matière prédictive, aux autorités, est de n'avoir pas sérieusement soutenu, après SARS 1, la recherche qui aurait mis à la disposition du monde médical des moyens d'action véritables contre SARS 2. C'est du reste une critique grave, qui dénonce une carence de l'État dans son rapport à la science, rapport essentiel dans la situation présente. Mais ceci est passé…

En attendant, je ne voyais donc rien d'autre à faire que d'essayer, comme tout le monde, de me séquestrer chez moi, et rien d'autre à dire que d'exhorter tout le monde à faire de même. Respecter sur ce point une stricte discipline est d'autant plus nécessaire qu'elle est un appui et une protection fondamentale pour tous ceux qui sont les plus exposés : bien sûr, tous les soignants, qui sont directement sur le front, et qui doivent pouvoir compter sur une ferme discipline, y compris des personnes infectées ; mais aussi les plus faibles, comme les gens âgés, notamment en EHPAD ; et encore tous ceux qui vont au travail et courent ainsi le risque d'une contagion. Cette discipline de ceux qui peuvent obéir à l'impératif « rester chez soi » doit aussi trouver et proposer les moyens pour que ceux qui n'ont guère ou pas de « chez eux » puissent cependant trouver un abri sûr. On peut ici penser à une réquisition générale de certains hôtels, et à la constitution de « brigades » de jeunes volontaires pour assurer par livraisons le ravitaillement, comme cela s'est déjà fait, par exemple, à Nice.

Ces obligations sont, il est vrai, de plus en plus impérieuses, mais ne comportent pas, du moins à un premier examen, de grands efforts d'analyse ou de constitution d'une pensée neuve. Elles sont de l'ordre de ce qui fut nommé « le secours populaire ».

Mais voici que vraiment, je lis trop de choses, j'entends trop de choses, y compris dans mon entourage, qui me déconcertent par le trouble qu'elles manifestent, et par leur inappropriation totale à la situation, à vrai dire simple, dans laquelle nous sommes. Trop de gens qui, comme me le fait remarquer Élisabeth Roudinesco, songent moins à combattre efficacement la tragédie qu'à en jouir.

Ces déclarations péremptoires, ces appels pathétiques, ces accusations emphatiques, sont d'espèces différentes, mais toutes ont en commun, outre justement une secrète jouissance, un curieux mépris de la redoutable simplicité, et de l'absence de nouveauté, de la situation épidémique actuelle. Ou bien elles sont inutilement serviles au regard des pouvoirs, qui ne font en fait que ce à quoi ils sont contraints par la nature du phénomène. Ou bien elles nous ressortent la Planète et sa mystique, ce qui ne nous avance en rien. Ou bien elles mettent tout sur le dos du pauvre Macron, qui ne fait, et pas plus mal qu'un autre, que son travail de chef d'État en temps de guerre ou d'épidémie. Ou bien elles crient à l'événement fondateur d'une révolution inouïe, dont on ne voit pas quel rapport elle soutiendrait avec l'extermination d'un virus, dont du reste nos « révolutionnaires » n'ont pas le moindre moyen nouveau. Ou bien elles sombrent dans un pessimisme de fin du monde. Ou bien elles s'exaspèrent sur le point que le « moi d'abord », règle d'or de l'idéologie contemporaine, ne soit en la circonstance d'aucun intérêt, d'aucun secours, et puisse même apparaître comme complice d'une continuation indéfinie du mal.

On dirait que l'épreuve épidémique dissout partout l'activité intrinsèque de la Raison, et qu'elle oblige les sujets à revenir aux tristes effets – mysticisme, fabulations, prières, prophéties et malédictions – dont le Moyen Âge était coutumier quand la peste balayait les territoires.

Du coup, je me sens quelque peu contraint de rassembler quelques idées simples. Je dirais volontiers : cartésiennes.

Convenons pour commencer par définir le problème, par ailleurs si mal défini, et donc si mal traité.

Une épidémie a ceci de complexe qu'elle est, toujours, un point d'articulation entre des déterminations naturelles et des déterminations sociales. Son analyse complète est transversale : il faut saisir les points où les deux déterminations se croisent et en tirer les conséquences.

Par exemple, le point initial de l'actuelle épidémie se situe très probablement sur les marchés dans la province de Wuhan. Les marchés chinois sont encore aujourd'hui connus pour ce qui s'y trouve exposé, notamment leur goût de la vente en plein air de toutes sortes d'animaux vivants entassés. L'hypothèse à ce jour la plus fiable est que c'est là que le virus s'est trouvé à un moment donné présent, sous une forme animale elle-même héritée des chauves-souris, dans un milieu populaire très dense, et avec une hygiène quelque peu rudimentaire.

La poussée naturelle du virus d'une espèce à une autre transite alors vers l'espèce humaine. Comment exactement ? Nous ne le savons pas encore, et seules des procédures scientifiques nous l'apprendront. Stigmatisons au passage tous ceux qui lancent, sur les réseaux d'Internet, des fables typiquement racistes, étayées sur des images truquées, selon lesquelles tout provient de ce que les Chinois mangent des chauve-souris quasiment vivantes…

Ce transit local entre espèces animales jusqu'à l'homme constitue le point d'origine de toute l'affaire. Après quoi seulement opère une donnée fondamentale du monde contemporain : l'accès du capitalisme d'État chinois à un rang impérial, soit une présence intense et universelle sur le marché mondial. D'où d'innombrables réseaux de diffusion, avant évidemment que le gouvernement chinois soit en mesure de confiner totalement le point d'origine – en fait, une province entière, quarante millions de personnes – ce qu'il finira cependant par faire avec succès, mais trop tard pour que l'épidémie soit empêchée de partir sur les chemins – et les avions, et les bateaux – de l'existence mondiale.

Un détail révélateur de ce que j'appelle la double articulation d'une épidémie : aujourd'hui, SARS 2 est jugulée à Wuhan, mais il y a de très nombreux cas à Shanghai, majoritairement dus à des gens, chinois en général, venant de l'étranger. La Chine est donc un lieu où l'on observe le nouage, pour une raison archaïque, puis moderne, entre un croisement nature-société sur des marchés mal tenus, de forme ancienne, cause ponctuelle de l'apparition de l'infection, et une diffusion planétaire de ce point d'origine, portée, elle, par le marché mondial capitaliste et ses déplacements aussi rapides qu'incessants.

Après quoi, on entre dans l'étape où les États tentent, localement, de juguler cette diffusion. Notons au passage que cette détermination reste fondamentalement locale, alors même que l'épidémie, elle, est transversale. En dépit de l'existence de quelques autorités transnationales, il est clair que ce sont les États bourgeois locaux qui sont sur la brèche.

Nous touchons là à une contradiction majeure du monde contemporain : l'économie, y compris le processus de production en masse des objets manufacturés, relève du marché mondial. On sait que la simple fabrication d'un téléphone portable mobilise du travail et des ressources, y compris minières, dans au moins sept États différents. Mais d'un autre côté, les pouvoirs politiques restent essentiellement nationaux. Et la rivalité des impérialismes, anciens (Europe et USA) et nouveaux (Chine, Japon...), interdit tout processus d'un État capitaliste mondial. L'épidémie, c'est aussi un moment où cette contradiction entre économie et politique est patente. Même les pays européens ne parviennent pas à ajuster à temps leurs politiques face au virus.

En proie eux-mêmes à cette contradiction, les États nationaux tentent de faire face à la situation épidémique en respectant autant que faire se peut les mécanismes du Capital, bien que la nature du risque les oblige à modifier le style et les actes du pouvoir.

On sait depuis longtemps qu'en cas de guerre entre pays, l'État doit imposer, non seulement bien sûr aux masses populaires, mais aux bourgeois eux-mêmes, des contraintes considérables, et ce pour sauver le capitalisme local. Des industries sont quasiment nationalisées au profit d'une production d'armements déchaînée mais qui ne produit sur le moment aucune plus-value monétisable. Quantité de bourgeois sont mobilisés comme officiers et exposés à la mort. Les scientifiques cherchent nuit et jour à inventer de nouvelles armes. Nombre d'intellectuels et d'artistes sont requis d'alimenter la propagande nationale, etc.

Face à une épidémie, ce genre de réflexe étatique est inévitable. C'est pourquoi, contrairement à ce qui se dit, les déclarations de Macron ou de Philippe concernant l'État redevenu soudain « providence », une dépense de soutien aux gens hors travail, ou aux indépendants dont on ferme la boutique, engageant des milliards d'argent de l'État, l'annonce même de « nationalisations » : tout cela n'a rien d'étonnant ni de paradoxal. Et il s'ensuit que la métaphore de Macron, « nous sommes en guerre », est correcte : guerre ou épidémie, l'État est contraint, outrepassant parfois le jeu normal de sa nature de classe, de mettre en œuvre des pratiques à la fois plus autoritaires et à destination plus globale, pour éviter une catastrophe stratégique. D'où qu'il utilise aussi le lexique fané de la « nation », dans une sorte de gaullisme caricatural, qui est aujourd'hui dangereux, vu que le nationalisme fait partout le lit d'une extrême droite revancharde.

Toutes ces rhétoriques sont une conséquence tout à fait logique de la situation, dont le but est de juguler l'épidémie – de gagner la guerre, pour reprendre la métaphore de Macron – le plus sûrement possible, tout en restant dans l'ordre social établi. Ce n'est nullement une comédie, c'est une nécessité imposée par la diffusion d'un processus mortel qui croise la nature (d'où le rôle éminent des scientifiques dans cette affaire) et l'ordre social (d'où l'intervention autoritaire, et elle ne peut être autre chose, de l'État).

Qu'apparaissent dans cet effort de grandes carences est inévitable. Ainsi le manque de masques protecteurs, ou l'impréparation concernant l'étendue du confinement hospitalier. Mais qui donc peut réellement se vanter d'avoir « prévu » ce genre de choses ? À certains égards, l'État n'avait pas prévu la situation actuelle, c'est bien vrai. On peut même dire qu'en affaiblissant, depuis des décennies, l'appareil national de santé, et en vérité tous les secteurs de l'État qui étaient au service de l'intérêt général, il avait plutôt fait comme si rien de semblable à une pandémie dévastatrice ne pouvait affecter notre pays. En quoi il est très fautif, non seulement sous sa forme Macron, mais sous celle de tous ceux qui l'ont précédé depuis au moins trente ans. Et il est bien possible que la question du démantèlement et de la privatisation des services publics – qui est aussi la question de la propriété privée, donc du communisme – soit rénovée, dans l'opinion, par la crise épidémique.

Mais en attendant, il est tout de même juste de dire ici que personne n'avait prévu, voire imaginé, le développement en France d'une pandémie de ce type, sauf peut-être quelques savants isolés. Beaucoup pensaient probablement que ce genre d'histoire était bon pour l'Afrique ténébreuse ou la Chine totalitaire, mais pas pour la démocratique Europe. Et ce n'est sûrement pas les gauchistes

– ou les gilets jaunes, ou même les syndicalistes – qui peuvent avoir un droit particulier de gloser sur ce point, et de continuer à faire tapage sur Macron, leur cible dérisoire depuis toujours. Ils n'ont, eux non plus, absolument rien envisagé de tel. Tout au contraire : l'épidémie déjà en route en Chine, ils ont multiplié, jusqu'à très récemment, les regroupements incontrôlés et les manifestations tapageuses, ce qui devrait leur interdire aujourd'hui, quels qu'ils soient, de parader face aux retards mis par le pouvoir à prendre la mesure de ce qui se passait. Nulle force politique, en réalité, en France, n'a réellement pris cette mesure avant l'État macronien et sa mise en place d'un confinement autoritaire.

Du côté de cet État, la situation est de celles où l'État bourgeois doit, explicitement, publiquement, faire prévaloir des intérêts en quelque sorte plus généraux que ceux de la seule bourgeoisie, tout en préservant stratégiquement, dans l'avenir, le primat des intérêts de classe dont cet État représente la forme générale. Ou, autrement dit, la conjoncture oblige l'État à ne pouvoir gérer la situation qu'en intégrant les intérêts de la classe, dont il est le fondé de pouvoir, dans des intérêts plus généraux, et ce à raison de l'existence interne d'un « ennemi » lui-même général, qui peut être, en temps de guerre, l'envahisseur étranger, et qui est, dans la situation présente, le virus SARS 2.

Ce genre de situation (guerre mondiale, ou épidémie mondiale) est particulièrement « neutre » sur le plan politique. Les guerres du passé n'ont provoqué de révolution que dans deux cas, si l'on peut dire excentriques au regard de ce qu'étaient les puissances impériales : la Russie et la Chine. Dans le cas russe, ce fut parce que le pouvoir tsariste était, à tous égards, et depuis longtemps, retardataire, y compris en tant que pouvoir possiblement ajusté à la naissance d'un capitalisme véritable dans cet immense pays. Et il existait par contre, avec les bolcheviks, une avant-garde politique moderne, fortement structurée par des dirigeants remarquables. Dans le cas chinois, la guerre révolutionnaire intérieure a précédé la guerre mondiale, et le Parti communiste chinois était déjà, en 1937, lors de l'invasion japonaise, à la tête d'une armée populaire qui avait fait ses preuves. En revanche, dans aucune des puissances occidentales la guerre n'a provoqué de révolution victorieuse. Même dans le pays vaincu en 1918, l'Allemagne, l'insurrection spartakiste a été très rapidement écrasée. C'est une rêverie inconsistante et dangereuse d'imaginer que le capitalisme contemporain, qui jouit de l'effondrement partout de l'hypothèse communiste, et qui peut donc se présenter comme la seule forme historique possible des sociétés de classe contemporaines, puisse être sérieusement mis en péril par ce qui se passe aujourd'hui.

La leçon de tout cela est claire : l'épidémie en cours n'aura, en tant que telle, en tant qu'épidémie, aucune conséquence politique notable dans un pays comme la France. À supposer même que notre bourgeoisie pense, au vu de la montée des grognements informes et des slogans inconsistants mais répandus, que le moment est venu de

Cette épidémie nous contraint de revenir à l'évidence : la vie est unique. Ce concept de « santé globale » est développé dans le monde entier, à l'OMS (Organisation mondiale de la Santé) comme à l'Institut Pasteur, notamment avec le professeur Arnaud Fontanet. Si l'environnement va mal, comment les animaux peuvent-ils aller bien ? Et, à l'intérieur du monde animal, comment nous, les humains, pourrions-nous être les seuls à demeurer en bonne santé ? Comment préserver l'Océan si nous continuons de jeter dans les fleuves nos ordures, plastiques et autres ? L'idée de frontières étanches entre les partenaires du vivant est une idée fausse. Voilà l'un des héritages de Louis Pasteur, et sans doute le premier.

Texte écrit par l'auteur à partir d'un entretien avec Fabrice Moyon pour *Ouest France*, 21 mars 2020.

ÉRIK ORSENNA

de l'Académie française

L'UNITÉ DE LA VIE

TRACTS
DE CRISE
GALLIMARD

28 MARS 2020 / 10 H / **Nº 21**

Quand la vie est attaquée, c'est que d'autres êtres vivants avaient intérêt à cette attaque. Cette idée qu'on peut morceler la réalité vivante n'est pas seulement une idée fausse, c'est une idée qui peut être meurtrière.

Après avoir travaillé sur la « géopolitique des moustiques », et maintenant sur la peste porcine, je commence à connaître un peu mieux la mécanique des épidémies. Allons-nous savoir tirer des leçons de cette nouvelle crise sanitaire ? Pernicieux cocktail que notre monde : une volonté infantile et/ou cynique de tout vouloir maîtriser, en même temps qu'un abandon aveugle à une course folle qui nous dépasse. Avant Pasteur, la médecine était surtout faite d'observations. Grâce à lui et à d'autres, nous avons avancé dans la découverte des causes. Ce qui est frappant, c'est de voir que les responsables des maladies infectieuses qui causent la mort sont de minuscules êtres… vivants, voire des particules inertes encore plus petites, composées d'un simple génome (ADN ou ARN) et d'une enveloppe – les virus. Je suis économiste et ce n'est pas le genre de choses, pourtant essentielles, qu'on vous apprend. Cette crise nous renvoie à notre fragilité. Plus le monde est relié, plus nous dépendons de ce qui paraît le plus insignifiant. Nous sommes beaucoup plus dépendants du plus faible que du plus fort. C'est ce que nous dit le formidable essayiste Bertrand Badie. C'est par le plus faible qu'arrivent les menaces.

Comme en mer.

En bateau, c'est toujours moi le plus faible. Ou les plus forts me prêtent attention et m'aident à grandir, ou notre équipage est mauvais. Imaginez ma situation à l'Académie française. Tous les jeudis pendant douze ans, j'ai eu pour voisin le prix Nobel de médecine François Jacob qui me répétait : « S'il te plaît, apprends, ton ignorance est insupportable. »

Il avait raison : l'économie ne s'intéresse qu'à une partie de la vie. L'homme est loin d'être seulement « economicus ». Et nous ne pourrons plus continuer à repousser le débat de fond : qui est le plus utile à la société, un trader ou un soignant ? Alors pour quelle raison rémunérer le premier cent fois plus que le second ?

Il ne faut pas confondre l'unité de la vie et la globalité de l'économie. Nous avons inventé une forme d'interdépendance incroyable et artificielle pour gagner toujours plus d'argent. Ce qui me frappe en réfléchissant à la mondialisation depuis quinze ans, c'est que les êtres humains ont décidé de nier leurs deux dimensions premières, le temps et l'espace. Toujours plus vite dans un espace qui n'existe plus. Il suffit de regarder le coût du fret. À cause ou grâce aux bateaux, le transport d'un ordinateur de Shanghai jusqu'à un port français revient à un euro. La protection spatiale n'existe plus. C'est ça, la folie de notre monde. Ce que nous apprend la crise, c'est que le monde n'est pas seulement économique, mais d'abord social et aussi politique. Regardez ce double mouvement : le retour des États mais aussi la reconnaissance absolue de la coopération internationale.

Depuis longtemps l'agriculture me passionne, en particulier ses transitions nécessaires. Notre alimentation est confrontée à une incroyable pression qui conduit à payer toujours moins cher. Le budget réservé à la nourriture dans la consommation des ménages est passé en peu de temps de 30 % à 10 %. Quand je vois au coin de chez moi, dans le XIIIe arrondissement de Paris, une publicité faisant la promotion de prix toujours plus bas, j'ai envie de la déchirer. Rappelons-nous : toujours moins cher, c'est toujours plus dangereux. Pour préserver le « pouvoir d'achat », il est moins dangereux d'augmenter les salaires que de réduire les prix des poulets et du jambon.

Je travaille sur la question de la peste porcine depuis deux ans. On pourrait penser que c'est une bonne nouvelle pour les producteurs bretons. Cette peste a fait monter les cours. Mais inutile de penser que ça va continuer comme ça. Les Chinois vont réorganiser leur production avec de véritables villes d'élevage, des productions industrielles avec des unités de 28 000 truies sur neuf étages. Comment penser une seconde gagner par des prix toujours plus bas ?

Les élevages français n'arriveront pas à rivaliser avec des élevages de ce type. Par ailleurs, je suis attentivement les essais portant sur le développement de la viande artificielle. Aurons-nous le choix entre d'un côté ces immeubles de truies et de l'autre une viande de soja avec toutes les conséquences que cela peut avoir ?

Ces défenseurs de la viande artificielle y voient une façon de lutter contre le changement climatique. Pas seulement. D'autres y voient aussi une façon de mettre fin à la souffrance animale. Et pour cause, il n'y aura plus d'animaux. Mais vous rendez-vous compte du monde qui nous attend ? La fin des éleveurs. Une campagne sans animaux. Et pour tout ce soja, combien de millions d'hectares de forêts devra-t-on supprimer ? Au-delà de cette crise du coronavirus, nous sommes donc au cœur de questions graves.

Loin de moi l'idée de sacraliser le temps jadis. La mondialisation a sorti de la misère des centaines de milliers d'êtres humains mais a connu, aussi, des épidémies terribles. Notre chance serait d'admettre de devoir changer.

Bien sûr, retrouver le sens de la mesure, en toutes choses et d'abord dans nos échanges commerciaux. Avec un comportement qui ne soit pas uniquement dicté par la rapacité. Mais animé par cette conviction : nous sommes, de fait, solidaires. Une planète d'associés. L'équipage de ce vaisseau spatial qu'est la Terre. Crise sanitaire, crise climatique : même combat. Les crises sont liées, comme dans la vie. Chaque année, les parasites transportés par les moustiques causent plus de 700 000 morts. Et nous nous en moquons parce que cela touche principalement les pays pauvres.

Quant à nous, les privilégiés, les enfants gâtés, nous avons accumulé des dettes pendant des périodes où l'économie se portait bien. Notre marge de manœuvre s'en trouve aujourd'hui réduite.

Il y a plus grave.

La France, pays de Pasteur, est aussi celui où certains contestent l'intérêt des vaccins.

Ceux qui m'accablaient d'insultes sur le Net parce que je suis évidemment favorable aux vaccins m'insultent aujourd'hui parce que l'Institut Pasteur ne dispose pas encore de vaccins. Nous devons renouer avec la confiance dans le Savoir. Je suis sidéré de l'impunité des malfaisants qui, sur le Net, peuvent dire n'importe quoi au nom de la liberté d'opinion. Désolé, la science n'est pas une affaire de sondage. Ou, si vous m'autorisez un langage non correct, elle n'est pas démocratique. Il y a des choses vraies et des choses fausses. Comme d'habitude, le meilleur se mêle au pire. Le meilleur : les scientifiques ont échangé à une vitesse incroyable, ils ont avancé en trois mois autant qu'au moment du sida en quatre ans. Le pire : les fake news, qui circulent en toute impunité. Mais n'oublions pas que les faussetés ne sont pas seulement fausses. Elles sont mauvaises pour la santé, personnelle et sociale. La barbarie suit toujours la déraison et toujours s'incarne dans des boucs émissaires.

Unité de la vie, globalité de l'économie, connexion planétaire… Comment concilier ces rassemblements avec une société de plus en plus inégalitaire ? Et plus frappe une crise, plus durement elle frappe les plus démunis. Regardez, ces jours-ci : confinement pour les uns, villégiature pour les autres. Lorsque rouvriront les portes, un immense chantier nous attend. Avec un élan, une ambition d'après-guerre.

Oui, nous pouvons retrouver la maîtrise de notre futur. Les solutions existent : elles sont, toutes, filles de la Recherche. Qui sera assez fou pour en couper les budgets ?

ÉRIK ORSENNA
DE L'ACADÉMIE FRANÇAISE

ÉCRIVAIN, CONTEUR, ÉCONOMISTE, ÉRIK ORSENNA A REÇU LE PRIX GONCOURT ET LE PRIX GONCOURT DES LYCÉENS POUR *L'EXPOSITION COLONIALE*. IL A ÉTÉ ÉLU À L'ACADÉMIE FRANÇAISE EN 1998. DEPUIS MARS 2016, IL EST AMBASSADEUR DE L'INSTITUT PASTEUR ET, DEPUIS 2017, AMBASSADEUR DE LA LECTURE PUBLIQUE. IL EST L'AUTEUR DE *GÉOPOLITIQUE DU MOUSTIQUE* (FAYARD, 2017). SON DERNIER LIVRE, *BRISER EN NOUS LA MER GELÉE*, A PARU AUX ÉDTIONS GALLIMARD EN 2020.

N’étant, à ce jour, ni malade, ni posté sur le front héroïque des soignants d’où chaque jour nous revient une rumeur sinistre, je me suis vu le 16 mars, comme tous les Français, contraint d’expérimenter par décret cette vie de *plante humaine* à quoi nous initiait Julien Gracq dans *Un balcon en forêt*. J’ai d’ailleurs rouvert ce roman de la « drôle de guerre » qui décrit, au petit galop campagnard, le quotidien d’un lieutenant affecté dans une maison forte aux avant-postes de la ligne Maginot. Tapi là dans l’irréalité d’un fléau dont l’ennemi est tenu hors de vue, cet officier désamarré progressivement de la grande histoire finit par attendre, stoïque, l’écroulement général du pays et sa propre mort sans leur opposer autre chose qu’une prise de conscience, tardive mais plénière, de l’extrême beauté du monde sylvestre qui l’entoure : l’hypnotique forêt des Ardennes.

AMAURY NAUROY

LA BEAUTÉ VÉNÉNEUSE DU MONDE

TRACTS
DE CRISE
GALLIMARD
28 MARS 2020 / 20 H / N° 22

Eh bien nous voilà aujourd'hui tous confinés dans ce même genre de casemate, où c'est peu dire qu'on se sentira bientôt aussi oppressé qu'une amande sèche dans son noyau si l'on ne parvient pas à tirer de cette claustration quelque lumière. Mais d'abord nous submerge l'amertume, redoublée par un sentiment d'impuissance qui vient de ce que notre premier mouvement de solidarité entre proches se heurte à la nécessité de garder ses distances. Sans balcon, sans jardin ni vue, beaucoup font et refont déjà comme moi le tour de leur chambre au moment même où dans une insolente atmosphère de grasse matinée explose, là-dehors, au centre même des villes désertées, le printemps. Car il faut bien le reconnaître : en ce 20 mars 2020, la Terre, requise par sa reverdie, se fiche comme de colin-tampon de la tragédie sanitaire que l'histoire nous impose. Les premiers à en être douloureusement saisis sont nos amis de la campagne, partagés qu'ils sont entre une irrépressible trouille devant le désastre annoncé de tout un monde, et la joie coupable d'accompagner au grand air l'extravagante floraison des amandiers.

Or, ce qui me désarçonne dans cette ambivalente attitude collective, c'est qu'elle rejoint l'adhésion inquiète au monde, qui fonde la poésie : hantée centralement par les peurs primaires et grevée par les inadmissibles, mais somme toute naturels accidents de la vie, la littérature des poètes s'est toujours déprise de ce fonds d'angoisse existentielle par une forme, sans cesse renouvelée, de perfection sonore, d'humour ou d'enthousiasme pour ce qui en vaut encore la peine. On pense au mot de Flaubert à Claudius Popelin, le 28 octobre

1870, lorsque, « rassasié d'horreurs », il apprend la reddition de Metz : « La vie est en soi quelque chose de si triste, qu'elle n'est pas supportable sans de grands allégements. » On pense à Guillaume Apollinaire de retour des tranchées, publiant dans *Calligrammes* : « Ah Dieu ! que la guerre est jolie / Avec ses chants ses longs loisirs » et raillant la propagation d'un virus digne de la peste noire, alors qu'il s'en savait, plus qu'un autre, menacé : « Alphonse XIII a la grippe espagnole. La nouvelle ne nous étonne qu'à moitié : un bon roi doit avoir à cœur de n'user que de produits nationaux. » On pense bien entendu à François Villon qui, de son cachot de condamné à mort, prend soin de rédiger son testament en somptueux vers français. Au fond, je ne sache aucun poète qui ait écrit insoucieusement sur la beauté des fleurs – j'entends par là qu'au revers des mots les plus clairs transparaît toujours la morsure d'un « mal », qui donne paradoxalement à l'éloge sa portée.

Aussi bien, nous faudra-t-il choisir, dès que cette grave crise sanitaire et sociale sera remisée au placard des plaies légendaires, entre faire un intransigeant inventaire après pandémie ou bien, par politesse devant le désespoir, suivre le chemin des poètes. Car les plus viscéralement conscients de la souffrance humaine, j'en suis sûr, persisteront à fêter, malgré tout, la beauté vénéneuse de ce monde.

AMAURY NAUROY

AMAURY NAUROY EST NÉ À VERNON EN 1982. CRÉATEUR DE LA REVUE *TRA-JECTOIRES* (2003-2008), ÉDITEUR, IL EST L'AUTEUR DE *RONDES DE NUIT* (LE BRUIT DU TEMPS, 2017).

SEMAINE 3
30 MARS / 5 AVRIL 2020

C'est le moment d'écrire un best seller ! Chacun chez soi, auteurs, youtubers, influenceurs se demandent si de cette situation ne va pas germer l'idée du siècle.

Un coup de génie qui ferait exploser les lois de la créativité.

Et ils proposent tous la même chose. Les mêmes récits, les mêmes idées, les mêmes audaces qui nous seront donnés à lire, imprimées en papier broché, dans neuf mois. Les « journaux de confinement » accompagneront le babyboom déjà annoncé pour l'hiver prochain. Même en cas de crise planétaire, tout le monde se ressemble. Les mêmes réflexes. Les mêmes opinions qui s'autorisent à changer de propriétaire. Le dogmatique devient soudain sceptique, le flegmatique se découvre hypocondriaque, et vice versa, mais ça ne change rien. Le monde se compose toujours de dogmatiques et de sceptiques, de flegmatiques et d'hypocondriaques. On les entend moins, c'est vrai. Le chant des oiseaux et les sirènes de pompiers occupent l'espace auditif habituel. Même en plein Paris. Les oiseaux et les pompiers.

ADÈLE
VAN REETH

INTRAN-
QUILLITÉ

TRACTS
DE CRISE
GALLIMARD
30 MARS 2020 / 20 H / **Nº 24**

Je n'ai jamais autant senti la présence des autres autour de moi. Quand je prends ma douche, désormais, je sais qu'ils sont tous là, derrière le mur, de l'autre côté de la rue, à l'autre bout de la ville, tous, chez eux, et d'imaginer autant de corps amassés au même endroit au même moment me met mal à l'aise. Ils sont là ! tous ! Leurs corps sont soudain *trop* présents. Jamais je ne m'étais imaginée entourée de tant de personnes à la fois seule dans ma baignoire.

Je n'ai pas envie de parler. C'est pourtant le moment de prendre la parole, me dit-on, de briser le silence à coups de mots bien pensés. On me demande de m'exprimer, je n'ai rien à dire. Je ne trouve aucune bonne raison de ne pas céder à l'envie de me taire. Je n'ai aucun conseil à donner, aucune revendication à formuler qui ne soit déjà relayée partout sur les réseaux, et je trouverais indécent de faire comme si je détenais la solution à quoi que ce soit. Je pense à ceux pour qui rester chez eux est un enfer. J'ai peur que les femmes et les enfants qui vivent avec un prédateur se prennent encore plus de coups que d'habitude, j'ai peur que la solitude, qui est à ce jour le remède le plus efficace contre le virus, ne fasse crever mes grands-parents et toutes les personnes malades ou fragiles à qui les visites sont désormais interdites. Je suis, comme tout le monde, confinée chez moi, j'ai peur pour les autres et je ne suis pas armée pour leur venir en aide.

« Mais *en tant que philosophe*, quelle est votre analyse de la situation ? »

Oserais-je le dire ? Je ne crois pas que la philosophie nous soit d'aucun secours aujourd'hui. L'heure est à la survie, pas à l'analyse. Laissons-nous le temps, pour une fois. Je n'ai pas envie d'inviter les gens à « prendre de la hauteur », « du recul » ni « de la distance », même si la répétition physique de ces trois mouvements le temps d'une matinée produirait certainement une gymnastique bénéfique pour le corps en ces temps d'immobilité forcée.

« Un livre à lire en cas de crise ? » « Aidez-nous à nous évader de notre quotidien ! » Ils font erreur. Par quel malentendu en est-on venu à croire que certaines personnes pouvaient nous aider à nous échapper de la vie ordinaire ? Nous avons tous le nez dedans. Mon seul but dans la vie : y être de plain-pied. Ça tombe bien, nous y sommes. Et ce que nous voyons n'est pas toujours beau à voir.

L'incapacité à rester longtemps chez soi sans ressentir un certain dégoût est un sujet qui m'obsède depuis des années. Pourquoi la vie ordinaire devient-elle souvent le lieu d'un malaise ? Comment expliquer que certains moments en apparence anodins (bruit sourd de la cuiller qui étale la confiture sur la biscotte, odeur des coussins du salon, vrombissement du frigo en milieu d'après-midi) puissent donner envie d'aller vivre sur une autre planète ? Et pourquoi ce dégoût de l'ordinaire (qui, parce qu'il est souvent inavouable, n'est pas un dégoût ordinaire) a-t-il été si peu exploré en philosophie ? D'où vient cette difficulté à être bien chez soi de manière durable ? Le monstre qui se cache sous le tapis même quand « tout va bien », l'immense lassitude qu'éveille la répétition inéluctable des jours et des nuits y compris lorsqu'on vit une vie que l'on a choisie, qu'est-ce qu'on en fait ? Pendant des années, j'ai cherché les mots pour nommer cette intranquillité ordinaire qui nous saisit à la gorge de manière inattendue. Ce petit décalage entre soi et le monde que nous comblons à coups « d'activités » pour garder la tête haute. Les stratagèmes que nous mettons au point pour tenir bon dans une mauvaise foi phénoménale, dont l'émerveillement devant les petites choses de la vie constitue le paroxysme. J'ai mené l'enquête pour essayer de comprendre le problème inhérent à la vie ordinaire dans ce qu'elle a – en apparence – de plus insignifiant. Mais la situation exceptionnelle dans laquelle nous sommes aujourd'hui retarde pour une durée indéterminée le fruit de mon travail. Ce n'est qu'un détail : toute l'industrie du livre est à l'arrêt, des libraires aux éditeurs, des fabricants aux relecteurs, chômage technique pour tous, chômage durable peut-être pour certains.

Ironie suprême : il aura fallu un événement extraordinaire (une pandémie planétaire) pour être mis face au problème de la vie ordinaire qui, aujourd'hui, nous saute au visage. L'heure est à la survie. Rien de mieux à dire.

ADÈLE VAN REETH

NÉE EN 1982, ADÈLE VAN REETH EST PHILOSOPHE ET PRODUCTRICE DE L'ÉMISSION « LES CHEMINS DE LA PHILOSOPHIE » SUR FRANCE CULTURE, DEPUIS 2011. SON DERNIER LIVRE, *LA VIE ORDINAIRE*, A PARU AUX ÉDITIONS GALLIMARD (JUIN 2020).

Faisons une expérience de pensée. Imaginons que dans une population donnée apparaisse une nouvelle maladie, qui affecte *une personne sur mille.* Les symptômes de cette pathologie n'étant ni visibles ni ressentis, nul ne sait dire qui est malade et qui ne l'est pas. Mais les chercheurs s'activent et finissent par mettre au point un test de dépistage dont la fiabilité est de 95 % et que l'on fait passer à l'ensemble de la population. Cela signifie que toute personne malade est détectée positive, mais que sur cent personnes non malades, en moyenne 95 sont négatives au test et 5 se révèlent au contraire positives, c'est-à-dire sont ce qu'on appelle des « faux positifs ». Soit maintenant une personne qui se révèle positive au test : quelle est la probabilité qu'elle soit malade ? Si vous réalisez un sondage dans votre entourage, vous constaterez que la proportion de ceux qui répondent « 95 % » à cette question est très élevée. Or, la bonne réponse est... seulement de 2 % !

ÉTIENNE KLEIN

« JE NE SUIS PAS MÉDECIN, MAIS JE... »

TRACTS
DE CRISE
GALLIMARD

31 MARS 2020 / 10 H / **N° 25**

Autrement dit, une personne positive au test a quatre-vingt-dix-huit chances sur cent de ne pas être malade ! Ce résultat violemment contre-intuitif s'obtient à l'issue d'un raisonnement qui est pourtant simple. Appliquons le test de dépistage à une cohorte de mille personnes. En vertu de notre hypothèse, cette population contiendra en moyenne une personne malade, qui sera à coup sûr positive au test, et neuf cent quatre-vingt-dix-neuf personnes non-malades. Compte tenu de notre seconde hypothèse, cinq pour cent de ces dernières – soit cinquante personnes – seront donc détectées positives par erreur. Au total, cinquante et une personnes se révéleront positives au test, alors qu'une seule parmi elles est malade. La probabilité qu'une personne soit malade si elle a été positive au test est donc égale à un divisé par cinquante et un, soit environ 2 %.

Conclusion : pour le cas d'école ici envisagé, c'est-à-dire où la proportion de malades dans la population est très faible (ce qui ne correspond nullement, je le précise afin d'éviter tout malentendu, à la situation actuelle), il apparaît qu'un test fiable à 95 %, ce qui semble être un bon score, est moins utile que ce qu'on imagine spontanément. Évidemment, il ne faudrait pas en déduire – ce serait à la fois stupide et faux – que les tests de dépistage n'ont pas d'intérêt puisqu'ils sont au contraire indispensables ! Il s'agit simplement de prendre conscience que la question de leur fiabilité est cruciale : dans l'exemple particulier que nous avons choisi, pour que le test donne des résultats vraiment tranchants, il faudrait que sa fiabilité soit encore plus proche de 100 %, ainsi qu'une formule simple permet de le démontrer[1]. Dans les situations où la prévalence est bien plus grande que 1/1000, par exemple lorsque la maladie touche 5 % de la population, alors la probabilité qu'une personne positive au test soit malade grimpe à 51 % si la fiabilité du test est toujours de 95 %.

Cette conclusion surprenante prouve que notre cerveau peut être victime, ici ou ailleurs, de biais cognitifs. Elle illustre également le fait que la science ne se confond ni avec la déclinaison en roue libre de l'intuition, qu'elle prend souvent à contre-pied, ni avec le fameux « bon sens », qu'elle contredit presque toujours. Or, à l'occasion de cette épidémie de Covid-19, nous voyons se propager, notamment sur les réseaux sociaux, une forme très intense et très contagieuse de « démagogisme cognitif », c'est-à-dire d'un type de discours qui promeut des points de vue intuitifs et souvent erronés sur toutes sortes de sujets. Par exemple, à propos de tel ou tel traitement dont l'efficacité éventuelle n'est pas encore formellement établie – et pour cause, cela demande du temps et réclame un gros travail de recherche ! –, on a pu lire sous la plume de certains responsables politiques (qui, heureusement, ne sont pas – ou plus – aux affaires…) de courtes déclarations commençant par : « Je ne suis pas médecin, mais je pense que… »

1. Dans le cas général, si l'on note p la proportion de malades dans la population et f la fiabilité du test telle que définie dans le texte, alors la probabilité qu'une personne positive au test soit malade est égale à $p/[p + (1-p)(1-f)]$.

Ainsi est-il devenu possible d'avoir suffisamment confiance dans son seul *ressenti* (sans doute dopé en intraveineuse par un surdimensionnement de l'ego) pour trancher d'un simple coup de phrase – en reconnaissant ne rien y connaître ! – des questions vertigineusement complexes.

Par l'effet de quelque étrange paradoxe postmoderne, se savoir ignorant n'empêche donc plus de se considérer *tout de même* comme un savant, et de très vite le faire savoir *urbi et* surtout *orbi*. Croire savoir alors même qu'on sait ne pas savoir, telle me semble être devenue la véritable pathologie du savoir. Les vrais sachants, les spécialistes, les experts n'ignorent pas le savoir, eux, et ils savent également dire ce qu'ils ignorent : ils savent ce qui est déjà établi, mais aussi tout ce qui fait encore trou dans la connaissance, tout ce que le savoir ne contient pas encore et qu'ils viennent inquiéter.

C'est pourquoi j'ai été fort soulagé d'assister devant mon écran de télévision à la conférence de presse donnée le 28 mars 2020 par le Premier ministre et le ministre de la Santé : leurs propos étaient séquencés par les interventions de professeurs de médecine et de chercheurs, respectueusement accueillis, qui expliquèrent de façon limpide et argumentée, d'une part *ce qu'ils savaient*, d'autre part *ce qu'ils ne savaient pas*. À propos de tel ou tel sujet dont ils sont spécialistes, ils explicitèrent leurs certitudes, leurs lacunes, leurs doutes, les espoirs qu'ils mettent dans les recherches cliniques en cours. Leur humilité compétente détonnait par rapport à l'aplomb arrogant et laconique des innombrables *je ne suis pas médecin, mais*. Pour une fois, grâce à cette mise en scène peu ordinaire, le savoir sembla faire jeu égal avec le pouvoir.

Dans *Vérité et véracité* (Gallimard, 2006), le philosophe Bernard Williams avait fort justement étayé l'idée que notre société se trouve parcourue par deux courants de pensée qui sont à la fois contradictoires et associés. D'une part, il existe un attachement intense à la *véracité*, qui s'exprime par le souci de ne pas se laisser tromper, par une détermination à crever les apparences pour détecter d'éventuelles motivations cachées derrière les discours officiels. Mais, d'autre part, à côté de ce refus – parfaitement légitime – d'être dupe, il existe une défiance tout aussi grande à l'égard de la vérité elle-même : la vérité existe-t-elle vraiment, se demande-t-on ? Si oui, peut-elle être autrement que relative, subjective, temporaire, instrumentalisée, culturelle, corporatiste, contextuelle ? La chose étonnante, expliquait Bernard Williams, est que ces deux attitudes – le désir de véracité et la suspicion à l'égard de la *vérité* – qui devraient normalement se combattre et même s'exclure mutuellement, se révèlent en pratique parfaitement compatibles. Elles sont même mécaniquement liées puisque le désir de véracité enclenche un processus critique généralisé qui vient ensuite fragiliser l'assurance qu'il y aurait, sinon des vérités accessibles, du moins des contre-vérités démontrables, en tant que telles.

Chacun l'a d'ailleurs bien vu : depuis quelques décennies, ce phénomène dynamiquement très efficace a contribué à affaiblir le crédit des scientifiques, en même temps qu'il a universalisé la suspicion à l'endroit de toutes les formes d'expressions institutionnelles.

En la matière, la catastrophe sanitaire que nous traversons pourrait-elle changer la donne ? Cela n'a rien de certain, mais par son ampleur et sa radicalité, la pandémie en cours éclairera sans doute d'une lumière neuve les relations ambivalentes que notre société entretient avec les sciences et la recherche. Dans *Le Théâtre et son double*, Antonin Artaud faisait remarquer que la peste a ceci de commun avec le théâtre qu'elle pousse les humains à se voir tels qu'ils sont : « Elle fait tomber le masque (*sic* !), écrivait-il, elle découvre le mensonge, la veulerie, la bassesse, la tartufferie. » En marge des ravages qu'il a déjà faits et qu'il va continuer à répandre, le petit coronavirus nous poussera-t-il à relativiser notre relativisme ? À considérer que tous les discours ne se valent pas, que certains sont moins vrais que d'autres ? Allons-nous finir grâce à lui par gommer en nos esprits l'idée que les connaissances scientifiques seraient toujours superficielles et arbitraires, de simples opinions collectives d'une communauté particulière, sans le moindre lien avec la réalité ?

ÉTIENNE KLEIN

ÉTIENNE KLEIN EST PHILOSOPHE DES SCIENCES ET DIRECTEUR DE RECHERCHE AU COMMISSARIAT À L'ÉNERGIE ATOMIQUE (CEA). PRODUCTEUR DE L'ÉMISSION « LA CONVERSATION SCIENTIFIQUE » SUR FRANCE CULTURE, IL A ÉCRIT PLUS D'UNE TRENTAINE D'OUVRAGES.

La guerre, disait-il. Oui, la guerre, avec un ennemi inconnu qui s'infiltre partout, sur les chaussures, les boîtes à œufs en carton, les pommes, les pots de fromage blanc. La guerre où nos canapés sont nos tranchées, où la ligne de front est le palier infranchissable, et la nouvelle DCA, l'eau de Javel pour nettoyer les emballages. La guerre c'est la peur, et elle nous étreint chaque jour davantage, peuple nos nuits, obscurcit le soleil tout neuf de cette fin mars. La guerre, c'est le bruit, les bombes, le canon. Mais celle-là est irréelle, silencieuse, printemps des arbres, hiver des hommes.

N° 26 / **LE PRINTEMPS DES ARBRES ET L'HIVER DES HOMMES**

ANNE SINCLAIR

LE PRINTEMPS DES ARBRES ET L'HIVER DES HOMMES

TRACTS DE CRISE
GALLIMARD
31 MARS 2020 / 20 H / **Nº 26**

La guerre, ça se prépare (… *para bellum*). On la craint, on la sent venir. Il y eut Sarajevo en 1914, Munich en 1938. Cette fois, on n'a rien vu. Les Chinois dès janvier étaient confinés chez eux, mais ce sont de drôles de gens, n'est-ce pas ? Les Italiens, le mois dernier, mais ils sont tellement insouciants… Nous, Français, on est très intelligents, et on ne nous la fait pas, avons-nous proclamé ! Et pourtant, la guerre est arrivée jusqu'à nous, en s'imposant d'un coup, il y a deux semaines, telle la brutale percée des Ardennes. Le corona-Guderian a déferlé sans crier gare.

La guerre c'est surtout une armée qui se bat. Les nouveaux soldats sont applaudis tous les soirs à 20 heures. Après les policiers-Charlie, et les pompiers-Notre-Dame, les soignants-Covid. Ils sont bien gentils de se sentir réconfortés car cela leur fait une belle jambe, nos applaudissements, à ces fantômes en blanc et bleu, angoissés, les traits tirés, qui s'agitent en silence tant la peur et le chagrin leur nouent la gorge. Les batailles du XXIe siècle requièrent masques, gel, tests. Or, comme le disait un des innombrables médecins interrogés, nous sommes au XIXe : on se salue de loin, on se lave les mains, on n'a ni médicaments ni masques, ni tests. Mais il sera bien temps de faire les comptes plus tard. En 1939, ce n'était plus le moment de chercher des noises au général Gamelin pas plus qu'aujourd'hui à tel ou tel gouvernement imprévoyant. Ce n'est pas l'heure.

Mais c'est l'heure de quoi, au fait ?

La guerre, c'est l'information. Radio Londres pendant la Résistance, Capa et ses photos en Normandie, Bodard en Indochine, Jean Hatzfeld au Rwanda. Ici, c'est BFM, LCI, C News, France Info, les JT. Et on recommence dans le désordre : LCI, les JT, C News, etc. Les directs sur l'hôpital-de-campagne-qui-ne-va-pas-tarder-à-être-opérationnel, ont remplacé les poubelles qui brûlaient pendant la crise des Gilets jaunes sur la place de la République. Le sinistre décompte des morts tous les soirs, c'est l'équivalent des feuilles qu'on placardait dans les communes pour donner le nom des disparus du jour pendant la bataille de la Somme.

Mais la guerre, c'est aussi savoir penser l'après. C'est très tôt que de Gaulle sut qu'il faudrait reconstruire. Le programme du CNR et la sécu pour tous s'élaboraient dans les maquis du Vercors. « La santé n'a pas de prix », a reconnu Emmanuel Macron plus keynésien dans l'adversité que dans l'euphorie d'une présidence heureuse.

Précisément, quel prix est-on prêt à payer pour les infirmières et les médecins, à bout depuis tant de mois, tant d'années ? Quel prix pour l'hôpital, pour des lits de réanimation, pour des respirateurs ? Quel prix est-on prêt à payer pour des écoles où les maîtres se sont fait violence, malgré leur pauvre salaire, pour faire cours à distance, et donner à chaque enfant les leçons, les devoirs, les exos qui maintiennent un enseignement minimal ? Quel prix est-on prêt à payer pour que nos anciens finissent dignement leur vie, entourés, soignés ? Lors de la grande canicule de 2003, ils sont morts en masse et on avait dit « plus jamais ça »… Voilà que cela recommence : est-ce la malédiction d'être vieux ? D'être pauvre aussi, car ce sont eux qui paieront le prix fort, comme souvent, comme toujours. Et pourtant, chez nous, l'État-providence est encore présent, et fera, je l'espère, ce qu'il faut. Mais aux États-Unis où nombreux sont ceux qui sont payés à l'heure, celui qui restera chez lui sait qu'il n'aura plus ni ressources, ni salaire, ni protection sociale.

Il faudra se souvenir qu'on est prêts à payer le prix fort pour les caissières des supermarchés qui nous permettent de manger tous les jours ; pour les agriculteurs, qui ne vendent plus aux restaurants et qui voient les citoyens se contenter de pâtes et de riz ; pour les chauffeurs routiers qui acheminent colis, fuel, fruits et légumes ; pour les agents des télécoms qui vont travailler pour sécuriser les réseaux qui nous permettent de prendre des nouvelles de la grand-mère, ou de maintenir les relations et le travail dans l'entreprise…

Se souvenir aussi qu'on sera volontaires pour payer à leur juste prix des biens de consommation indispensables, qui furent trop souvent importés du bout du monde. Et pour accueillir dignement et sauver la vie de ceux qu'on appelle étrangers, migrants, réfugiés.

L'étrange décalage entre la beauté du monde et les dangers qui nous glacent me remet en mémoire le *Malevil* de Robert Merle, où des groupes de survivants tentent de surnager dans l'océan du désastre après une guerre nucléaire. Que Dieu ou les hommes fassent qu'il n'en soit pas ainsi.

ANNE SINCLAIR

JOURNALISTE ET ÉCRIVAINE, ANNE SINCLAIR A PUBLIÉ CHEZ GRASSET, ENTRE AUTRES, *21 RUE LA BOÉTIE* (2012), *CHRONIQUE D'UNE FRANCE BLESSÉE* (2017) ET *LA RAFLE DES NOTABLES* (2020).

Quand même nous comptons les morts, quand même nous compterions prochainement parmi eux, la pandémie se distinguerait d'avoir été d'abord langagière, d'un mot nouveau, inconnu la veille, prononcé pour la première fois par l'humanité tout entière et simultanément, un mot à consonance latine (mais de morphologie américaine) long de cinq syllabes telle une chenille noire proliférant soudain en milliards d'occurrences, et dont taire le nom ici, quelques instants ;
un seul mot, signe sûr de l'événement inouï, procédant à l'unification de ce monde (c'est le sens même d'*épidémie* : « *tout le monde* ») ! Entraînant à sa suite d'autres locutions locales, *geste barrière*, *hydroalcoolique*, *confinement* — et bien sûr une propagation de l'anglobal, *cluster* à la place de *foyer*, dont un ministre se fait promoteur et porteur, transmis par toutes les télévisions, tandis que le Président appelle *care* un comité scientifique : parlons la langue du maître pour les choses sérieuses, et le soir français à la maison.

ALAIN BORER

LE RETIREMENT DU MONDE

TRACTS DE CRISE
GALLIMARD

1er AVRIL 2020 / 10 H / N° 27

Allons ! *à l'assaut du pouvoir, de la liberté, de la terre,*
De la santé, des défis, de la gaité, de l'estime de soi,
de la curiosité ; Allons ! *trêve de formules !*
Walt Whitman, *Chanson de la piste ouverte*

Enfermés au dehors,
libres au dedans
à l'assaut de ce qui sauve :
le vertical en nous
André Velter, *Le Grand Sursaut*, 20 mars 2020

Pour Jean-Gab de Bueil

Le pape marche seul dans les rues de Rome fantomatiquement désertes, comme s'il était le dernier survivant de l'humanité décimée. Pas un domaine n'échappe à la dérégulation générale, santé publique, économie, politique, société, la vie intime de tout humain : ainsi l'épidémie ne se laisse-t-elle pas saisir en un objet – parce qu'il n'y a pas d'extériorité d'où en parler ; comme la langue et le Réel, nous sommes *à l'intérieur.*

Nous sommes entrés dans une période *smectique* : qui concerne le savon. Même ces grands témoins d'une grande époque déjà lointaine, Bardot, Belmondo, Delon,

Godard, toujours parmi nous, que font-ils à cette heure-ci ? Ils se lavent les mains, probablement. À Melbourne Rod et Nicole se lavent les mains ; sur la côte Ouest Mark chante *I will survive !* en regagnant sa maison enneigée du Colorado. Trois milliards de confinés. S'agit-il encore de la « mondialisation » ? Non, il ne s'agit plus que de *l'espèce humaine*.

On pourrait opposer les confinés aux héros, les planqués et le personnel sanitaire ; les uns montent au front pour les autres, les confinés tiennent tout autre à distance, comme ils firent avec les migrants ; et tant de morts qu'on s'en lave les mains. Les confinés succèdent à « ces bureaucrates inemployés » qui fuyaient Paris pour Versailles à la suite d'Adolphe Thiers, le 18 mars 1871 et qui, « bénéficiant d'un congé extraordinaire, attendirent la suite des événements, préoccupés seulement de savoir si l'on paierait ces deux mois de vacances non réglementaires » ;

mais l'événement tient sa puissance de se dire en un seul tableau d'Albertus Pictor (1457), *La Mort jouant aux échecs* : pour la première fois dans l'histoire, l'humanité tout entière réagit en même temps *comme un seul humain* à l'approche de la mort. C'est ainsi que l'on peut reconnaître dans cet accroissement d'intensité collective tous les comportements de l'homme devant la mort qui rôde, courage et lâcheté, culpabilité, élévation d'âme, blagues proliférantes pour conjurer l'angoisse, et ce sentiment du moment ultime qui est sans doute le plus fréquent à mesure qu'elle s'approche : l'incrédulité.

À l'histoire, cependant, qui réclame qu'on l'honore en entrant par une seule grande Porte à deux battants, celle du Réel économique et politique, répond soudain une petite porte dérobée, brusquement ouverte sur les utopies d'hier instantanément réalisées. Et voilà que le ciel chinois s'éclaircit ! Le pont de Brooklyn apaisé ! On entend à nouveau les oiseaux dans Paris, les trente-neuf espèces différentes ! Venise déserte, délestée de ses bateaux géants et approchée par les dauphins de l'Adriatique…

L'État vous dit, face caméra : *je t'interdis d'aller travailler !* Sous peine de contravention ! Les humains se répartissent harmonieusement dans la nature. Dans le temps retrouvé, veillez à votre santé, redécouvrez vos proches, apprenez à vivre avec eux. Antidote à la pandémie, par l'Internet qui a aussi ses virus, la bibliothèque de la Sorbonne est en accès libre et l'on peut visiter tous les musées du monde : ce qui relève du commun est enfin accessible !

De même que les avocats leurs robes noires, les infirmières jetaient leurs blouses blanches ? Aujourd'hui la Voix dit : la santé est un trésor public, la santé échappe aux lois du marché ! Le Commandeur prend la parole à 20 heures pour dire : « lisez ! » – et non plus : *bossez, payez, comprenez !* L'impossible brusquement réalisé : la suspension *sine die* de toutes les lois-du-marché, la décroissance immédiate, le retour à soi et à la solidarité, le grand virage écologique ! Et personne pour voir venir un tel changement planétaire. Aucune décision humaine, aucun révolutionnaire pour l'engager. Restera-t-il sans conséquence de s'être à tout le moins *laissé entrevoir* ?

PHILIPPE VIDELIER

LETTRE D'ITALIE

TRACTS
DE CRISE
GALLIMARD

1er AVRIL 2020 / 20 H / **Nº 28**

Son calvaire ne faisait que débuter. Durant la semaine précédant son arrivée, il passa deux jours et deux nuits épouvantables, pris d'inquiétantes douleurs : « Je me tordais comme un ver, ne pouvant rester ni assis, ni debout, ni allongé. » Enfin, si l'on peut dire, il parvint sur le lieu de son enfermement. De cet endroit, il adressa une lettre à sa belle-sœur, femme dévouée qui avait quelques solides connaissances en médecine et en humanité. « Je ne peux encore rien t'écrire sur ma vie à venir. Je fais mes premiers jours de quarantaine, avant d'être affecté définitivement à un quartier. » Il ne pouvait envoyer qu'une lettre tous les quinze jours ce qui lui posait, assurait-il, de sérieux cas de conscience.

Il avait besoin de dentifrice, de savon, des cachets contre la migraine du Dr Faivre fabriqués à Tassin près de Lyon, de Sédobrol, un calmant des laboratoires Hoffmann-La Roche à Bâle, en Suisse (on le trouvait aussi à Shanghai, en Chine). Et de cigarettes Macedonia ou Giubek (quoique dans son état il n'aurait pas dû fumer). Et encore d'Ovomaltine, « aliment complet ne contenant que des produits naturels » inventé à Berne par le pharmacien Albert Wander. Cela lui aurait fait plaisir. « En principe, avait-il compris, il ne faut jamais demander plus d'une chose à la fois si l'on ne veut pas passer pour un emmerdeur professionnel et n'être plus pris au sérieux sur rien. » Car ce qu'il désirait avant tout, ce qui lui était absolument indispensable dans cette période désastreuse et sa situation peu enviable, c'était les livres. Toutes sortes de livres, mais selon un choix raisonné.

Ainsi lut-il *La Plus Belle Histoire du monde* de Rudyard Kipling, sans doute en français, au Mercure de France, parce que l'édition italienne traduite par Maria Ettlinger Fano chez Alberto Corticelli, de Milan, n'était pas encore sortie des presses. Il attendait impatiemment *Anna Karénine* qu'il avait commandé et lisait *La Révolte dans le désert* du colonel Lawrence, l'agent britannique en Arabie. À défaut désormais de pouvoir peser sur le cours des événements, de transformer le monde, il tentait plus que jamais de l'interpréter. Ce n'était pas exactement pareil. C'est vrai. Mais c'était sa façon de demeurer dans la vie. «Je m'intéresse aussi à ce qui advient dans le monde.»

« Je continue la cure de Sérum Casali, écrivait-il à sa belle-sœur. Et sur prescription du médecin, je prends aussi le Valero-Fosfer Wassermann. Une fois finis les trois flacons de Casali, je me ferai des piqûres de Bioplastina et je prendrai les Glicerofosfati que tu m'as laissés. J'ai aussi reçu la bouillotte, mais je l'utiliserai seulement si les fortes douleurs reviennent.»

Malgré l'adversité qui le contraignait, il se nourrissait de l'expérience des autres. Parmi les ouvrages auxquels il tenait, figurait *Mes départs* de Panaït Istrati le Roumain, «pages autobiographiques» dans la collection Blanche. Bien qu'il n'eût aucun penchant alcoolique, il conservait dans un coin *Memorie di un bevitore* qui existait également sous le titre *Ricordi di un bevitore*, de Jack London, *Le Cabaret de la dernière chance*, fameux estaminet au plancher de guingois sur les quais d'Oakland, en bas de Webster

Street, face à San Francisco (ce livre lui fut confisqué et il dut batailler auprès des plus hautes autorités pour le récupérer). Il s'était entiché de *Ma vie* d'Isadora Duncan car la danseuse virevoltante avait vécu, en effet, une existence extravagante.

Pour tenir le coup, il fallait bien ça au petit Sarde bossu, à Antonio Gramsci, prisonnier de Mussolini confiné au pénitencier de Turi à Bari dans le sud de l'Italie.

PHILIPPE VIDELIER

PHILIPPE VIDELIER A DÉJÀ PUBLIÉ AUX ÉDITIONS GALLIMARD *LE JARDIN DE BAKOUNINE ET AUTRES NOUVELLES DE L'HISTOIRE* (2001), *NUIT TURQUE* (2005), *DÎNER DE GALA* (2012), *QUATRE SAISONS À L'HÔTEL DE L'UNIVERS* (2017), *DERNIÈRES NOUVELLES DES BOLCHEVIKS* (2017) ET *ROME EN NOIR* (2020).

Monsieur le Président,

« Je vous fais une lettre / Que vous lirez peut-être / Si vous avez le temps. » À vous qui êtes féru de littérature, cette entrée en matière évoque sans doute quelque chose. C'est le début de la chanson de Boris Vian *Le Déserteur*, écrite en 1954, entre la guerre d'Indochine et celle d'Algérie.

Aujourd'hui, quoique vous le proclamiez, nous ne sommes pas en guerre, l'ennemi ici n'est pas humain, pas notre semblable, il n'a ni pensée ni volonté de nuire, ignore les frontières, les conditions sociales, se reproduit à l'aveugle en sautant d'un individu à un autre. Les armes, puisque vous tenez à ce lexique guerrier, ce sont les lits d'hôpital, les respirateurs, les masques et les tests, c'est le nombre de médecins, de scientifiques, d'infirmières et d'aides-soignants, c'est la recherche médicale.

Des extraits de cette lettre ont été lus par Augustin Trapenard dans le cadre de l'émission « Lettres d'intérieur » sur France Inter le 30 mars 2020. Nous en donnons ici l'intégralité et remercions Augustin Trapenard et France Inter.

ANNIE ERNAUX

MONSIEUR LE PRÉSIDENT

TRACTS
DE CRISE
GALLIMARD

2 AVRIL 2020 / 10 H / **N° 29**

Or, depuis que vous dirigez la France, vous êtes resté sourd aux cris d'alarme du monde de la santé qui depuis des mois réclamait des moyens et ce qu'on pouvait lire sur la banderole d'une manif en novembre dernier – L'État compte ses sous, on comptera les morts – résonne tragiquement aujourd'hui.

Vous préfériez prêter l'oreille aux intérêts privés, à ceux qui prônent le désengagement de l'État, l'optimisation des ressources, dans ce langage technocratique dépourvu de chair qui noie le poisson de la réalité. Mais regardez, ce sont les services publics qui, en ce moment, assurent majoritairement le fonctionnement du pays, les hôpitaux en premier – les cliniques privées, elles, participent peu à votre effort de guerre –, l'Éducation nationale et ses milliers de professeurs, d'instituteurs si mal payés, la Poste, EDF. Ceux dont, naguère, vous avez dit qu'ils n'étaient rien, sont maintenant tout, eux qui continuent de vider les poubelles, de taper les produits aux caisses, de livrer des pizzas, de garantir au minimum cette vie indispensable, la vie matérielle.

Choix étrange que le mot « résilience », signifiant reconstruction après un traumatisme. Nous n'en sommes pas là. Prenez garde, Monsieur le Président, aux effets de ce temps de confinement, de bouleversement du cours des choses. C'est un temps propice à la réflexion, aux interrogations, un temps pour imaginer un nouveau monde. Pas celui que vous n'aviez de cesse de vanter et dont on peut redouter, à certains signes, la reprise sans délai. Décideurs et financiers reprennent déjà sans pudeur l'antienne néolibérale du « travailler plus », jusqu'à 60 heures par semaine, préconisent de « maintenir les marchés ». Et qui nous dit que les lois qui restreignent notre liberté aujourd'hui ne vont pas perdurer demain ?

Nous sommes nombreux à ne plus vouloir de ce monde dont l'épidémie révèle les inégalités criantes, le gouffre qui existe entre le confinement d'une famille de sept personnes dans 60 m² et celui de résidents secondaires à la campagne ou à la mer. Nombreux à vouloir au contraire un monde où les besoins essentiels, se nourrir sainement, se soigner, se loger, s'éduquer, soient garantis à tous, un monde dont les solidarités actuelles montrent, justement, la possibilité. Il se dit que vous avez été élu par les puissances d'argent, les grands groupes et les lobbies, que par conséquent vous ne ferez jamais que la politique qui les favorise. Vous pourriez démontrer demain qu'il n'en est rien.

Mais sachez, Monsieur le Président, que nous ne laisserons pas nous voler notre vie, nous n'avons qu'elle, et « rien ne vaut la vie » – chanson, encore, d'Alain Souchon. Ni bâillonner les libertés démocratiques, comme celle qui permet à ma lettre – contrairement à celle de Boris Vian, interdite de radio – d'être lue ce matin sur les ondes d'une radio nationale.

ANNIE ERNAUX
CERGY, LE 30 MARS 2020

ANNIE ERNAUX EST NÉE À LILLEBONNE ET ELLE A PASSÉ TOUTE SA JEUNESSE À YVETOT, EN NORMANDIE. AGRÉGÉE DE LETTRES MODERNES, ELLE A ENSEIGNÉ À ANNECY, PONTOISE ET POUR LE CENTRE NATIONAL D'ENSEIGNEMENT À DISTANCE. ELLE VIT DANS LE VAL-D'OISE, À CERGY. EN 2017, ANNIE ERNAUX A REÇU LE PRIX MARGUERITE-YOURCENAR POUR L'ENSEMBLE DE SON ŒUVRE ET, EN 2019, LE PRIX FORMENTOR.

« Malheureux le pays qui a besoin de héros. » Cette phrase est de Bertolt Brecht, dans *La Vie de Galilée*. Longtemps, elle m'a obsédée. Telle l'ablette au sortir de l'onde, elle s'agite de mille reflets, et glisse des mains pour retourner au courant — et à sa liberté.

J'ai beau l'observer en tous sens, elle garde son mystère et son miroitement.

INGRID ASTIER

L'ÈRE VIRALE

TRACTS
DE CRISE
GALLIMARD

2 AVRIL 2020 / 20 H / **Nº 30**

En réalité, Galilée reprend Andrea, son assistant, qui vient de lancer : « Malheureux le pays qui n'a pas de héros ! » Depuis la crise du coronavirus, je ne cesse d'y penser. Toute crise a besoin d'un héros – et d'un bouc émissaire. Cristallisation, expiation, diabolisation.

Un héros doit rallier, incarner un idéal commun, réunir, réconforter. Notre société, plus à même de diviser, préfère, aujourd'hui, les héros collectifs. Anonymes, ils suscitent moins d'envie. Ce seront donc (à juste titre) les blouses blanches – comme ce furent les pompiers lors des attentats du 11 septembre. Ou des produits miracles (la chloroquine), qui donnent un nom scientifique à l'espoir.

Mais le héros naît du brasier. Son armure est trempée dans l'acier froid du désarroi.

Il est aussi soumis à la versatilité. Le héros d'aujourd'hui est peut-être l'ostracisé de demain. Ainsi de la police, après le Bataclan. En tout, on nous demande de prendre position, de juger, de dire oui ou non, pour ou contre, au mépris de la nuance. Alors que l'urgence est d'agir, de trouver des solutions, non de condamner ou d'encenser. Notre époque se remplit non de vide mais de bruit. Chacun porte en lui une cacophonie.

Saluer à 20 heures l'effort de nos équipes de santé est certes louable, et signe d'une indispensable solidarité. Allons plus loin. Ne nous arrêtons pas en chemin. Je rêve de notre pays où chacun verserait, immédiatement, dix euros (le prix moyen prévu fin 2020 pour un paquet de cigarettes) en faveur des services de réanimation. Pour bâtir au plus vite des solutions. Plus que de la solidarité en mots et en applaudissements, les crises appellent mobilisation et action.

À l'heure où la distanciation sociale est devenue l'impératif, je m'interroge sur le nez que nous gardons collé aux écrans. En matière de réflexion, nulle distanciation. Des nouvelles en continu, qui ne cessent de réviser leurs positions. Une vie sous perfusion de l'information. Du goutte-à-goutte, vingt-quatre heures sur vingt-quatre, sept jours sur sept. Une contamination plus sournoise, par le virus de l'opinion. Car ce qui manque le plus est la décantation. Contre ce danger, nous devrions tous redevenir enfants de Platon. Renouer avec les vertus du dialogue et de la réflexion. Nous sommes saturés, noyés, asphyxiés, enterrés vivants sous les gravats des avis et des commentaires qui nous empêchent de respirer et font de tout échange non une place publique, mais une arène.

Quant aux chiffres, ils nourrissent l'anxiété. Jean-Louis Boursin, pourtant mathématicien, a la sagesse de penser que « la statistique est la forme scientifique du mensonge ». Sans nier leur importance, laissons aux chiffres le temps de l'analyse et du bilan. Le monde s'emballe et nous sommes lourds, de notre gravité. Le confinement met pourtant un frein, à notre avidité. Il nous recentre sur l'essentiel et raisonne nos besoins. Par-delà l'angoisse, il ouvre en nous des fenêtres, tandis que d'autres, pour sauver des vies, sont rivés à l'instant. Ce temps, dont nous disions sans cesse manquer, le voici enfin, à portée.

Aurions-nous peur d'en jouir, désormais ? Les propos de Baudrillard, tirés de *La Société de consommation*, n'ont pas pris une ride : « Le loisir est contraint dans la mesure où derrière sa gratuité apparente, il reproduit fidèlement toutes les contraintes mentales et pratiques qui sont celles du temps productif et de la quotidienneté asservie. »

Le confinement montre combien il est difficile d'habiter le temps. Derrière leurs invisibles barreaux, les écrans font de nous un troupeau. L'art, lui, ouvre l'infini. Comme la rêverie. En temps de crise, s'évader n'est pas un luxe. C'est même le pendant idéal de l'action. Pour repousser sinistrose comme défaitisme. Pour pouvoir affronter la récession sans sombrer dans la dépression. Pour supporter la violence des situations. Pour résister à la privation de nos libertés et à la mort qui prend corps. Subir n'a jamais été une solution. Derrière les murs du confinement, Jack London me fait quitter Paris pour l'Alaska. La musique de Ligeti (*Lux aeterna*) est une galaxie. Celle de Nicolas Jaar, un apaisement. Le peintre de la Marine Jacques Rohaut m'entraîne, par ses tourbillons colorés, au pied de mes falaises préférées. Sur une carte topographique, chaque nom est un coffre-fort : la Grotte de la Pierre à Monsieur, le Menhir de Chiron Lazare, le Courseau du Risque de Vie, le Dolmen des Landes, les Pierres du Pain et du Beurre… Un film de Belmondo me fait remonter le temps et voir la Goutte d'Or, autrement. Comme la rue Androuet qui, au détour d'un jogging, m'offre soudain ses façades peintes, à la beauté fanée – le tournage suspendu d'un film de Fred Cavayé. La rue est un spectacle. Même pour une heure, la rue reste à tout le monde. À sa fenêtre, le chat persan de mon voisin devient un peu le mien.

Quant au ciel, il se moque du confinement.

Alors je m'évade, par son fragment.

En attendant.

INGRID ASTIER

ROMANCIÈRE, INGRID ASTIER EST ANCIENNE ÉLÈVE DE L'ÉCOLE NORMALE SUPÉRIEURE ET AGRÉGÉE DE LETTRES MODERNES. SON PREMIER ROMAN, *QUAI DES ENFERS* (GALLIMARD), A ÉTÉ RÉCOMPENSÉ PAR QUATRE PRIX, DONT LE GRAND PRIX PAUL-FÉVAL DE LA SOCIÉTÉ DES GENS DE LETTRES. SON *PETIT ÉLOGE DE LA NUIT* (FOLIO) FRUIT DE NOTES VAGABONDES, DE NUITS INSPIRÉES, DE LECTURES ET DE DIALOGUES CROISÉES A ÉTÉ ADAPTÉ POUR LE THÉÂTRE ET INTERPRÉTÉ PAR PIERRE RICHARD. ELLE A DÉBUTÉ EN ÉCRITURE AVEC LE PRIX DU JEUNE ÉCRIVAIN (MERCURE DE FRANCE, 1999). AUTEUR D'UNE QUINZAINE D'OUVRAGES (*HAUTE VOLTIGE*, *LA VAGUE*), ELLE A AUSSI PARTICIPÉ AU DICTIONNAIRE CULTUREL EN LANGUE FRANÇAISE D'ALAIN REY.

S*ic transit gloria mundi.* Ainsi passe la gloire du monde. Toutes les alarmes se déchaînent. La gloire vacille. Son éclat nous aveuglait. Nous n'écoutions pas. Nous pensions vivre et nous étions vécus par quelque chose d'inconnu de nous. Quelque chose que nous ne voulions pas reconnaître. Quelque chose d'inconnu de nous qui était bien à nous. La férocité de la vie.

Son agilité à se répandre, à contaminer, infecter, et à tuer. La vie tue. Ne me dites pas qu'il fallait attendre ce virus pour le découvrir. La vie n'est pas toujours une amie, non plus. Ou aura-t-on oublié jusqu'aux usages des noms de la vie pour n'en retenir que le plus rassurant ? Un vieux poème sioux conseillait d'appeler ami, oncle ou frère, les loups et les ours rencontrés sur les pistes dans la forêt.

— Même ceux qui auront dévoré mon ami, mon oncle ou mon frère ? demandait un jeune chasseur.

— Eux, surtout ! répondait le chaman.

FRÉDÉRIC BOYER

SIC TRANSIT GLORIA MUNDI

TRACTS
DE CRISE
GALLIMARD

3 AVRIL 2020 / 10 H / **N° 31**

La mort cogne à la vitre de nos écrans. Ma fille veut savoir d'où ça vient. Quoi ? La férocité de la vie. Je lui réponds maladroitement, elle nous appartient aussi. Elle vient du monde tel que nous l'habitons, et du monde tel que nous ne l'habitons plus ou pas assez. Elle vient d'une grande volonté que nous avons toujours eue d'habiter, d'exploiter le monde, et de trop peu de conscience de n'être pas tout du monde. Si gloire il y a, c'est elle. Épouvantable et fragile. Et nous qui supplions de nous remettre sur nos rails abîmés. Rouler à tombeau ouvert dans l'éclat du monde.

Ma fille me dit qu'elle se sent très fragile depuis qu'elle a vu littéralement, un été il y a trois ans, la mort bondir comme un fauve et lui arracher sa mère. Et la litanie sombre du virus égrenée aux infos en continu lui rappelle crûment la perte. Je lui réponds que nous ne portons pas suffisamment attention à la fragilité qui est la nôtre. C'est notre cruauté. Cette bête sauvage que nous sommes à nous-mêmes. Et que cette inattention est aussi notre beauté terrible. Celle des humains, des « êtres éphémères », lisait-on déjà dans l'*Odyssée*.

Le virus appartient à la force aveugle, insaisissable de la vie. Il nous rappelle brutalement ce que nous préférions ne pas savoir, non seulement la fragilité nue de la vie mais tout autant son implacable raison : nous ne possédons pas la vie, nous lui appartenons. Et vouloir en sortir ou la dominer, c'est notre folle et crâne prétention. Nous mourrons d'être à elle et nous ne pouvons espérer nous sauver que grâce à elle, grâce à ce que la vie nous permet de connaître, d'explorer et d'agir. Pas plus. Nous nous sauvons un temps. Le simple et merveilleux, fragile, temps de vivre. C'est ce que signifiait la vieille expression latine : *Sic transit gloria mundi*. La gloire du monde, nous ne pouvons la posséder ni l'accaparer. Elle n'est gloire que d'être au monde, de passer. Avions-nous oublié qu'être humain c'était vivre la totalité des événements du monde, être à l'écoute de la féroce et magnifique proposition chorale du monde ? Vie et mort, force et fragilité.

La puissance du virus et son agilité à se répandre atteignent aujourd'hui notre propre puissance d'action et d'organisation communes – la politique. Vie, mort, monde et politique. Il faudra revoir les conditions et les principes de notre occupation du monde, des territoires, des populations. Revoir notre *gloire*. Tout ce qui nous aura fait oublier ou nous aura détournés de notre précieuse vulnérabilité de vivant.

La politique ne devrait jamais oublier que sa tâche est de nous organiser sains et saufs un monde commun possible, mais en appartenant à deux royaumes distincts et indissociables, celui de la nature, de la férocité de la vie, et celui des sociétés humaines qui voudraient parfois s'abstraire de ce premier royaume. Comment assumer le désastre sinon en œuvrant pour que reviennent le bien de la citoyenneté et de l'attachement politique au service de tous et de toute vie au monde. Avec cette vieille idée tragique dont je ne démords plus : c'est l'insécurité de vivre qui donne son prix au travail de vivre.

L'hirondelle fraîche du printemps et l'agilité aveugle du virus. Je les conjugue, je les expose, je les conjure. Il faudrait prendre notre vulnérabilité politiquement au sérieux. Opposer à la férocité de la vie moins notre puissance cognitive que notre vulnérabilité de vivants. Notre capacité de résistance à la violence du vivant dépend étroitement de notre degré de conscience de notre fragilité. Les plus anciennes techniques des arts de combat nous l'avaient déjà appris.

Je cherche une image. Je dis à ma fille : Tu te souviens des films de Chaplin ? Un petit homme jette toute sa dignité dans une entreprise absurde et impure. C'est nous. Il court pour échapper à un poursuivant jusqu'à ne plus savoir lequel poursuit qui. La faim lui fait dévorer ses chaussures bouillies comme il se régalerait d'un rôti, jusqu'au détail du lacet difficile à avaler. Elle sourit – une parcelle de gloire enfin. Il ne faut rien oublier de notre absurde, drôle et tragique entêtement à vivre et tenir droit. Une autre histoire me revient. Un étrange passage de l'Évangile. Dernière apparition du Ressuscité aux disciples, sur la mer de Tibériade. « Les disciples ne savent pas que c'est Jésus » (Jean, 21, 4). Mais Jean le reconnaît et le dit à Simon Pierre qui, lit-on, « du manteau se ceignit, car il était nu, et se jeta dans la mer » (Jean, 21, 7).

Est-ce vraiment par peur et honte ? Un vrai gag absurde à la Charlot, celui du type qui pour se jeter à l'eau prend soin de mettre son manteau parce qu'il était nu. Il se jette à l'eau en s'habillant du manteau abandonné quand il était bien au sec et à l'abri : le manteau de son humanité perdue. Pas si fou. Nous croyons vivre couverts et protégés. Mais nous sommes nus. L'homme ? « Un pauvre animal nu et fourchu », dit le fou dans *Le Roi Lear*. Et comme des fous nous vivions dévêtus de notre vulnérable humanité. Jetons-nous à l'eau avec nos vieux habits précaires. Et préparons les fêtes à venir.

FRÉDÉRIC BOYER

FRÉDÉRIC BOYER EST NÉ EN 1961. ÉCRIVAIN, TRADUCTEUR ET ÉDITEUR, IL EST AUTEUR D'UNE TRENTAINE DE LIVRES. IL A DIRIGÉ LE CHANTIER DE LA NOUVELLE TRADUCTION DE *LA BIBLE* PAR DES ÉCRIVAINS CONTEMPORAINS, PARUE EN 2001 AUX ÉDITIONS BAYARD. IL A PUBLIÉ DERNIÈREMENT *LÀ OÙ LE CŒUR ATTEND, PEUT-ÊTRE PAS IMMORTELLE* AUX ÉDITIONS P.O.L. ET UNE NOUVELLE TRADUCTION DES *GÉORGIQUES* DE VIRGILE : *LE SOUCI DE LA TERRE*, AUX ÉDITIONS GALLIMARD.

En temps de crise, les écrivains s'interrogent sur la valeur de la littérature. Je suis pour ma part immunisé contre ces doutes. Depuis le commencement du confinement, j'écris tous les jours ; et je peux certifier, sans forfanterie, que j'écris de mieux en mieux.

Je ne tiens pas un journal. Je ne consigne pas mes pensées sur la vie, la mort, la littérature et les épidémies. Un nouveau roman ? Non, ce n'est pas sous mon toit que mille fictions fleuriront.

Le texte qui m'occupe est d'une absolue nécessité.

Mon secret ?

Tous les matins, mon imprimante étant hors d'usage, je rédige à la main mon attestation de déplacement dérogatoire.

Pour qui a, comme moi, perdu l'habitude de l'écriture manuscrite, l'exercice est ardu.

ALEXAN-
DRE
POSTEL

UN TEXTE NÉCESSAIRE

TRACTS
DE CRISE
GALLIMARD

3 AVRIL 2020 / 20 H / **N° 32**

« Pas de réflexion ! copions ! »
Gustave Flaubert, *Bouvard et Pécuchet*

À vrai dire, cette activité m'a toujours posé problème. L'été précédant mon entrée au cours préparatoire, je me suis cassé le bras droit : c'est donc de la main gauche que j'ai appris à tenir mon stylo. Une fois le plâtre retiré, le pli était pris et j'ai continué, de la main droite, à écrire à la manière d'un gaucher : la main placée non pas sous la ligne d'écriture et à l'aplomb de celle-ci, mais au-dessus et recourbée.

Or cette posture inorthodoxe me vouait à saloper mes lignes d'écriture au fur et à mesure de mon avancée, du fait de cette main droite qui, avec une fatale gaucherie, venait s'étaler sur la ligne à peine écrite, en estomper l'encre encore humide et envelopper mes mots d'une sorte de brouillard bleu. Ce qui m'exposait aux furieux sarcasmes de quelque maîtresse fort peu maîtresse d'elle-même.

L'application inquiète qui était alors la mienne, je la retrouve en copiant l'attestation. De nature craintive et prudente, je souhaite présenter aux forces de l'ordre, le cas échéant, un document impeccable. J'ai appris avec anxiété, aux premiers jours du confinement, que la police concentrerait sa sévérité sur les citoyens suspects de désinvolture : « on verbalise ceux qui nous prennent pour des cons ». Et je tremble, car mes institutrices n'étaient pas loin de penser que tel était mon cas lorsque je leur remettais, le rouge aux joues, mes lignes de brouillard bleu (« tu te fiches du monde ? »).

Les obstacles, fatalement, se multiplient. En guise de papier, au lieu du vélin satiné propre à apaiser l'œil d'un agent irascible, une pauvre feuille quadrillée, arrachée aux spirales d'un bloc-notes. Et pour écrire, un stylo-bille transparent, à pointe épaisse – un « Bic cristal » : certes, l'encre sèche vite, ce qui, compte tenu des particularités de ma graphie, n'est pas à négliger. Mais les mots qu'elle produit manquent cruellement de tenue. L'usage du « Bic cristal » était du reste prohibé par les institutrices les plus strictes, et à raison : je ne sais quelle qualité inhérente à cette encre confère à mon attestation, malgré mes efforts, l'aspect offensant d'un papier gras.

Dernier écueil, et non des moindres, l'allongement considérable du texte consécutif au décret du 23 mars : sept rubriques au lieu de cinq, et trois notes de bas de page (faut-il les recopier ?). La première version, par comparaison, avait la brièveté d'un haïku. Qu'on en juge par la rubrique sur l'activité physique

> *1°) (décret du 16 mars) : déplacements brefs, à proximité du domicile, liés à l'activité physique individuelle des personnes, à l'exclusion de toute pratique sportive collective, et aux besoins des animaux de compagnie.*

2°) (décret du 23 mars) : déplacements brefs, dans la limite d'une heure quotidienne et dans un rayon maximal d'un kilomètre autour du domicile, liés soit à l'activité physique individuelle des personnes, à l'exclusion de toute pratique sportive collective et de toute proximité avec d'autres personnes, soit à la promenade avec les seules personnes regroupées dans un même domicile, soit aux besoins des animaux de compagnie.

Tout en copiant, je m'avise qu'il y a là matière à un de ces problèmes de mathématiques qu'affectionnaient mes institutrices : sachant que je marche à la vitesse moyenne de 4 kilomètres-heure, que la copie quotidienne de l'attestation équivaut à N… centimètres d'écriture (N… doublant de longueur à partir du 23 mars), que la cartouche du « Bic cristal » permet, d'après ses concepteurs, de produire 2 kilomètres d'écriture et que celle-ci était aux deux tiers pleine au commencement du confinement, combien de kilomètres pourrais-je au maximum parcourir avant que mon stylo ne fonctionne plus ?

Ces efforts m'épuisent et d'ordinaire, une fois recopié *in extenso* le texte de l'attestation (en deux exemplaires, un pour la promenade et un pour les courses), je n'ai plus la force de sortir. Au demeurant, ces activités futiles peuvent être ajournées sans peine. L'écriture avant tout.

ALEXANDRE POSTEL

ALEXANDRE POSTEL EST NÉ EN 1982. IL EST L'AUTEUR DE QUATRE ROMANS PARUS AUX ÉDITIONS GALLIMARD : *UN HOMME EFFACÉ* (GONCOURT DU PREMIER ROMAN 2013, PRIX LANDERNEAU DÉCOUVERTES), *L'ASCENDANT* (PRIX DU DEUXIÈME ROMAN 2016), *LES DEUX PIGEONS* (2016) ET *UN AUTOMNE DE FLAUBERT* (2020).

Les bons auteurs ignorent si la peste est contagieuse. Mais ils en ont le soupçon. C'est pourquoi, messieurs, ils sont d'avis que vous fassiez ouvrir les fenêtres de la chambre où vous visitez le malade. Il faut se souvenir simplement que la peste peut être aussi bien dans les rues et vous infecter de la même façon, que les fenêtres soient ouvertes ou non.

Les mêmes auteurs vous conseillent aussi de porter un masque à lunettes et de placer, au-dessous de votre nez, un linge imbibé de vinaigre. Portez également sur vous un sachet composé des essences recommandées dans les livres, mélisse, marjolaine, menthe, sauge, romarin, fleur d'oranger, basilic, thym, serpolet, lavande, feuille de lauriers, écorce de limon, et pelure de coings. Il serait souhaitable que vous fussiez entièrement vêtus de toile cirée.

Publié avec un autre texte en avril 1947 dans les *Cahiers de La Pléiade*, sous le titre « Les Archives de La Peste », *Exhortation aux médecins de la peste* a probablement été écrit par Albert Camus en 1941, soit six ans avant la parution de *La Peste* dont il constitue l'un des travaux préliminaires.

Cette *Exhortation aux médecins de la peste* a été reprise en 2006 dans le deuxième volume des *Œuvres complètes* d'Albert Camus dans la « Bibliothèque de la Pléiade ».

ALBERT CAMUS

EXHORTATION AUX MÉDECINS DE LA PESTE

TRACTS DE CRISE
GALLIMARD

4 AVRIL 2020 / 10 H / N° 33

Cependant, cela peut s'accommoder. Mais il n'y a point d'accommodements avec les conditions sur lesquelles bons et mauvais auteurs sont d'accord. La première est que vous ne devez tâter le pouls du malade qu'après avoir trempé les doigts dans du vinaigre. Vous en devinez la raison. Mais le mieux serait peut-être de vous abstenir sur ce point. Car si le malade a la peste, cette cérémonie ne la lui enlève point. Et, s'il en est indemne, il ne vous aura pas fait appeler. En temps d'épidémie, on soigne son foie tout seul, pour se garder de toute méprise.

La deuxième condition est que vous ne regardiez jamais le malade en face, pour ne pas être dans la direction de son souffle. De même, si, malgré l'incertitude où nous sommes touchant l'utilité de ce procédé, vous avez ouvert la fenêtre, il sera bon de ne pas vous placer dans l'orientation du vent qui risque de vous apporter en même temps le râle du pestiféré.

Ne visitez non plus les patients quand vous serez à jeun. Vous n'y résisteriez pas. Mais ne mangez pas trop cependant. Vous vous abandonneriez. Et si, malgré toutes ces précautions, quelque chose du venin est venu se placer dans votre bouche, il n'y a pas de remède à cela, sauf que vous n'avaliez jamais votre salive, durant tout le temps de votre visite. Cette condition est la plus dure à observer.

Lorsque tout ceci, tant bien que mal, aura été respecté, vous ne devez pas vous tenir pour quittes. Car il est d'autres conditions, très nécessaires à la préservation de votre corps, bien qu'elles touchent plutôt aux dispositions de l’âme. « Aucun individu, dit un vieil auteur, ne peut se permettre de rien toucher de contaminé dans un pays où règne la peste. » Cela est bien dit. Et il n’est endroit que nous ne devions purifier en nous, fût-ce dans le secret des cœurs, pour mettre enfin de notre côté le peu de chances qui nous restent. Cela est surtout vrai pour vous autres, médecins, qui êtes plus près, s’il se peut, de la maladie, et qui en apparaissez d’autant plus suspects. Il vous faut donc devenir exemplaires.

La première chose est que vous n’ayez jamais peur. On a vu des gens faire très bien leur métier de soldats tout en ayant peur du canon. Mais c’est que le boulet tue également le courageux et le tremblant. Il y a du hasard dans la guerre tandis qu’il y en a très peu dans la peste. La peur vicie le sang et échauffe l’humeur, tous les livres le disent. Elle dispose donc à recevoir les impressions de la maladie, et, pour que le corps triomphe de l’infection, il faut que l’âme soit vigoureuse. Or, il n’y a point d’autre peur que celle d’une fin dernière, la douleur étant passagère. Vous donc, médecins de la peste, devez vous fortifier contre l’idée de la mort et vous réconcilier avec elle, avant d’entrer dans le royaume que la peste lui prépare. Si vous êtes vainqueurs sur ce point, vous le serez partout et l’on vous verra sourire au milieu de la terreur. Concluez qu’il vous faut une philosophie.

Il vous faudra aussi être sobre en toutes choses, ce qui ne veut point dire être chaste, qui serait un autre excès. Cultivez la raisonnable gaîté afin que la tristesse ne vienne point altérer la liqueur du sang et la préparer à la décomposition. Il n'est rien de meilleur à ce sujet que d'user du vin en quantités estimables, pour alléger un peu l'air de consternation qui vous viendra de la ville empestée.

D'une façon générale, observez la mesure qui est la première ennemie de la peste et la règle naturelle de l'homme. Némésis n'était point, comme on vous l'a dit dans les écoles, la déesse de la vengeance, mais celle de la mesure. Et ses coups terribles ne frappaient les hommes que lorsqu'ils s'étaient jetés dans le désordre et le déséquilibre. La peste vient de l'excès. Elle est excès elle-même, et ne sait point se tenir. Sachez-le, si vous voulez la combattre dans la clairvoyance. Ne donnez pas raison à Thucydide, parlant de la peste d'Athènes et disant que les médecins n'étaient d'aucun secours parce que, dans le principe, ils traitaient du mal sans le connaître. Le fléau aime le secret des tanières. Portez-y la lumière de l'intelligence et de l'équité. Ce sera plus facile, vous le verrez à l'usage, que de ne pas avaler sa salive.

Vous devez enfin devenir maîtres de vous-mêmes. Et par exemple, savoir faire respecter la loi que vous aurez choisie, comme celle du blocus et de la quarantaine. Un historiographe de Provence dit qu'autrefois, lorsque quelqu'un des consignés venait à s'échapper, on lui faisait casser la tête. Vous ne désirez pas cela. Mais vous n'oublierez pas non plus l'intérêt général. Vous ne ferez pas d'exception à ces règles pendant tout le temps où elles seront utiles et même si votre cœur vous presse. On vous demande d'oublier un peu ce que vous êtes sans jamais oublier cependant ce que vous vous devez. C'est la règle d'un tranquille honneur.

Munis de ces remèdes et de ces vertus, il ne vous restera plus qu'à refuser la fatigue et garder fraîche votre imagination. Vous ne devrez pas, vous ne devrez jamais vous habituer à voir les hommes mourir à la façon des mouches, comme ils le font dans nos rues, aujourd'hui, et comme ils l'ont toujours fait depuis qu'à Athènes la peste a reçu son nom. Vous ne cesserez pas d'être consternés par ces gorges noires dont parle Thucydide, qui distillent une sueur de sang et dont une toux rauque arrache avec peine des crachats rares, menus, couleur de safran et salés. Vous n'entrerez jamais dans la familiarité de ces cadavres dont même les oiseaux de proie s'écartent pour en fuir l'infection. Et vous continuerez de vous révolter contre cette terrible confusion où ceux qui refusent leurs soins aux autres périssent dans la solitude tandis que ceux qui se dévouent meurent dans l'entassement; où la jouissance n'a plus sa sanction naturelle, ni le mérite son ordre; où l'on danse au bord des tombes; où l'amant repousse sa maîtresse pour ne pas lui donner son mal; où le poids du crime n'est jamais porté par le criminel, mais par l'animal émissaire qu'on choisit dans l'égarement d'une heure d'épouvante.

L'âme pacifiée reste la plus ferme. Vous serez fermes, face à cette étrange tyrannie. Vous ne servirez pas cette religion aussi vieille que les cultes les plus anciens. Elle tua Périclès, alors qu'il ne voulait d'autre gloire que de n'avoir fait prendre le deuil à aucun citoyen, et elle n'a pas cessé depuis ce meurtre illustre jusqu'au jour où elle vint s'abattre sur notre ville innocente, de décimer les hommes et d'exiger le sacrifice des enfants. Quand même cette religion nous viendrait du ciel, il faudrait dire alors que le ciel est injuste. Si vous en arrivez là, vous n'en tirerez cependant aucun orgueil. Il vous revient au contraire de songer souvent à votre ignorance, pour être assurés d'observer la mesure, seule maîtresse des fléaux.

Il reste que rien de cela n'est facile. Malgré vos masques et vos sachets, le vinaigre et la toile cirée, malgré la placidité de votre courage et votre ferme effort, un jour viendra où vous ne pourrez supporter cette ville d'agonisants, cette foule qui tourne en rond dans des rues surchauffées et poussiéreuses, ces cris, cette alarme sans avenir. Un jour viendra où vous voudrez crier votre dégoût devant la peur et la douleur de tous. Ce jour-là, il n'y aura plus de remède que je puisse vous dire, sinon la compassion qui est la sœur de l'ignorance.

ALBERT CAMUS

SEMAINE 4

6 AVRIL / 12 AVRIL 2020

« **La tentation est grande de mettre sa propre pensée en berne en se disant qu'elle ne vaut plus rien par rapport à ce qui se passe dans le monde. Et une telle attitude est plus que dangereuse. » C'est Jean Morisset qui m'a écrit cela hier, mon vieil ami québécois poète géographe octogénaire, et ça m'a un peu sauvée, car ça décrit exactement ce que je fais en ce moment : je mets ma pensée en berne. Berne, c'est la capitale du pays où je me trouve.**

Comme beaucoup de grands-parents d'abord enchantés à l'idée de se rendre utiles lors de la fermeture des écoles et haltes-garderies, j'ai été interdite de présence auprès de ma petite-fille en tant que vieille personne fragile. Premier choc. Du coup, le dimanche 15 mars, suivant les conseils pour ne pas dire les ordres de mon Président, je suis allée voter et puis, suivant les conseils pour ne pas dire les ordres de ma fille, attrapant ordi et valise, je me suis réfugiée chez le Peintre, mon compagnon suisse. Et en arrivant dans sa maison (mon deuxième chez-moi depuis sept ans déjà), deuxième choc : brutalement, en moi, l'écriture s'est tue.

NANCY HUSTON

HORS-SOL

TRACTS
DE CRISE
GALLIMARD

6 AVRIL 2020 / 10 H / **N° 34**

Que terminer mon roman en cours puisse ne plus me sembler une tâche urgente dans le contexte de la pandémie et du confinement – rien de plus normal. Mais… *les voix !* ces voix qui s'égosillent dans ma tête en permanence, échafaudant discussions, sketchs, opéras, engueulades, délires et thèses d'État… où étaient-elles passées ? Silence radio. Quinze jours durant, je n'ai fait qu'écrire des courriels, dévorer des informations au sujet du virus et de sa gestion dans le monde, parler au téléphone ou par Skype avec mes proches.

Absence de vie sociale à part, notre quotidien, au Peintre et à moi-même, ressemblait de façon presque pénible à ce qu'il est en temps normal. Que l'écart violent entre l'état du monde et ce quotidien agréable crée en moi un *malaise*, une *gêne*, voire un *vertige*, passe encore… mais pourquoi cette *paralysie scripturale* ? Et soudain, grâce à la lettre de Jean, je l'ai compris : c'est que, sans le vouloir, sans le prévoir, en mettant ma pensée « en Berne », c'est-à-dire en changeant de pays, en me mettant hors-sol, je m'étais éjectée de l'écriture. Car si l'écriture se fait dans la solitude, elle ne se fait pas dans le vide. Comme toute forme de création, elle est enracinée. Elle ne jaillit pas d'un esprit nomade, hors famille, hors ethnie, libre de toute attache, dégagé de la gangue de l'Histoire.

Les jours ont passé, le confinement s'est précisé, renforcé, prolongé, les frontières se sont fermées, les TGV ont été supprimés. Désormais je ne peux plus rejoindre ma « vraie vie » qu'en voiture, or je n'ai pas de voiture.

Et, stupéfaite, je découvre que, même quand je suis en déplacement – que ce soit au bout du monde ou dans mon pays natal –, *c'est en France que j'écris*. Les pays existent. Et si la frontière entre deux pays mitoyens et francophones comme la France et la Suisse romande peut sembler « symbolique » et poreuse quand tout va bien, ce n'est pas anodin de quitter l'un pour l'autre en temps de crise.

Paris est ma ville depuis près d'un demi-siècle, or cette ville vit un drame et je ne suis pas là à son chevet, je l'ai abandonnée. J'ai beau suivre de près ce qui se passe en France, je ne partage pas dans mon corps le calvaire des Français, ne respire pas le même air qu'eux. Soudain je vois que mon *sol* à moi, ce qui me permet d'exister, d'écrire et de respirer, ce n'est ni « la Langue française » ni « la Littérature » ni même « l'Écriture » (ainsi que le prétendent souvent des romantiques post-chrétiens en mal d'absolu), non, mon sol, à moi, Canadienne dont la jeunesse s'éparpilla entre trois pays et une dizaine de villes différentes, c'est la France. Mon sol c'est l'histoire de ma vie telle qu'elle s'est tissée jour après jour à même l'Histoire française, avec ses gouvernements successifs, son mouvement des femmes, ses grèves et manifs, ses émeutes et attentats, son monde de l'édition, ses écoles, hôpitaux, librairies, théâtres, radios et télévisions, forêts et festivals… Tout cela, qui est infini et qui est français, m'a *faite ce que je suis comme adulte* et, l'ayant quitté, m'étant mise en quelque sorte hors-sol, je n'ai plus rien à dire.

Le Peintre a grandi dans cette campagne fribourgeoise et la connaît par cœur. Signe de la fin de l'hiver : en passant devant une ferme hier matin, nous avons assisté à l'ouverture des étables. Une dizaine de veaux âgés de deux à trois mois ont été lâchés à l'air libre pour la première fois et se sont mis à courir, à folâtrer, à faire des cabrioles dans le champ. On aurait pu croire que chacun se livrait à cette manifestation de joie physique de façon spontanée. Mais non : il y avait clairement un chef que les autres suivaient et imitaient ; ils cabriolaient à sa suite et dans la même direction que lui. Tous sont revenus au même moment boire à l'auge devant l'étable, et puis se sont mis à cabrioler, comme un seul veau, dans une autre direction. Et je me suis dit que, bien plus qu'on ne voulait l'admettre, nous autres humains fonctionnions nous aussi par tropisme collectif. Il suffit de voir comment s'habillent les députés de l'Assemblée nationale, comment applaudissent les spectateurs au festival des Vieilles Charrues, comment s'égaille un groupe de gamins poursuivis par la police.

Espoir pour ces *Chroniques anachroniques* qui, le temps de cette quarantaine, tiendront lieu de sol sous les pieds d'une Hors-Sol : explorer quelques implications et réverbérations de ce fragment de sagesse traditionnelle bantu : JE SUIS PARCE QUE NOUS SOMMES.

NANCY HUSTON
LENTIGNY, 28 MARS 2020

NÉE À CALGARY AU CANADA, NANCY HUSTON, QUI VIT À PARIS, EST L'AUTEURE DE NOMBREUX ROMANS ET ESSAIS PUBLIÉS CHEZ ACTES SUD ET CHEZ LEMÉAC, PARMI LESQUELS *INSTRUMENTS DES TÉNÈBRES* (1996 ; PRIX GONCOURT DES LYCÉENS ET PRIX DU LIVRE INTER), *L'EMPREINTE DE L'ANGE* (1998 ; GRAND PRIX DES LECTRICES DE *ELLE*) ET *LIGNES DE FAILLE* (2006 ; PRIX FEMINA).

La moitié de l'humanité est désormais confinée. Ce serait un événement considérable, du jamais vu dans l'histoire. En réalité, l'histoire de l'humanité pourrait être, malgré les apparences de la mondialisation, celle de son confinement progressif, depuis le nomadisme des débuts paléolithiques jusqu'aux concentrations urbaines actuelles, où l'on ne sort de « chez soi » que pour se confiner dans une voiture individuelle ou un transport en commun, puis dans le bureau ou l'*open space* qui permet de gagner son pain à la sueur (virtuelle) de son front.

JEAN-PAUL DEMOULE

PRÉ-HISTOIRES DU CONFINEMENT

TRACTS
DE CRISE
GALLIMARD
6 AVRIL 2020 / 20 H / **Nº 35**

Rester à l'intérieur de ses frontières (*finis* en latin, d'où le confinement), c'est le lot de la plupart des espèces vivantes, qui parcourent un territoire soigneusement délimité, et dont elles ne sortent normalement pas. N'en font exception que les espèces migratrices, oiseaux, baleines, tortues marines, saumons, anguilles ou rennes, pour des raisons de climat, d'alimentation ou de reproduction. Nos proches cousins chimpanzés, avec lesquels nous partageons 99 % de nos gènes, ne migrent pas. Ce n'est pas tout à fait une preuve, car nous partageons aussi 60 % de nos gènes avec les mouches, et même 40 % avec les pommes de terre. Mais l'ancêtre commun aux mouches et à nous-mêmes remonte quand même à plusieurs centaines de millions d'années, alors que les ancêtres communs à tous les grands singes actuels, dont nous-mêmes, gambadaient dans les savanes il n'y a guère plus de dix millions d'années. Les chimpanzés ont un territoire délimité, propre à chaque groupe, et aux limites duquel patrouillent les mâles. Toutefois, à l'âge adulte, une partie des jeunes femelles quitte le groupe pour en rejoindre un autre. Il semblerait qu'au sein de chaque groupe, les femelles venues d'ailleurs, celles qui ont franchi les limites, sont plus attirantes. Ce sont là certaines des limites – ou des avantages – du confinement.

Les contraintes alimentaires ont cependant pesé. Les primates, dont nous-mêmes, sont des consommateurs de produits charnus, végétaux et animaux, dispersés dans la nature et non des mangeurs d'herbes. Comme l'a écrit naguère le préhistorien André Leroi-Gourhan : « L'homme aurait-il possédé une denture râpante et un estomac de ruminant que les bases de la sociologie eussent été radicalement différentes. Apte à consommer les plantes herbacées, il eût pu, comme les bisons, former des collectivités transhumantes de milliers d'individus »…

DES PRIMATES DÉCONFINÉS

Si les formes humaines les plus anciennes sont toutes apparues en Afrique, une partie n'y resta pas confinée mais certains représentants de deux espèces successives, *homo erectus* à partir de deux millions d'années, puis *homo sapiens* (nous-mêmes) à partir de 200 000 ans environ, en sortirent. Pourquoi ? Ils ne s'en rendirent sans doute pas compte vu l'immensité temporelle en jeu dans ces déplacements, de l'ordre de centaines de milliers d'années pour les premiers, de dizaines de milliers pour les seconds. Ces errances insensibles ont cependant obligé les humains à s'adapter à des environnements très différents, à inventer le feu ainsi que, au moins pour *sapiens*, les vêtements – confinement à l'intérieur de soi-même – et à tâcher de se protéger par des abris.

Tributaires de leurs ressources, il était rare qu'ils puissent rester confinés au même endroit toute l'année. C'est seulement dans des écosystèmes qui leur offraient une alimentation permanente, en général issue de milieux aquatiques (poissons, coquillages, mammifères marins) que certaines sociétés ont pu se sédentariser – la loi du moindre effort poussant aussi à adopter ce mode de vie partiellement confiné. Et à mesure que l'agriculture sédentaire s'imposera progressivement sur toute la planète à partir de 10 000 ans environ, absorbant peu à peu les chasseurs-cueilleurs, le nomadisme ne se maintiendra plus que dans de rares régions, lié au pastoralisme et à des conditions écologiques particulières – steppes, déserts.

ARCHÉOLOGIE DES ÉPIDÉMIES

En se généralisant, l'agriculture sédentaire, autrement dit le néolithique, créa un rapport radicalement nouveau à la nature et à l'espace. Les humains cessent d'être immergés dans la nature, espèce animale parmi d'autres, pour en prendre le contrôle. L'espace est fixé et hiérarchisé : la maison, puis le village, puis la zone des champs et des pâtures, et enfin l'espace sauvage réputé hostile, à moins d'être défriché. La mobilité diminue, la nourriture change, mais les maladies se développent aussi.

L'archéologie, l'anthropologie biologique et la génétique indiquent que de nombreuses maladies existaient déjà chez les chasseurs-cueilleurs, mais à bas bruit. Ces petits groupes réduits, isolés les uns des autres et ne comptant en moyenne que quelques dizaines d'individus, étaient un terrain peu propice pour le développement d'épidémies dignes de ce nom. Le pian, les poux, la malaria, les vers intestinaux, la salmonelle, semblent attestés de manière ponctuelle mais récurrente, tout comme, au contact des animaux sauvages, le typhus, la maladie du sommeil, le tétanos, la tuberculose aviaire, la leptospirose ou la fièvre jaune.

Tout change avec l'agriculture sédentaire. La maison en dur devient désormais la règle, concentrant un grand nombre d'humains, famille nucléaire dans un volume réduit ou famille élargie dans de grandes maisons collectives. Paradoxalement, la maison est le lieu où l'on n'est jamais seul. Elle ne permet aucune intimité et dans diverses sociétés traditionnelles, comme en Amazonie ou en Nouvelle-Guinée, la sexualité ne peut se pratiquer qu'au dehors, à l'abri du couvert sylvestre. Nos chambres à coucher, individuelles ou pour couple, sont une invention récente.

Ces concentrations humaines croissantes vont permettre la généralisation des épidémies. Le village permanent, et bientôt la ville, posent de nombreux problèmes, non seulement de ravitaillement, mais d'évacuation des déchets, d'accès à l'eau potable, d'hygiène. La maison et ses dépendances concentrent, outre les humains, les animaux domestiques, variés selon les régions du globe (du porc au lama et du buffle au poulet), mais aussi les animaux dits commensaux, rats et leurs puces, blattes, ainsi qu'à date plus récente moineaux, pigeons (sortes de rats volants) ou goélands, sans compter les animaux dits d'agrément. Ces divers animaux sont porteurs de maladies, comme la brucellose du mouton, et sans doute (il y a débat) la tuberculose des bovins, sans compter, plus tard, la peste apportée par la puce du rat noir. Et même si la chasse régresse fortement, les animaux sauvages ont aussi leurs maladies, et en restreignant peu à peu leur domaine naturel, nous les rapprochons de nous par force.

SANTÉ ET ENTASSEMENT

Les premiers agriculteurs, par rapport aux chasseurs-cueilleurs, témoignent d'un état de santé assez dégradé et d'une diminution de la stature, dus à une nourriture nouvelle, plus molle et sucrée et moins adaptée à la physiologie humaine (d'où le développement des caries dentaires, et aujourd'hui de l'obésité), mais aussi à la réduction de la mobilité, aux troubles musculo-squelettiques engendrés par les travaux agricoles et l'augmentation du temps de travail. Ce n'est pas un hasard si l'agriculture est vue dans la Bible comme une malédiction.

La suite est connue. Les humains ne cesseront de croître en nombre, avec trois conséquences toujours en œuvre, dont l'archéologie observe les débuts : une course indéfinie au progrès technique (de la charrue aux pesticides) pour nourrir de plus en plus de bouches sur une planète finie ; des tensions entre communautés humaines désormais confinées sur des territoires limités, engendrant une perpétuelle course aux armements (des épées de bronze aux missiles de croisière) ; des inégalités sociales croissantes (des tombeaux mégalithiques du néolithique jusqu'aux vingt oligarques actuels qui possèdent autant que la moitié la plus pauvre de l'humanité).

L'architecture a dû s'adapter. Les maisons ont été tassées fortement les unes contre les autres, jusqu'à, dès l'Empire romain, inventer les immeubles, où la « maison » s'est muée en « appartement », en « partie » d'un ensemble dont seules les ouvertures restent individuelles, les murs, plafonds et planchers étant communs avec les autres « appartements ». Les maisons qui subsistent hors des villes, authentiques ou copies bon marché, sont transformées en « résidences secondaires », quitte à ce qu'elles servent à l'occasion de refuge temporaire aux urbains confinés.

FATALITÉ DU CONFINEMENT ?

Les maladies n'en ont pas disparu pour autant. Si les progrès de la médecine en ont maîtrisé un certain nombre, ces entassements urbains ont favorisé de nouvelles épidémies tandis que la pollution, extérieure et intérieure, en faisait apparaître d'autres. En outre, une hygiène et une médicalisation excessives (antibiotiques en particulier) ont fragilisé les défenses naturelles des organismes, provoquant allergies et maladies auto-immunes. Certes, la partie la plus aisée de l'humanité peut se déplacer sur toute la planète pour le travail ou les loisirs, mais ce « tourisme de masse » commence à causer de graves problèmes logistiques, tandis que la réalité virtuelle permettra de plus en plus de se promener en tous lieux depuis son fauteuil, tout comme les visioconférences évitent les déplacements d'affaires. Quant à la partie la plus pauvre, celle qui tente de « migrer », tout est fait pour qu'elle ne le fasse pas.

L'actuel confinement dû à la nouvelle épidémie, joint à un télétravail partout où il est possible (et qui tend à se généraliser par ailleurs), n'est finalement que l'ultime aboutissement, emblématique, du destin d'*homo sapiens* à partir du moment où il a décidé de devenir sédentaire. Fallait-il, dans ce cas inventer l'agriculture ? Il n'y a pas, banalement, de fatalité des techniques, mais seulement de ce que les sociétés en font. C'est ce que montreront, ou non, les mois à venir.

JEAN-PAUL DEMOULE

JEAN-PAUL DEMOULE, ARCHÉOLOGUE, EST PROFESSEUR À L'UNIVERSITÉ DE PARIS I PANTHÉON-SORBONNE ET A PRÉSIDÉ L'INSTITUT NATIONAL DE RECHERCHES ARCHÉOLOGIQUES PRÉVENTIVES (INRAP). IL A PUBLIÉ CHEZ GALLIMARD *L'EUROPE, UN CONTINENT REDÉCOUVERT PAR L'ARCHÉOLOGIE* (2009), *ON A RETROUVÉ L'HISTOIRE DE FRANCE* (2013) ET *NAISSANCE DE LA FIGURE – L'ART DU PALÉOLITHIQUE À L'ÂGE DU FER* (2017), AINSI QUE CETTE ANNÉE, À LA DÉCOUVERTE, *AUX ORIGINES, L'ARCHÉOLOGIE : UNE SCIENCE AU CŒUR DES GRANDS DÉBATS DE NOTRE TEMPS.*

« La prudence, c'est fait. À présent il est temps de passer à l'étape suivante : penser, comprendre, interpréter le chaos et prendre le risque de fournir à tous un minimum de certitudes. C'est le rôle des intellectuels. »

Je l'ai citée dans *Une certaine vision du monde*, mais c'est l'occasion de la répéter. Il s'agit d'une réplique tirée d'un excellent roman suédois, *Le Médecin personnel du roi* de Per Olov Enquist. La reine veut apprendre à faire du cheval. Elle monte en selle et demande à son moniteur d'équitation quelles sont les règles. Voici ce qu'il répond : « La première, c'est la prudence. La seconde, l'audace. »

Bien. La prudence, c'est fait, me semble-t-il. Il est temps de passer à l'audace.

Ce texte a été publié le 25 mars 2020 dans *La Repubblica*, à un moment où l'épidémie faisait rage en Italie.

ALESSANDRO BARICCO

LE TEMPS DE L'AUDACE

TRACTS
DE CRISE
GALLIMARD

7 AVRIL 2020 / 10 H / **N° 36**

Nous *devons* passer à l'audace.

Pour le personnel soignant, je ne sais pas ce que cela peut signifier en ce moment, *être audacieux*. Mais je sais exactement ce que cela signifie pour les intellectuels : mettre de côté la tristesse et penser, c'est-à-dire comprendre, interpréter le chaos, répertorier des monstres encore jamais vus, donner un nom à des phénomènes encore jamais vécus, fixer droit dans les yeux des vérités ignobles et, une fois qu'on a fait tout ça, prendre le risque de *fournir à tous un minimum de certitudes*. Et donc, au boulot, chacun dans la mesure de ses possibilités et de son talent. Je ne suis pas particulièrement en forme ces jours-ci, mais rien ne m'empêchera d'écrire ce que je sais. Car c'est mon métier.

I. La fin du monde n'est pas pour tout de suite. Et nous ne nous retrouverons pas davantage en pleine anarchie, dans l'une de ces situations où le cancre de la classe fait la loi, le costaud assis au dernier rang qui ne comprend rien et prend son pied à vous cogner dessus. Réveillons-nous : ça, c'est dans les films. Reprenons nos esprits. Car nous, les humains, sommes une espèce dotée d'une patience, d'une intelligence et d'une force redoutables : nous nous sommes approprié le monde et en avons fait notre terrain de jeu, par l'une des opérations les plus violentes et cyniques que l'on puisse imaginer ; et ce n'est pas tout : nous en avons parfaitement conscience, au point d'avoir donné un nom au butin de cette razzia, *anthropocène*, et nous sommes à présent si sûrs de nous que nous envisageons même, depuis peu, de rendre sa liberté à une partie du monde naturel. Voilà ce que nous sommes. Nous avons toujours combattu les virus. Souvent ils nous ont mis à genoux. Mais il se trouve que, dans cette position inconfortable, nous sommes devenus encore plus patients, têtus et rusés.

2. Nous sommes en train de faire la paix avec le *Game*. Avec la civilisation numérique. Nous l'avons fondée, puis nous avons commencé à la détester et maintenant nous faisons la paix avec elle. À tous les niveaux de la société, on sent une confiance et une familiarité accrues, ainsi qu'une profonde gratitude envers les outils numériques, des sentiments qui appartiennent désormais à notre vécu partagé et qui ne le quitteront plus. L'une des utopies fondatrices de la révolution numérique consistait à penser que les outils numériques deviendraient une extension quasi biologique de notre corps et non de simples prothèses artificielles réduisant notre humanité : l'utopie se change à présent en pratique quotidienne. En quelques semaines, nous avons rattrapé tout le retard accumulé par excès de nostalgie, de peur, de suspicion ou simplement de snobisme intellectuel. Nous avons désormais dans les mains une civilisation amie que nous saurons mieux corriger, car nous le ferons sans ressentiment.

3. Chacun de nous a pu remarquer combien les relations humaines non numériques lui manquaient ces jours-ci. Inversez ce constat : cela signifie que nous en avions beaucoup, des relations humaines. Alors que nous disions des choses comme : « Désormais, toute notre vie se passe sur les outils numériques », nous nous constituions une quantité incroyable de relations humaines. Nous nous en rendons

compte aujourd'hui et c'est comme si nous nous réveillions, après un léger passage à vide de l'intelligence. N'oubliez pas cette leçon, s'il vous plaît. Ajoutez-en même une autre : tout cela nous apprend que plus nous laisserons la civilisation numérique se déployer, plus tout ce qui nous permet de rester humains acquerra de beauté, d'importance et de valeur, y compris économique : les corps, les voix naturelles, les impuretés, les imperfections physiques, les aptitudes manuelles, les contacts, les efforts, la proximité, le contact, la température, les rires et les larmes *authentiques*, les mots non écrits, et je pourrais continuer ainsi pendant plusieurs lignes. L'humanisme deviendra une pratique quotidienne et notre seule vraie richesse : ce ne sera plus une discipline à étudier, mais un lieu de notre agir que nous ne nous laisserons plus jamais voler. Songez à la fureur avec laquelle nous le désirons, à présent qu'un virus l'a pris en otage : c'est suffisant pour remiser le moindre doute.

4. Une fissure qui semblait s'ouvrir comme un gouffre et qui nous faisait souffrir s'est refermée en l'espace d'une semaine : celle qui séparait le peuple des élites. En quelques jours, tous ont accepté, au prix de sacrifices inimaginables et avec une grande discipline, les consignes données par une classe politique en laquelle ils n'avaient aucune confiance et un corps médical auquel, la veille encore, ils avaient du mal à reconnaître une véritable autorité, même sur des questions aussi simples que celle des vaccins. Une classe dirigeante incapable de mener à bien une réforme de l'enseignement a pu obtenir du pays entier qu'il reste à la maison. Qu'est-ce qui s'est

passé ? La peur, me répondra-t-on. Certes. Mais ce n'est pas tout. Il y a autre chose, une chose qui nous aide à mieux nous comprendre : en dépit des apparences, nous *croyons* à l'intelligence et à la compétence, nous *voulons* que quelqu'un nous guide, nous sommes *capables* de changer de vie sur la base des indications de ceux ou celles qui savent mieux que nous. Notre révolte contre les élites est momentanément suspendue, ce qui peut nous aider à mieux la comprendre : nous croyons à l'intelligence, *mais plus à celle de nos pères* ; nous voulons la compétence, *mais pas celle du XXe siècle* ; nous avons besoin de quelqu'un qui décide pour nous, *mais notre rêve, c'est que ce quelqu'un ne soit pas issu d'une caste imbue d'elle-même, usée et incapable de se régénérer*. Je résume : nous voulions une nouvelle classe dirigeante et c'est toujours ce que nous voulons : nous sommes prêts à patienter, car ce n'est pas le moment de faire des bêtises. Mais c'est ce que nous recommencerons à vouloir le jour où cette situation d'urgence prendra fin.

5. La crise sanitaire actuelle constituera sans doute un point d'inflexion d'une importance historique considérable. Disons-le ainsi : c'est la première urgence planétaire produite par l'ère du *Game*, la révolution numérique, mais aussi la dernière urgence planétaire qui sera gérée par une élite et une intelligence du XXe siècle. Vous le voyez, le point d'inflexion ? Vous la voyez, la contradiction ? Vous voyez pourquoi nous ne comprenons pas grand-chose en ce moment, pourquoi nous faisons beaucoup d'efforts et nous égarons facilement ? On nous a défiés aux jeux vidéo et nous avons envoyé des joueurs d'échecs pour répondre au défi. Nous sommes exac-

tement à la croisée des chemins entre un monde et un autre. C'est une position très inconfortable. Il faut savoir qu'il suffirait d'éliminer les *smartphones* et 80 % de ce qui se passe autour de nous (flux d'informations, création de *storytelling*, flux et reflux de peurs, survie dans une situation de confinement quasi total, rapidité des décisions...) ne serait pas arrivé : pourtant, c'est inévitable, la gestion de tout cela est entre les mains d'une rationalité du XXe siècle. Je vous donne un exemple pratique, pour que nous nous comprenions. Le XXe siècle avait le culte des experts, ces figures qui, après une vie d'études, en savent long sur un sujet. Le *Game* a une autre forme d'intelligence. Comme il sait qu'il a affaire à une réalité aussi fluide que complexe, il privilégie un autre type de connaissance : en savoir relativement long sur tout. Ou faire travailler ensemble des compétences différentes. Il ne laisserait jamais des médecins dicter seuls la ligne de conduite à suivre en cas d'urgence sanitaire : il réunirait un mathématicien, un ingénieur, un commerçant, un psychologue et tous ceux qui lui sembleraient utiles. Même un clown, si nécessaire. Sans doute agiraient-ils avec un seul impératif : la rapidité. Et avec une méthodologie singulière : se tromper vite, ne jamais s'arrêter et tout tenter. Mais dans l'immédiat, nous suivons une autre voie. Nous sommes guidés de la meilleure façon possible par une élite qui, en raison de sa formation et de son appartenance générationnelle, se sert de la *technologie* numérique, mais pas de la *rationalité* numérique. Nous ne pouvons certes pas les en blâmer. Mais c'est le moment de comprendre que si une grande partie de ce qui nous entoure ce matin nous paraît absurde, c'est aussi pour cette raison. Des grands maîtres aux échecs qui jouent à *Fortnite* (ils gagneront, mais on comprend pourquoi leur style de jeu nous semble parfois quelque peu surréaliste).

6. Restez chez vous, pour l'amour du Ciel. Dois-je le répéter ? D'accord, je vais le répéter.

7. Restez chez vous, pour l'amour du Ciel. Avec tout ce qu'il y a à lire…

8. La crise sanitaire a souligné de façon spectaculaire un phénomène que nous devinions, mais que nous n'acceptions pas toujours : depuis un certain temps, c'est la peur qui dicte l'ordre du jour de l'humanité. Nous avons besoin d'une dose quotidienne de peur pour agir. Le virus couvre à présent l'ensemble de nos besoins en la matière. De fait, quelqu'un a-t-il encore peur des migrants, du terrorisme, de Salvini, des effets des écrans sur les enfants ou du gluten ? Mais il y a vingt jours à peine, nous avions grand besoin de ces peurs. Nous les cultivions comme des orchidées. Dans certaines phases de manque, nous nous sommes contentés d'une urgence météorologique ou d'une éventuelle crise politique (allons donc). Sur l'échiquier, nous ne savons plus jouer qu'avec les noirs : si la peur ne bouge pas la première, nous sommes dépourvus de stratégie. Or, je voudrais rappeler – justement aujourd'hui – que nous sommes en vie pour concrétiser des idées, bâtir une forme de paradis, perfectionner nos gestes, comprendre chaque jour une chose supplémentaire et compléter le monde naturel, pourquoi pas avec goût. Quel rapport tout cela a-t-il avec la peur ? Notre ordre du jour devrait être dicté par le

désir, non par la peur. Par des désirs, par des visions, pour l'amour du Ciel. Pas par des cauchemars.

9. (Ce point est délicat. Sentez-vous libre de passer au suivant.) Ces jours-ci, personne n'échappe au doute qu'il puisse y avoir une certaine disproportion entre le risque réel et les mesures à prendre pour y faire face. On peut nous l'expliquer de toutes les façons possibles et imaginables, cette sensation persiste : celle d'une certaine disproportion. Je ne veux pas entrer dans le type de comparaisons qui conduit à mettre sur le même plan le nombre de décès dus au Covid-19 et ceux causés par le diabète ou la cire d'abeille qui rend les parquets trop glissants. Pour autant, il semble impossible de se défaire de l'idée que, d'une manière ou d'une autre, nous sommes en train de payer une certaine incapacité à trouver la juste mesure entre l'ampleur du risque et celle de la réaction. On peut certainement mettre une partie de cela sur le compte de l'intelligence du XXe siècle, de ses logiques, de son manque de souplesse, de son culte des experts. Pourtant, la question ne se résout pas avec ce constat. Si j'essaie de regarder à l'intérieur de cette disproportion qui nous agace et nous questionne tant, je finis par trouver une chose difficile à dire en ce moment. Mais comme je l'ai souligné, le temps de l'audace est venu. Alors je vais la dire. Dans cette apparente disproportion, on observe une inertie partagée, un sentiment collectif que nous contribuons tous à forger : nous avons trop peur de mourir. C'est comme si le droit à la santé (une conquête formidable) s'était figé pour devenir un impossible droit à une vie pérenne qu'en réalité nul ne peut

nous garantir. Or, la relation avec la mort et avec la peur de la mort est avant tout une affaire individuelle, une affaire que chacun gère seul (moi, par exemple, je me débrouille vraiment mal). Mais la peur de la mort est un sentiment collectif que les communautés humaines ont toujours pris soin de construire, limer, corriger et contrôler. Par exemple, la civilisation de mon grand-père, qui avait encore besoin de guerres pour rester en vie, veillait à conserver une certaine « aptitude à la mort ». Notre civilisation, elle, a choisi la paix (en gros) et nous avons donc cessé de cultiver toute habitude collective de penser la mort. En tant que communauté, nous la combattons, mais nous ne la pensons pas. Or, ce qu'une civilisation de la paix aurait de meilleur, ce serait la capacité de repenser la mort et de l'accepter, non avec courage, mais avec sagesse ; non comme un affront indicible, mais comme un progrès de notre souffle, une inflexion de notre démarche, la crête de la vague que nous sommes et ne cesserons jamais d'être. Un individu seul ne peut pas arriver régulièrement à une réelle légèreté de l'expérience : une communauté, si. Par le passé, des communautés ont pu conduire leurs enfants à la mort par millions au nom d'un idéal, noble ou aberrant, là n'est pas la question : pourquoi la nôtre ne pourrait-elle pas conduire les siens à comprendre que la première façon de mourir est d'avoir une peur excessive de la mort ?

10. Beaucoup de gens se demandent ce qui va se passer ensuite. Une éventualité que je dois consigner ici, c'est qu'il n'y ait *aucun* après. Pas dans le sens où nous allons tous mourir : non, bien sûr que non, je l'ai déjà dit. Dans un sens diffé-

rent : nous nous rendons compte que c'est seulement dans les situations d'urgence que le système se remet à fonctionner. Le pacte entre le peuple et les élites se renforce, une certaine discipline sociale se rétablit, chaque individu se sent responsabilisé, une solidarité diffuse se manifeste, le degré de tension diminue, etc. En résumé : aussi absurde cela puisse-t-il paraître, le véhicule cesse de perdre des pièces lorsqu'il franchit les deux cents kilomètres à l'heure. Il est donc possible que l'on choisisse bel et bien de ne plus redescendre en dessous de cette vitesse : l'urgence comme scénario permanent de notre futur. En ce sens, la crise du Covid-19 a tout l'air d'être une grande répétition générale avant de passer au niveau supérieur du jeu, la mission finale : sauver la planète. L'urgence totale, chronique et durable dans laquelle tout se remettra à fonctionner. Je ne suis pas en mesure de dire sincèrement si ce scénario est souhaitable, mais je ne puis nier qu'il possède une rationalité propre. De plus, il est assez cohérent avec l'intelligence du *Game* : une intelligence qui reste vaguement toxique, qui a besoin de stimuli répétés et intenses, qui donne le meilleur d'elle-même dans un climat de défi et, au fond, a été inventée par des *problem solvers*, pas par des poètes.

11. Dernier point. Je ne suis pas un spécialiste, mais il n'est guère difficile de comprendre que ce qui se passe va nous coûter une montagne d'argent. À vue de nez, bien plus que la crise financière de 2008-2009. Je tiens à dire une chose : ce sera une opportunité colossale, historique. S'il est un moment où il sera possible de redistribuer la richesse,

de ramener les inégalités sociales à un niveau supportable et digne, ce moment approche. Aux niveaux d'inégalité sociale auxquels nous sommes actuellement, aucune communauté n'est encore une communauté : elle fait mine d'en être une, mais c'est un leurre. Ces inégalités sapent les fondements de notre système, elles nient toute hypothèse de bonheur et rongent notre crédibilité comme un cancer. Le problème, c'est que certaines choses ne se réforment pas et ne peuvent pas s'améliorer progressivement, à petite dose, un peu chaque jour. Certaines choses ont besoin d'un brusque mouvement de torsion pour changer, un geste qui fait mal et qu'on ne pensait pas pouvoir accomplir. Certaines choses changent à la suite d'un choc bien géré, d'une crise qui favorise une renaissance, d'un tremblement de terre surmonté sans trembler. Le choc est arrivé, nous subissons la crise et le tremblement de terre n'est pas encore passé. Les pièces sont toutes là, sur l'échiquier. Elles font mal, mais elles sont là, et la partie à jouer nous attend depuis longtemps. Ce serait une impardonnable bêtise d'avoir peur de la disputer.

ALESSANDRO BARICCO
TRADUIT DE L'ITALIEN PAR **VINCENT RAYNAUD**

ALESSANDRO BARICCO EST NÉ EN 1958 À TURIN. IL EST L'AUTEUR DE ROMANS ET D'ESSAIS TRADUITS DANS LE MONDE ENTIER. *THE GAME* EST SON DERNIER OUVRAGE PARU AUX ÉDITIONS GALLIMARD EN 2019.

Sommes-nous véritablement en guerre, comme le déclare Emmanuel Macron, ou bien cette formule a-t-elle quelque chose d'excessif ? Faut-il croire Mme Sibeth Ndiaye lorsqu'elle soutient que les masques ne sont utiles que pour les soignants, ou doit-on suspecter l'exécutif d'avoir louvoyé sur le sujet au gré des stocks ? Peut-on approuver le porte-parole du ministère des Affaires étrangères de Chine lorsqu'il affirme que le virus « n'a pas de nationalité » face au Président des États-Unis qui parle de *virus chinois* ? L'esprit balance ; car à chaque fois l'une et l'autre options semblent avoir leurs raisons. Il est vrai que le vocabulaire martial du chef d'État a pu paraître peu proportionné à la retraite domestique suggérée à une large part des Français. Le même scepticisme nous guette quand les masques, prétendument inutiles pour le tout-venant, demeurent indispensables pour certains et ont été pleinement partie prenante de la contention de la pandémie dans d'autres pays. Quant au virus, si son premier foyer géographique ne permet peut-être pas de lui conférer la *nationalité* chinoise, il devrait toutefois autoriser à noter son origine.

TSOLAG PALOYAN

DERRIÈRE LA TÊTE

TRACTS
DE CRISE
GALLIMARD

7 AVRIL 2020 / 20 H / N° 37

Comment alors expliquer des exposés aussi fallacieux ? Qu'est-ce que les responsables politiques ont dans la tête en en formulant de tels ? Ou plutôt : qu'ont-ils *derrière la tête*, pour reprendre l'expression d'un certain Pascal ? L'auteur des *Pensées* opère en effet un découpage éclairant entre une interrogation sur le vrai et un questionnement, qui prime, sur le bien social. La notion de vérité s'y trouve en quelque sorte éclatée à travers la distinction entre le *lieu* et le *point* de la vérité : autrement dit entre la pertinence d'une croyance et la raison profonde de cette pertinence, entre *ce que* l'on croit et *ce en quoi* cela est digne de crédit.

Il faudrait donc remonter des énoncés à l'énonciation pour saisir l'à-propos de ces éléments de langage : il est certes exagéré de se déclarer en guerre, mensonger de dire les masques inutiles, incorrect de dénier toute origine au virus, mais ceux qui fabulent ainsi ont peut-être raison, comme le dirait Pascal, *par la pensée de derrière*, laquelle *pointe* moins ce qui *est* que ce qu'il nous *faut*.

Or, en ces temps de confinement, de pénurie et possiblement de troubles, il faut un strict respect des consignes, des économies de masques et une cohésion nationale. Devant de telles priorités, il s'agit alors moins de peser ses mots que d'imposer ses vues quant à la gravité de la situation et le civisme qu'elle requiert. Il ne s'agit pas d'expliquer que les masques, utiles mais trop rares, doivent être réservés à d'autres, mais d'anticiper et de canaliser les comportements individuels d'accaparements pour réserver les stocks disponibles aux personnes prioritaires : quitte à éluder, comme le ministre de la Santé assurant que « les masques ne sont pas l'alpha et l'oméga de la protection ». Il s'agit moins enfin de connaître l'origine du virus que d'éviter la désignation de boucs émissaires.

À cet effet il ne faut pas jouer au plus fin, mais simplifier et abréger pour aiguiller. Pour paraphraser Pascal, « il faut avoir une pensée de derrière [comme la nécessité de mobiliser les esprits, d'économiser le matériel, d'apaiser les tensions] et juger de tout par là, en parlant cependant comme le peuple ».

Selon cette vue, de même qu'« il est dangereux de dire au peuple que les lois ne sont pas justes, car il n'y obéit qu'à cause qu'il les croit justes », de même il serait dangereux de lui dire que les masques peuvent le protéger, mais doivent prioritairement protéger les soignants, car cette multitude qu'on préjuge égoïste ne s'abstiendra d'en acheter que si elle les croit inutiles. Cette arrière-pensée aurait donc un coup d'avance en prévoyant que les vraies causes ne feront pas nécessairement de bonnes raisons d'obéir.

Selon la formule d'Alain, « chez Pascal *les raisons d'obéir* font scandale d'abord et aussitôt lumière ». Mais on renâcle à se laisser éblouir. Car ici le scandale du mensonge délibéré peut en cacher un autre : l'inconfiance dans l'intelligence de chacun ; si la pensée de derrière la tête ne doit pas se dire, c'est parce que les citoyens ordinaires – présumés ici butés, égoïstes, racistes… – ne sont pas considérés susceptibles d'un tel raisonnement. La vérité peut bien être « dans leurs opinions, estime Pascal, mais non pas au point où ils se figurent ». Autrement dit, ils sont capables de s'estimer en guerre, de croire les masques inutiles et de considérer que le virus n'a pas de nationalité et seraient même ainsi dans le vrai ; mais leur raisonnement ne saurait jamais être tout à fait au point, car ils n'auront jamais la capacité supérieure de saisir *en quoi* il est juste de penser erronément.

Si tel est le cas, alors la seule stratégie de communication est bien de cacher la vérité à ce *peuple* incapable de se rendre à la *raison des effets*. Mais d'une part, ce serait vite passer sur cette sorte de pédagogie politique à laquelle invite déjà l'auteur des *Pensées*, consistant à « dire [au peuple] en même temps » (on cite ici Pascal, non Emmanuel Macron) une *vérité de fait* (les masques sont utiles mais manquent) et une *vérité politiquement fondamentale* (privez-vous en pour les soignants) ; d'autre part, le peuple démocratique n'est pas celui de Pascal. En contexte démocratique, celui-là devrait avoir au moins la chance de faire sienne la *raison des effets*, d'atteindre lui aussi à cette *pensée de derrière* qui lui fait envisager le bien social et *juger de tout par là*. Il devrait être capable de saisir la gravité de la situation sans avoir à être abusé par un vocabulaire martial, de connaître que les masques peuvent lui être utiles tout en reconnaissant qu'ils doivent être cédés en priorité à d'autres, de savoir faire le partage entre l'origine du virus et l'imputabilité de ses concitoyens.

Ce *recul* avisé qui permet à chacun d'embrasser du regard le bien de la cité est justement ce qui rend possible la formation d'un citoyen. Mais pour que celui-ci s'élève à cette pensée de derrière, il faut lui en laisser l'opportunité ; d'autant que cette chance laissée à l'individu de se hisser à la hauteur du citoyen éclairé et responsable, c'est précisément le pari (pascalien ?) qu'implique nécessairement une démocratie pas tout à fait désenchantée.

Si les gouvernants des démocraties devaient « avoir une pensée de derrière et juger de tout par là » c'est peut-être celle-là : si les citoyens ne sont pas traités comme responsables, si une parole politique franche ne leur permet pas de s'approprier ladite pensée de derrière qui élargira leur horizon au bien commun, alors le fondement civique de ce régime s'effondre. Ce partage de la pensée de derrière, voilà la raison des effets démocratiques. Et voilà ce qu'il nous faudrait, tous, avoir *derrière* la tête.

TSOLAG PALOYAN

TSOLAG PALOYAN EST NÉ EN 1993 À VIENNE EN ISÈRE. APRÈS DES ÉTUDES DE LETTRES (KHÂGNE, ENS), IL A ÉTÉ UN TEMPS LA « PLUME » DE QUELQUES POLITIQUES AVANT DE SE TOURNER VERS D'AUTRES HORIZONS (ENCORE INCONNUS).

Pour son anniversaire, ma fille cadette a reçu une boîte à histoires. Le dispositif est ingénieux : en tournant un gros bouton en plastique jaune, elle peut choisir à la fois le thème de l'histoire qu'elle souhaite qu'on lui raconte, le lieu où celle-ci se déroulera, son personnage principal, etc. En quelques manipulations, ma fille transmet ses instructions à la petite boîte verte, qui lui donne alors à entendre un récit original, unique, à chaque fois différent.

N'ayant pas la télévision, je dois m'incliner et reconnaître le côté pratique de cette intrusion médiatique sous mon toit. Cette boîte exerce sur elle la même fascination que, chez d'autres, les écrans. Ma fille peut ainsi rester des heures dans sa chambre à tourner les gros boutons, à écouter des histoires, à comparer les différentes versions – pendant que, par exemple, j'écris.

DAVID ROCHEFORT

« SUPPLÉMENT D'ÂME »

LA FABRIQUE DES HISTOIRES

TRACTS
DE CRISE
GALLIMARD

8 AVRIL 2020 / 10 H / **N° 38**

Après quelques mois de cet usage intensif (pour ma fille) et de relative tranquillité (pour moi-même), une évidence m'a néanmoins frappé : les histoires qu'elle écoute sont toutes, peu ou prou, identiques. La combinatoire a ses limites et le nombre d'associations n'est pas infini. Cependant, loin d'être un problème, c'est certainement cette répétition de récits à la fois différents et rassurants parce que tous bâtis selon le même canevas qui plaît aux enfants.

*

Il y a bien longtemps, j'étais membre du comité de lecture d'une importante maison d'édition. Certes, « comité de lecture » est un bien grand mot – il y avait là, dans un petit bureau aux parois en verre, la directrice éditoriale, trois éditeurs et éditrices, et un travailleur précaire. Dans cette pièce, j'avais choisi le mauvais rôle.

Mon métier consistait à lire deux ou trois romans policiers américains par semaine et, une fois par mois, à présenter la dizaine de livres que j'avais lus. Fallait-il publier celui-ci ? Refuser celui-là ? Moi qui avais toujours adoré les romans policiers et les thrillers, j'étais aux anges. Être payé pour lire ! Assez vite, cependant, une certaine lassitude me gagna. Sur la durée, et ne lisant plus que ça, je devais me rendre à l'évidence : tous ces ouvrages étaient rigoureusement identiques.

Leurs auteurs avaient été biberonnés aux mêmes lectures : les mêmes romans policiers et les mêmes manuels d'écriture. Résultat : j'avais l'impression d'être le personnage du film *Un jour sans fin*, mais dans un remake un peu sadique où Bill Murray aurait été condamné à reprendre éternellement le même roman.

*

En ce printemps 2020, près de 3 milliards d'humains sont confinés chez eux pour des raisons de protection sanitaire. Des dizaines de milliers de personnes ont déjà perdu la vie, infectées par le coronavirus. Il s'agit là d'un événement mondial et, aux quatre coins de la planète, nous avons conscience de vivre un moment unique, que le mot *historique* – d'ordinaire si galvaudé – peut sans doute, cette fois-ci, qualifier.

Dans ces temps troublés, le besoin est fort pour chacun de revenir à l'essentiel. Reclus chez nous, disposant seulement d'une connexion à Internet pour être relié aux autres, nous voilà abreuvés d'offre culturelle. Films, opéras, séries, e-books, cours de cuisine, cours de sport, classe à distance. Les Parisiens découvrent qu'ils ont du temps pour faire du pain, pour voir leurs enfants, pour occuper leur maison de campagne. Les lecteurs veulent lire. Bientôt, les auteurs voudront écrire.

Dans la grande division des tâches de l'industrie culturelle, le romancier est désormais celui qui « donne chair » à l'actualité, aux événements historiques. Dans les bibliothèques de l'ancien monde, les livres étaient rangés par ordre alphabétique d'auteur. Dans le monde de la production écrite de masse, les romans pourraient idéalement être classés par thème et par sujet : ici, un roman sur les pervers narcissiques ; là, un roman sur le nazisme ; plus loin, un roman sur tel acteur ou tel personnage historique ; là, un roman sur tel phénomène de société, telle tendance. Ainsi, le lecteur ne perd pas son temps à lire : il apprend. Mieux encore, il aura quelque chose à raconter à ses collègues.

Un tel classement thématique aurait en outre un avantage par rapport au classement par auteurs : il se prêterait aux algorithmes de recommandation. C'est d'ailleurs déjà ce que fait Amazon : « vous avez aimé ce roman sur le nazisme ; vous aimerez sans doute cet autre roman sur le nazisme ».

On sait comment fonctionne l'algorithme de recommandation de Netflix : à chaque film est associée une dizaine d'étiquettes : tel film se déroule dans une petite ville, le héros est positif, il y a une histoire d'amour adolescente, c'est une comédie romantique, etc. Plus vous consommez de contenu sur Netflix, plus les recommandations seront « précises » en associant le catalogue et ses milliers d'étiquettes avec votre consommation passée et ses milliers d'étiquettes enregistrées. La littérature à thème pourra se consommer de la même façon.

*

Les auteurs deviennent ainsi des producteurs de contenu. Ils digèrent des faits divers, des événements historiques, des phénomènes sociaux qui font l'actualité, et en livrent une version prémâchée au lecteur. La presse traverse une crise structurelle, et ce sont les romanciers qui sont désormais chargés d'apporter un supplément d'âme à l'actualité.

Dans *La Passion d'Orphée*, récemment paru, Philippe Vilain note qu'avec ces « fictions du réel », il s'agit « d'offrir au lectorat un sujet qui le satisfasse et réponde pleinement à ses attentes selon le principe d'un gai savoir, d'apprendre en se divertissant ». Elles « relaient parfaitement les discours du réel fabriqués par les reportages à vocation journalistique ».

Inévitablement, la crise sanitaire du Covid-19, à la fois comme thème romanesque et comme décor familier et partagé par la moitié de l'humanité, servira de support à de nombreux écrits dans les années à venir. Certains livres seront excellents ; bien d'autres seront interchangeables, comme ces romans policiers dispensables que je lisais à la chaîne. L'histoire de la littérature est pleine d'œuvres dictées par les circonstances, parmi lesquelles figurent bien des chefs-d'œuvre. En 1756, un an à peine après le tremblement de terre qui fit entre 20 000 et 70 000 morts à Lisbonne, Voltaire composait son *Poème sur le désastre de Lisbonne*. L'immédiat après-guerre a vu paraître de grands livres sur le conflit dont les braises étaient encore chaudes. Cependant, hier comme aujourd'hui, bien des romans ne serviront qu'à alimenter le flux, qu'à développer le volume de l'offre, qu'à nourrir l'appétit des futurs lecteurs que le thème « confinement » intéressera. Le monde de la recherche

– avec sa logique de visibilité, couplée à l'impératif *publish or perish* – n'échappe pas à ce mouvement. Ainsi, on voit déjà circuler, alors que le pic de l'épidémie n'est pas atteint en France et qu'en Italie comme en Espagne s'entassent les corbillards, des appels à contribution de revues de sciences sociales sur « la crise du Covid-19 ».

Ne doutons pas que de ces quelques mois de confinement partagé par la moitié de l'humanité sortiront d'excellents romans. Ce qui est parlant, ce sont tous les autres, ces soldats interchangeables de l'économie de l'offre qui font tourner l'industrie culturelle.

En théorie, le romancier ne doit rien à la réalité historique. À force de vouloir lui être à tout prix fidèle, il court même le risque de mal la recopier. Philippe Vilain parle à ce propos de *wikinovel*, ces romans qui, à partir d'une documentation trouvée sur Internet et habilement assemblée, prennent tout événement ou toute figure historique et en font un *ready made* littéraire, une histoire aisément revisitable.

Dans *L'Art du roman*, Milan Kundera écrivait : « La forme du roman est liberté quasi illimitée. Le roman durant son histoire n'en a pas profité. Il a manqué cette liberté. Il a laissé beaucoup de possibilités formelles inexploitées. » Selon Kundera, le roman n'explore pas la réalité, mais l'existence, c'est-à-dire « le champ des possibilités humaines, tout ce que l'homme peut devenir, tout ce dont il est capable ». En conséquence, « la fidélité à la réalité historique est chose secondaire par rapport à la valeur du roman. Le romancier n'est ni historien ni prophète : il est explorateur de l'existence ».

*

Sur le volume global de production (rappelons qu'en France paraissent chaque année près de 70 000 nouveautés) se rencontrent donc des auteurs fantômes et des lecteurs tournant des gros boutons jaunes au gré de leurs envies. C'est à l'industrie du livre de savoir ce qu'elle voudra faire : publier moins ? Publier autrement ? Quant au lecteur, plus que jamais, il est nécessaire de « faire son miel », de forger son jugement en se nourrissant de « voix » originales, d'exister en tant que lecteur actif et non en tant qu'avaleur de contenus prémâchés. On se souvient du célèbre passage où Montaigne évoque les abeilles qui « pillotent de ça de là les fleurs ; mais elles en font après le miel qui est tout leur ; ce n'est plus thym, ni marjolaine ; ainsi les pièces empruntées d'autrui, il les transformera et confondra pour en faire ouvrage tout sien, à savoir son jugement ». Face à cette surabondance, la liberté du lecteur consiste à créer sa bibliothèque intérieure, à partir à la recherche de voix originales, diverses, plus ou moins pures, plus ou moins écorchées, plutôt qu'à la recherche de sujets préprogrammés récités par la voix monocorde d'un ordinateur.

Dans un bref texte intitulé *Un message de l'empereur*, Kafka raconte la fable suivante. Sur son lit de mort, un empereur t'a adressé un message. Il l'a chuchoté à l'oreille d'un messager qui s'est aussitôt mis en route. Le messager fend la multitude, surmonte les obstacles un à un, s'épuise; il réalise qu'il n'est même pas encore sorti du palais central. Il sait que même s'il sortait du palais central, s'il descendait les escaliers, s'il traversait les cours, il y aurait derrière encore un autre palais, d'autres escaliers, d'autres cours, et ainsi de suite. Jamais le messager ne parviendra à t'adresser ce message de l'empereur. « Mais toi, tu es assis à ta fenêtre et rêves ce message, quand le soir vient. » Plus qu'un rapport entre un producteur de contenus et un consommateur, rêvons d'un tel rapport paradoxal entre l'auteur et lecteur.

DAVID ROCHEFORT
MARS 2020

DAVID ROCHEFORT EST NÉ À PARIS EN 1980. IL EST L'AUTEUR, AUX ÉDITIONS GALLIMARD, DE TROIS ROMANS : *LA PARESSE ET L'OUBLI* (2010), *LE POINT DE SCHELLING* (2017) ET *NOUS QUI RESTONS VIVANTS* (2019).

Qui peut utiliser aujourd'hui l'expression « devenu viral » sans l'ombre d'un frisson ? Qui peut encore regarder un objet – poignée de porte, carton d'emballage, cabas rempli de légumes – sans l'imaginer grouillant de ces blobs invisibles, ni morts ni vivants, pourvus de ventouses prêtes à s'agripper à nos poumons ? Qui peut penser embrasser un étranger, sauter dans un bus, envoyer son enfant à l'école sans éprouver de la peur ? Ou envisager un plaisir ordinaire sans peser le risque dont il s'accompagne ?
Qui de nous ne s'intitule du jour au lendemain épidémiologiste, virologiste, statisticien et prophète ? Quel scientifique, quel médecin ne prie sans se l'avouer qu'un miracle se produise ? Quel prêtre ne s'en remet à la science, serait-ce secrètement ? Et au même moment, alors que le virus se répand, qui ne serait transporté par le crescendo des chants d'oiseaux dans les villes, la danse des paons aux carrefours de bitume, le silence des cieux ?

Ce texte a été publié pour la première fois dans le *Financial Times* le 3 avril 2020 et repris partiellement, le 7 avril, par *Le Monde* dans son édition imprimée.

ARUNDHATI ROY

LA PANDÉMIE, PORTAIL VERS UN MONDE NOUVEAU

TRACTS
DE CRISE
GALLIMARD

8 AVRIL 2020 / 20 H / **N° 39**

À l'heure où j'écris, le nombre de cas détectés dans le monde frôle dangereusement le million. Près de 50 000 personnes sont décédées de la maladie. Des projections suggèrent qu'elles seront des centaines de milliers, peut-être plus. Le virus s'est déplacé librement le long des voies du commerce et du capital mondialisés, et la terrible maladie qu'il a propagée dans son sillage a confiné les humains à l'intérieur de leurs frontières, de leurs villes et de leurs foyers.

Contrairement au flux du capital, ce virus ne cherche pas le profit, mais la prolifération. Ce faisant, il a renversé par inadvertance, dans une certaine mesure, le sens du courant. Il se joue des contrôles d'immigration, de la biométrie, de la surveillance digitale et de toute sorte d'analyse de données. Il a frappé le plus durement – jusqu'ici, du moins – les nations les plus riches et les plus puissantes, forçant le moteur du capitalisme à un arrêt brutal. Temporaire, peut-être, mais assez long pour que nous puissions soumettre les composants du système à l'examen et en dresser une évaluation avant de décider si nous voulons contribuer à sa réparation ou en chercher un meilleur.

Les mandarins qui gèrent l'épidémie aiment à parler de guerre. Ils font même du terme un usage littéral et non métaphorique. Pourtant, s'il s'agissait réellement de guerre, qui mieux que les États-Unis y eût été préparé ? Si, au lieu de masques et de gants, leurs soldats avaient eu besoin de bombes surpuissantes, de sous-marins, d'avions de chasse et de têtes nucléaires, aurait-on assisté à une pénurie ?

Nuit après nuit, aux antipodes de l'Amérique, nous sommes plusieurs à regarder la diffusion des annonces à la presse du gouverneur de New York avec une fascination difficile à expliquer. Nous suivons les statistiques, nous entendons parler d'hôpitaux états-uniens submergés, d'infirmières sous-payées et surmenées qui en sont réduites à se fabriquer des équipements de protection dans des sacs-poubelle et de vieux imperméables, prenant tous les risques pour secourir les malades. D'États forcés de se disputer des respirateurs aux enchères, de médecins acculés au dilemme de choisir entre les patients qui en seront équipés et ceux qu'ils devront laisser mourir. Et nous nous écrions en nous-même : « Mon Dieu, l'Amérique, c'est *ça* ! »

La tragédie est là, au présent, épique. Elle se déroule sous nos yeux dans sa réalité. Mais elle n'est pas nouvelle. C'est le déraillement d'un train qui roule en vacillant sur les rails depuis des années. Qui n'a gardé en tête les vidéos où l'on voit des malades, encore vêtus de leur seule chemise d'hôpital, postérieur à l'air, jetés discrètement à la rue ? Aux États-Unis, les portes des hôpitaux sont trop souvent fermées aux citoyens les plus démunis, quels que soient le stade de leur maladie ou l'étendue de leur souffrance. Du moins en était-il ainsi, car aujourd'hui, à l'ère du virus, la pathologie d'un individu pauvre est susceptible d'affecter la santé de toute une société prospère. Et pourtant, encore aujourd'hui, on considère comme déplacée, jusque dans son propre parti, la candidature à la

Maison Blanche du sénateur Bernie Sanders qui défendait infatigablement dans sa campagne l'accès à la santé pour tous.

Et que dire de l'Inde, mon pays, mon pays pauvre et riche, suspendue quelque part entre féodalisme et fondamentalisme religieux, caste et capitalisme, gouvernée par des nationalistes hindous d'extrême droite ? En décembre, tandis que la Chine combattait l'éruption du virus à Wuhan, le gouvernement de l'Inde était aux prises avec le soulèvement de centaines de milliers de ses concitoyens protestant contre la loi sur la citoyenneté, éhontément discriminatoire, qu'il venait de promulguer.

Le premier cas de Covid-19 détecté en Inde a été annoncé le 30 janvier, quelques jours après que l'invité d'honneur de la parade du Jour de la République, Jair Bolsonaro, dévorateur de la forêt amazonienne, négateur du Covid-19, eut quitté Delhi. Mais le parti au pouvoir avait un agenda bien trop chargé en février pour y réserver une place au virus. Il y avait la visite officielle de Donald Trump, prévue la dernière semaine du mois. On avait appâté le président des États-Unis avec la promesse d'un public d'un million de spectateurs dans un stade de l'État du Gujarat. Tout cela nécessitait de l'argent et beaucoup de temps. Ensuite, venaient les élections législatives de Delhi, perdues d'avance pour le Bharatiya Janata Party (BJP) à moins qu'il ne passe à la vitesse supérieure, ce qu'il a fait en déchaînant une campagne nationaliste haineuse, dominée par la menace de recourir à la violence physique et d'abattre les « traîtres ».

Il n'en a pas moins perdu. Il a donc fallu infliger un châtiment aux musulmans de Delhi, à qui l'on imputait l'humiliation de la défaite. Des bandes armées de miliciens hindous soutenues par la police ont attaqué les musulmans des quartiers ouvriers du nord-est de Delhi. Maisons, boutiques, mosquées et écoles ont été incendiées. Les musulmans qui s'étaient attendus à cet assaut ont répliqué. Plus de cinquante individus, musulmans et hindous, ont été tués. Des milliers de personnes ont trouvé refuge dans les cimetières avoisinants. On extirpait encore des cadavres mutilés du réseau d'égouts putrides à ciel ouvert le jour où les autorités gouvernementales ont tenu leur première réunion sur le coronavirus, le jour où la plupart des Indiens ont découvert l'existence d'un nouveau produit : le désinfectant pour les mains.

Le mois de mars a été bien rempli, lui aussi. Les deux premières semaines ont été consacrées à renverser le parti du Congrès au pouvoir dans l'État de l'Inde centrale du Madhya Pradesh pour le remplacer par un gouvernement BJP. Le 11 mars, l'OMS a haussé le développement du Covid-19 du niveau d'épidémie à celui de pandémie. Le 13, le ministère indien de la Santé déclarait que le corona ne représentait pas une « urgence sanitaire ». Enfin, le 19 mars, Le Premier ministre s'est adressé à la nation. Il n'avait pas beaucoup planché sur ses dossiers, calquant ses stratégies sur celles de la France et de l'Italie. Il a parlé de la nécessaire « distanciation sociale » (concept aisément assimilable par une société rompue aux pratiques de la caste) et appelé la population à respecter un « couvre-feu populaire » le 22 mars. Au lieu d'informer les gens des mesures qu'allait prendre son gouvernement pour faire face à la crise, il leur a demandé de sortir sur leurs balcons, de sonner des clochettes et de taper sur des ustensiles de cuisine pour rendre hommage aux soignants. Il n'a pas mentionné le fait que l'Inde avait continué jusqu'alors à exporter du matériel de protection et des équipements respiratoires au lieu de les conserver pour le personnel de santé des hôpitaux et d'autres structures.

Sans surprise, la requête de Narendra Modi a soulevé l'enthousiasme. On a assisté à des marches de percussions domestiques, à des danses traditionnelles, à des processions. Peu de distanciation sociale. Les jours suivants, on a vu des hommes sauter à pieds joints dans des barils de bouse sacrée et des partisans du BJP organiser des fêtes arrosées à l'urine de vache. Afin de ne pas se trouver en reste, maintes associations musulmanes ont déclaré que le Tout-Puissant était la réponse au virus et appelé les croyants à s'assembler en grand nombre dans les mosquées. Le 24 mars à 20 heures, Modi est passé à la télévision pour annoncer qu'à partir de minuit, l'Inde tout entière entrait en confinement. Les marchés seraient fermés. Tous les moyens de transport publics et privés étaient interdits. Cette décision, a-t-il ajouté, il ne la prenait pas seulement en tant que Premier ministre, mais en tant qu'aîné de la famille que nous formons. Qui d'autre, sans consulter le gouvernement de chacun des États qui allait devoir en affronter les conséquences, aurait pu décider qu'une nation d'un milliard trois cent quatre-vingts millions d'habitants allait être confinée sous quatre heures sans la moindre préparation ? Ses méthodes donnent vraiment l'impression que le Premier ministre de l'Inde voit les citoyens de son pays comme une force hostile qu'il est nécessaire de prendre en embuscade, par surprise, et à laquelle il ne saurait être question de faire confiance.

Confinés donc nous avons été. De nombreux professionnels de la santé et épidémiologistes ont applaudi cette mesure. Ils ont peut-être raison en théorie. Mais nul doute qu'aucun d'entre eux n'aurait donné son aval au manque calamiteux d'anticipation et à l'impréparation qui ont changé le confinement le plus gigantesque et le plus punitif du globe en l'opposé exact de ce qu'il est censé accomplir.

Le grand amateur de spectacles a créé le plus formidable de tous les spectacles.

Sous les yeux effarés du monde, l'Inde a révélé son aspect le plus honteux, son système social inégalitaire, brutal, structurel. Son indifférence et son insensibilité à toute souffrance. Le confinement a agi à la façon d'une réaction chimique mettant d'un seul coup en lumière des éléments cachés. Tandis que boutiques, restaurants, usines et chantiers fermaient leurs portes et que les classes aisées se claquemuraient dans leurs colonies résidentielles encloses, nos villes et nos mégapoles se sont mises à rejeter leurs ouvriers et travailleurs migrants comme autant d'excédents indésirables. Des millions de personnes appauvries, affamées, assoiffées, congédiées, pour un grand nombre d'entre elles, par leurs employeurs et propriétaires, jeunes et vieux, hommes, femmes, enfants, malades, aveugles, handicapés n'ayant plus nulle part où aller, sans moyen de transport public en vue, entamèrent une longue marche de retour vers leurs villages. Ils ont marché des jours durant à destination de Badaun, Agra, Azamgarh, Aligarh, Lucknow, Gorakhpur – à des centaines de kilomètres de leur point de départ. Certains d'entre eux sont morts en cours de route.

En rentrant chez eux, ils savaient pouvoir s'attendre à y mourir lentement de faim. Peut-être même se savaient-ils porteurs potentiels du virus, susceptibles de contaminer leur famille, leurs parents et leurs grands-parents une fois arrivés, mais ils avaient désespérément besoin d'un semblant de toit, de relations familières et de dignité aussi bien que de nourriture, sinon d'amour. En chemin, certains ont été brutalement frappés et humiliés par la police chargée de faire respecter scrupuleusement le couvre-feu. Des jeunes hommes ont été forcés à s'accroupir et à avancer en sautillant comme des grenouilles sur la route. Un groupe, arrêté aux environs de Bareilly, a été rassemblé et aspergé collectivement de désinfectant chimique au tuyau d'arrosage. Quelques jours plus tard, inquiet à l'idée que cette population puisse répandre le virus dans les campagnes, le gouvernement a donné l'ordre de fermer les frontières interétatiques, y compris aux piétons, et ceux qui marchaient depuis si longtemps ont été obligés de rebrousser chemin vers des camps dans les villes qu'ils avaient été forcés de quitter.

Pour certains des plus âgés, la situation rappelait la Partition, ce transfert de populations qui a eu lieu en 1947 quand la division de l'Inde a donné naissance au Pakistan. À la différence près que l'exode de 2020 n'était pas une affaire de religions, mais de divisions de classes. Il ne s'agissait pas pour autant des citoyens les plus pauvres. Ils avaient (du moins jusqu'alors) un travail à la ville et un foyer où retourner. Quant aux sans-emploi, aux sans-abri et aux désespérés, ils étaient restés là où ils étaient, dans les villes comme dans les villages où une profonde détresse allait se creusant depuis longtemps, bien avant que survienne cette tragédie. Tout au long de cette période horrible, Amit Shah, le ministre de l'Intérieur, est resté totalement absent de la scène publique.

Quand la marche a commencé au départ de Delhi je suis partie, munie d'un laissez-passer délivré par un magazine dans lequel j'écris souvent, en voiture pour Ghazipur, à la frontière entre le territoire de Delhi et l'Uttar Pradesh.

C'était une vision biblique. Ou peut-être pas. La Bible n'aurait su connaître de telles multitudes. Le confinement destiné à assurer la distanciation sociale a eu le résultat inverse : la contiguïté physique à une échelle inconcevable.

Le même phénomène se produit dans les villes grandes et petites de l'Inde. Les voies principales peuvent bien être vides, les pauvres sont enfermés dans des espaces exigus à l'intérieur de bidonvilles et de baraquements.

Le virus inquiétait chacun des marcheurs à qui j'ai parlé. Mais il était moins préoccupant, moins présent dans leurs vies que le manque de travail, la faim et la violence policière qui les guettaient. J'ai parlé à un grand nombre de personnes ce jour-là, y compris à un groupe de musulmans qui avaient réchappé à peine quelques semaines plus tôt au pogrom anti-musulman. Les paroles de l'un d'entre eux m'ont particulièrement troublée. C'était un charpentier du nom de Ramjeet, qui avait prévu de marcher jusqu'à Gorakhpur, près de la frontière népalaise.

« Peut-être que quand Modiji a décidé ça, personne ne lui avait parlé de nous. Peut-être qu'il ne sait pas ce que nous vivons », m'a-t-il dit. Par « nous », il faut entendre environ 460 millions de personnes.

En Inde (tout comme aux États-Unis), les gouvernements des États ont fait preuve de plus de cœur et de compréhension dans cette crise. Syndicats, citoyens, collectifs distribuent nourriture et rations d'urgence. Le gouvernement central a été lent à réagir à leurs demandes désespérées d'aide financière. Il s'avère que le Fonds de Secours national manque d'argent disponible. À sa place, les dons des bonnes volontés se déversent dans les caisses passablement opaques du PM CARES, le nouveau fonds attaché à la personne du Premier ministre. Des repas préemballés à l'effigie de Modi ont fait leur apparition, tandis que le Premier ministre partage ses vidéos de *yoga nidra*[1] dans lesquelles

1. Yoga du sommeil (NdT).

un avatar à tête de Modi et au corps de rêve exécute des postures pour aider ceux qui le regardent à combattre le stress de l'isolement.

Ce narcissisme est profondément dérangeant. Peut-être Modi devrait-il inclure à ses *asana* une posture requête par laquelle il en appellerait au Premier ministre français pour qu'il annule le très embarrassant contrat signé pour l'achat de chasseurs Rafale, dégageant ainsi 7,8 milliards d'euros pour venir en aide d'urgence à quelques millions d'affamés. Nul doute que les Français se montreraient compréhensifs.

Tandis que l'on entre dans la deuxième semaine de confinement, les chaînes d'approvisionnement sont rompues, les médicaments et les fournitures essentielles se raréfient. Des milliers de camionneurs sont immobilisés le long des autoroutes, avec un accès limité à la nourriture et à l'eau potable. Les récoltes prêtes à être moissonnées pourrissent sur pied. La crise économique est là, la crise politique se poursuit. Les médias grand public ont attelé le Covid-19 à la campagne anti-musulmane venimeuse qu'ils mènent vingt-quatre heures sur vingt-quatre. Le Tablighi Jamaat, une association qui a tenu une réunion à Delhi avant le confinement, est montré du doigt et étiqueté « super-contaminateur », qualificatif par lequel on entend stigmatiser et diaboliser les musulmans. La tonalité générale suggère que ce sont les musulmans qui ont inventé le virus pour le propager délibérément dans une forme de jihad.

La crise du Covid-19 reste à venir. Ou pas. Nous n'en savons rien. Si et quand elle éclatera, nous pouvons être sûrs qu'elle sera traitée avec tous les préjugés de religion, de caste et de classe intacts et bien en place. Aujourd'hui (2 avril), en Inde, il y a près de 2 000 cas confirmés et 58 morts. Ces chiffres sont probablement inexacts, étant donné le nombre dramatiquement bas de tests effectués. L'opinion des experts connaît des variations vertigineuses. Certains prédisent des millions de morts, d'autres beaucoup moins. Nous ne connaîtrons peut-être jamais les courbes de la crise, même lorsqu'elle nous frappera de plein fouet. La seule chose que nous savons, c'est que la ruée vers les hôpitaux n'a pas encore commencé.

Les hôpitaux et les dispensaires sont incapables de faire face au million, ou presque, d'enfants qui meurent chaque année de diarrhée et de dénutrition, aux centaines de milliers de tuberculeux (un quart des cas mondiaux), à la vaste population de mal nourris et d'anémiques, vulnérables à toutes sortes d'affections mineures qui dans leurs cas s'avèrent mortelles. Il leur sera impossible d'affronter une crise du même ordre de gravité que celle à laquelle sont confrontés aujourd'hui l'Europe et les États-Unis. Tous les soins sont plus ou moins suspendus, moyens et personnel des hôpitaux ayant été mis au service au virus. Le centre de traumatologie du légendaire All India Institute of Medical Sciences (AIIMS) de Delhi a fermé, les centaines de patients cancéreux connus sous le nom de « réfugiés du cancer » qui vivent sur les trottoirs devant l'énorme hôpital en sont chassés comme du bétail.

Des gens tomberont malades et mourront chez eux. Nous ne connaîtrons peut-être jamais l'histoire de chacun d'eux. Sans doute n'entreront-ils même pas dans les statistiques. Notre seul espoir est que l'hypothèse de scientifiques (qui fait débat) selon laquelle le virus aime le froid se confirme. Jamais peuple n'a souhaité aussi ardemment et avec autant d'irrationalité un été torride et impitoyable.

Quelle est cette chose qui nous arrive ? Un virus, certes. En tant que tel, il ne constitue ni ne véhicule aucun message moral. Mais c'est aussi, indubitablement, plus qu'un virus. Certains croient qu'il s'agit de l'instrument de Dieu par lequel Il nous rappelle à la raison. Pour d'autres, c'est le fruit d'une conspiration de la Chine pour prendre le contrôle du monde.

Quoi qu'il en soit, le coronavirus a mis les puissants à genoux et le monde à l'arrêt comme rien d'autre n'aurait su le faire. Nos pensées vont, viennent et s'entrechoquent, rêvant d'un retour à la normale, tentant de raccorder le futur au passé, de les recoudre ensemble, refusant d'admettre la rupture. Or la rupture existe bel et bien. Et au milieu de ce terrible désespoir, elle nous offre une chance de repenser la machine à achever le monde que nous avons construite pour nous-mêmes. Rien ne serait pire qu'un retour à la normalité. Au cours de l'histoire, les pandémies ont forcé les humains à rompre avec le passé et à réinventer leur univers. En cela, la pandémie actuelle n'est pas différente des précédentes. C'est un portail entre le monde d'hier et le prochain.

Nous pouvons choisir d'en franchir le seuil en traînant derrière nous les dépouilles de nos préjugés et de notre haine, notre cupidité, nos banques de données et nos idées défuntes, nos rivières mortes et nos ciels enfumés. Ou nous pouvons l'enjamber d'un pas léger, avec un bagage minimal, prêts à imaginer un autre monde. Et prêts à se battre pour lui.

ARUNDHATI ROY
2 AVRIL 2020
TRADUIT DE L'ANGLAIS PAR **IRÈNE MARGIT**

ARUNDHATI ROY EST UNE ÉCRIVAINE ET MILITANTE INDIENNE, AUTRICE DE ROMANS (*LE DIEU DES PETITS RIENS*, GALLIMARD, 1997, BOOKER PRIZE ; *LE MINISTÈRE DU BONHEUR SUPRÊME*, GALLIMARD, 2018) ET D'ESSAIS (DERNIÈRES PARUTIONS : *MON CŒUR SÉDITIEUX*, GALLIMARD, MARS 2020 ; *AU-DEVANT DES PÉRILS. LA MARCHE EN AVANT DE LA NATION HINDOUE*, « TRACTS/GALLIMARD », MARS 2020).

C'est peu dire que les sciences du management n'ont pas bonne presse en ces temps difficiles de crise sanitaire. Après tout, n'ont-elles pas eu de cesse de célébrer la mondialisation et la financiarisation dont on paie aujourd'hui le prix fort ?

Éclair de lumière dans un ciel bien sombre, nous (re)découvrons pourtant, avec la pandémie de Covid-19, que la logistique peut être au service de la Société, et pas seulement au service d'une globalisation sans foi ni loi. Détour iconoclaste en vue de défendre une vision humaniste de la gestion des organisations, loin du péché originel de *managérialisme*.

GILLES PACHÉ

LOGISTIQUE DE CRISE

TRACTS
DE CRISE
GALLIMARD

9 AVRIL 2020 / 10 H / **Nº 40**

Lorsque les historiens de demain se pencheront sur l'année 2020 et décrypteront la crise sanitaire du Covid-19, nul doute qu'ils évoqueront une planète qui a tremblé. Tremblé face à la propagation d'un coronavirus très contagieux ayant conduit plusieurs milliards d'humains à se confiner, mais aussi tremblé face à une économie-monde menacée d'effondrement brutal, et sauvée notamment par un retour inattendu – et massif – de l'État-providence. Mais c'est sans doute la remise en question d'un modèle de globalisation, fondé sur la fragmentation des chaînes de valeur d'un même produit entre des dizaines de pays, distants de milliers de kilomètres, qui sera questionnée. Comment a-t-on pu arriver à des choix stratégiques conduisant à la fabrication puis la distribution d'un smartphone impliquant des fournisseurs d'écrans, de microprocesseurs et de caméras qui proviennent de centaines de fournisseurs disséminés sur la planète ? Et sans doute plus grave : comment a-t-on pu accepter que se développe impunément une dépendance absolue de laboratoires pharmaceutiques européens à des principes actifs élaborés en Chine et en Inde ?

Rappelons-nous un instant les toutes premières interventions du gouvernement français sur la pandémie de Covid-19, fin février 2020, par la bouche de Bruno Le Maire, ministre de l'Économie et des Finances. Alors que le pays, avant même son confinement, commençait à ressentir les effets d'une crise économique et sociale annoncée, le Ministre vouait aux gémonies ces fameuses « chaînes globales de valeur », en se faisant le chantre de relocalisations industrielles. Comme si la vague de mondialisation devait être endiguée à tout prix, avec une crise sanitaire finalement salutaire pour nous permettre de prendre conscience de ses excès. Étrange renversement du discours politique libéral véhiculé par le président Emmanuel Macron qui, il y a peu de temps encore, tressait les louanges d'une fragmentation des chaînes globales de valeur dont Pierre Veltz retrace remarquablement la logique en œuvre dans son ouvrage *La Société hyper-industrielle* (2017).

Si ce moment singulier de l'Histoire est celui des interrogations sur nos manières de (re)penser la structuration des systèmes productifs, il se présente également comme un révélateur de la manière dont la logistique est passée, en quelques semaines, d'un statut de démarche *prédatrice* à un statut de démarche *salvatrice*. À vrai dire, pendant la pandémie de Covid-19, nombre de citoyens ont tout simplement découvert le caractère central de la logistique, qui se cantonnait jusqu'alors à une vague connaissance de quelques-unes de ses manifestations : des camions qui encombrent les routes et autoroutes, mais polluent aussi nos villes ; des entrepôts en périphérie des agglomérations qui défigurent le paysage ; des manutentionnaires mal payés et soumis à des conditions de travail d'une dureté peu contestable. Beaucoup de téléspectateurs se souviennent ainsi de reportages TV sur un distributeur alimentaire allemand et un commerçant en ligne américain qui firent sensation quant à l'enfer vécu par leurs préparateurs de commandes en entrepôt, véritables esclaves des temps modernes. En bref, l'image désenchantée d'une fonction mal connue.

Pour les observateurs plus attentifs, et notamment les contempteurs de la mondialisation débridée, dont les chaînes globales de valeur sont la représentation emblématique, la critique est encore plus acerbe. Selon eux, la logistique est par nature prédatrice, *elle est en partie à l'origine de la crise*, en ayant fourni les outils et démarches de management ouvrant la voie à une circulation accélérée et facilitée des flux de marchandises et de personnes à l'échelle de la planète. Ainsi, le recours à des porte-conteneurs de plus en plus gigantesques, et utilisateurs de fuels de mauvaise qualité, a conduit à faire tendre les coûts unitaires de transport vers zéro au prix de dégâts environnementaux majeurs, tandis que progressive concrétisation de la « nouvelle route de la soie » (*one belt, one road*), sous les auspices de la Chine, est un avatar supplémentaire d'infrastructures logistiques au service d'une économie mondialisée. Autrement dit, toutes les pièces du puzzle sont rassemblées pour nous donner à voir une logistique que l'on ne peut qu'abhorrer.

Voilà qu'une crise sanitaire majeure embrase notre Terre, et le discours change brutalement dans les médias, et bien au-delà. La logistique devient salvatrice : *elle est une arme essentielle pour faire face à la crise*. Des appels au secours relatifs à l'absence de masques de protection ? C'est une exceptionnelle logistique qui est déployée sous la forme d'un pont aérien entre la Chine et la France : 600 millions de masques (dont 74 millions de FFP2) expédiés sur quatorze semaines à partir de fin mars 2020, acheminés sur un *hub* central avant d'être répartis dans huit entrepôts en France, puis distribués dans les différents centres médicaux. Une population confinée, et sous stress, à nourrir en évitant des rayons de supermarchés en rupture ? Des chauffeurs routiers courageux qui approvisionnent les magasins, présentés comme des héros ordinaires, ces « premiers de corvée » si bien décrits par Johann Chapoutot dans *Pathologies sociales* (2020). Un ramassage et un acheminement de déchets pour éviter la propagation de maladies et de nuisibles ? Les éboueurs, autres « premiers de corvée », qui sont chaudement remerciés par des mots déposés sur des poubelles et des bennes à ordure.

Sans doute faut-il ici rappeler l'étymologie du mot « crise », en référence au grec ancien *krisis* (κρισις), entendu comme l'action ou la faculté de distinguer. La pandémie de Covid-19 est ainsi un moment singulier de l'Histoire, comme nous l'avons écrit, un moment pendant lequel distinguer devient capital, distinguer entre ce que le meilleur des Hommes peut révéler et le pire que l'on imaginait inéluctable. Il est réconfortant de savoir qu'une démarche au service de la mondialisation effrénée porte en elle les germes d'un humanisme toujours vivant. Et que des outils de management ne sont pas condamnés à être asservis à une financiarisation triomphante, alors même que c'est justement le *managérialisme* à outrance qui a mis en lambeaux le système hospitalier français. Encore faudra-t-il retenir la leçon pour ne pas retomber dans nos travers « après ». Ceci exigera, entre autres, un total *aggiornamento* dans la manière d'enseigner aux futurs managers la gestion des organisations – et ce qu'est réellement la « performance » – au sein de nos Universités et *business schools*.

GILLES PACHÉ

GILLES PACHÉ, NÉ EN 1958, EST PROFESSEUR DE MANAGEMENT À AIX-MARSEILLE UNIVERSITÉ. DIRECTEUR D'AIX-MARSEILLE UNIVERSITÉ ÉDITIONS, IL A NOTAMMENT PUBLIÉ *IMAGES DE LA LOGISTIQUE : ÉCLAIRAGES MANAGÉRIAUX ET SOCIÉTAUX* (2017).

Comme vous, je suis maintenant confinée depuis plus d'une semaine.

Je me lève, je me couche, je dors, je mange. Je me lave les mains.

Je range, je regarde la TV, je lis. Je me lave les mains.

Je Whatsappe, je Facebooke, je Telegram, je Zoom, je Skype, je Facetime... Je me lave les mains.

J'allume la radio, j'ouvre la fenêtre, je fais signe à la voisine d'en face – première fois depuis trois ans que je vis ici... Je me lave les mains.

Je descends les poubelles. Je me lave les mains.

Je fais des petits ronds en courant dans le quartier pendant l'heure réglementaire. Je me re-lave les mains.

CHLOÉ MORIN

À QUEL MOMENT ?

TRACTS
DE CRISE
GALLIMARD

9 AVRIL 2020 / 20 H / **N° 41**

Je ne sais pas vous, mais à force de lire, d'écouter, de regarder reportages et témoignages se succéder, un étrange malaise s'est imposé. Comme un sentiment que quelque chose ne colle pas. Qu'on a oublié un truc.

En regardant « la vague » monter, en écoutant les cris d'alarme et de détresse de nos soignants, une question s'impose peu à peu dans mon esprit : que sommes-nous devenus ?

À quel moment avons-nous décidé que nous n'avions pas les moyens de payer pour que l'Hôpital puisse tous nous soigner ? Chacun hurle au scandale, applaudit à sa fenêtre – moi comprise –, donne de l'argent pour soutenir infirmières, médecins, urgentistes… mais que n'avons-nous pas mis ce sujet au sommet de nos priorités lors des élections ? Que je sache, les partis politiques qui promettaient davantage de moyens pour nos soignants n'ont jamais été plébiscités.

Nous faisons semblant de découvrir la notion de « tri », comme si cette logique terrible de rationnement des soins n'était pas déjà à l'œuvre, de fait, dans certains endroits où la pénurie de moyens est particulièrement sévère, et les personnels particulièrement débordés.

À quel moment avons-nous décidé de laisser nos anciens mourir en boîtes hermétiques ? L'hécatombe à venir dans les EHPAD nous rappelle qu'avec eux, au nom d'une vie qui va trop vite, une vie trop pleine – pleine de travail qui épuise, d'enfants, d'amis, d'emmerdes qui volent en escadrilles – nous avons sacrifié une part de notre humanité.

Et je ne jette la pierre à personne. Je n'ai pas de leçon à donner, moi qui n'étais pas là lorsque mon arrière-grand-mère s'est éteinte, à 98 ans, en maison de retraite. Une maison que je trouvais angoissante, inhumaine, qui ressemble pourtant à des milliers d'autres, et où les personnels font de leur mieux pour accompagner ces vieux que nous ne voulons plus voir. Quand je pense à elle, j'ai honte. Elle qui triait les déchets avant qu'on se rende compte que c'était du bon sens. Elle qui avait connu la guerre, m'avait raconté la grippe espagnole, qui n'a jamais eu une vie facile mais qui ne savait pas se plaindre. Elle qui grimpait dans la montagne chaque jour pour faire la classe aux enfants des paysans du coin, pour qui instruire était un honneur, voter une fierté. C'est sûr, en y repensant, on a perdu un truc en route. J'ai honte de ce que nous sommes devenus.

À quel moment avons-nous décidé que la recherche de produits toujours moins chers méritait de sacrifier notre indépendance, notamment en denrées et produits stratégiques ou essentiels comme les médicaments ou les denrées alimentaires ?

À quel moment avons-nous accepté que les fonctions économiques essentielles – protéger, soigner, nourrir – soient reléguées à des « invisibles », dévalorisées socialement comme méprisées financièrement ?

À quel moment avons-nous commencé à céder des petits bouts de notre humanité, au nom d'une sécurité que nous croyons supérieure si nous laissons mourir les réfugiés à la mer, ou au nom d'une consommation effrénée que seule l'exploitation de nos semblables rend possible ?

À quel moment avons-nous décidé de nous détourner de la participation aux choix collectifs, de nous désintéresser de la Politique et du débat public ? À quel moment avons-nous cédé à la tentation de « cultiver notre jardin », chacun chez soi, chacun pour soi, en déléguant les choix qui s'avèrent aujourd'hui vitaux à d'autres, les « politiques », les « élites » – pour mieux les blâmer de ces échecs et de ces manquements qui sont avant tout le produit de nos lâchetés ?

Le confinement ressemble de plus en plus à un voyage en absurdie. Un pays où nos boucs émissaires traditionnels – la faute à l'Europe, la faute aux politiques, la faute à l'étranger, la faute aux assistés, autant de mirages si utiles – ont tous pris la tangente.

La colère monte, vis-à-vis des autorités qui n'ont « pas anticipé », « pas vu venir », qui « nous mentent », mais si nous sommes un instant honnêtes avec nous-mêmes – nous en avons désormais le temps, mais en avons-nous la force ? – nous sentons bien que cette colère-là est aussi vaine que stérile. Et au final, le confinement fonctionne comme un miroir, qui nous pointe le responsable de la somme des absurdités qui nous pètent à la figure.

Du fond de nos prisons respectives, nous retraçons le chemin, parcourons le fil des années passées, ce lent glissement qui nous a conduits jusqu'ici. Est-ce Maastricht ? La mondialisation ? Reagan et Thatcher ? La Chine ? Trump ?

Est-ce le référendum de 2005 ? Quelle élection est responsable ? Quelle loi ? Quel Président ? Quelle mesure pourrait bien venir expliquer que nous soyons aujourd'hui confrontés à un monde qui ne ressemble en rien à celui que nos parents avaient rêvé, et à une société que nous avons de moins en moins envie de léguer à nos enfants ?

Quelle ironie que la pandémie nous inflige la multiplication à l'infini d'un geste qui pourrait être, finalement, la métaphore de ce que nous avons été ces dernières années : un peuple qui se lave les mains de l'essentiel, pour ne pas avoir à l'affronter. Pour ne pas être contraints de s'interroger sur le sens de ce que nous avons fait, et sur ce que nous sommes devenus.

Métaphore de renoncements. De nos petitesses. Nos mesquineries. Nos contradictions assumées. Nos accommodements plus ou moins grands avec la vérité. Nos pannes de courage. Nos cas de conscience remisés sous le tapis. Nos égoïsmes. Nos « on verra plus tard ». Bref, toutes ces petites choses dont nous nous sommes, individuellement et collectivement, lavé les mains et qui nous pètent à la gueule aujourd'hui.

Comme le disait Boris Cyrulnik, ce que nous vivons n'est pas une crise. Car après une crise, la vie reprend comme avant. Ce que nous vivons, c'est une catastrophe.

Dès lors, il va falloir faire un choix : s'accommoder de vivre avec la honte – plus ou moins bien camouflée sous l'activité, sous la fête, sous un boulot qui nous emmerde, sous des enfants envahissants, sous des projets plus ou moins chouettes, des inquiétudes du quotidien… – d'être responsables de ce monde-là. Où trouver la ressource morale, le courage, d'en tirer quelques conclusions. Et d'essayer, en commençant par soi, de changer tout ça.

CHLOÉ MORIN

DIPLÔMÉE DE SCIENCES PO ET DE LA LONDON SCHOOL OF ECONOMICS, CHLOÉ MORIN EST SPÉCIALISTE DE L'ANALYSE D'OPINION ET DE LA COMMUNICATION PUBLIQUE. ELLE A ÉTÉ CONSEILLÈRE OPINION DU PREMIER MINISTRE DE 2012 À 2016, ET EST AUJOURD'HUI EXPERTE ASSOCIÉE À LA FONDATION JEAN-JAURÈS ET VICE-FONDATRICE DE SOCIETING.

Chère Lucie,

Vous ne me connaissez pas, et moi-même, je ne sais que peu de choses de vous. Je fais partie de la cellule éthique de soutien créée par l'Espace de Réflexion Éthique de ma région, pour accompagner le personnel hospitalier au cœur des vagues annoncées de l'épidémie. C'est à ce titre qu'est arrivé sur mon bureau un formulaire de saisine que vous avez rempli avec soin, renseignant point par point tout ce qui vous était demandé, nom, prénom, fonction, service, établissement... De là, je sais que vous êtes infirmière.

MARION MULLER-COLARD

LETTRE À LUCIE

TRACTS
DE CRISE
GALLIMARD

10 AVRIL 2020 / 10 H / **N° 42**

Il ne vous a pas échappé que par les temps qui courent, on ne tarit plus d'éloges à l'égard des « soignants ». Pardonnez-nous de vous ballotter, au gré des circonstances, de l'invisibilité à la surexposition. Seulement nous avons peur pour nos vies et votre dévouement est notre seule chance.

Or, dans cette étrange période, où est relégué au second plan ce qui ne relève pas de la survie, je crains que votre message ne passe inaperçu, Lucie. Sans doute participez-vous à sauver des vies, vous aussi. Mais ce que je sais de vous, et qui me touche au plus haut point, c'est que vous cherchez aussi à sauver des morts.

Je ne vais pas vous mentir : lorsque je suis tombée sur vos lignes manuscrites qui résumaient la raison de votre saisine, je n'en ai pas immédiatement perçu l'urgence et la nécessité. Vous écriviez ceci :

> *Avant son transfert à la morgue, le brancardier a mis la valise sur le corps de la patiente décédée.* [...] *Le décès n'exclut pas, selon nous, le respect du corps. En tant que soignants, nous ne pouvons pas accepter un tel manque d'humanité !*

Avant la vôtre, une autre saisine déplorait le retour à domicile d'un patient que l'encombrement du service ne permettait pas d'admettre en réanimation, et que la famille reprenait chez elle pour l'y voir mourir. Un médecin écrivait sa détresse de n'avoir pu sauver, faute de places encore une fois, deux patients qu'en temps ordinaire il aurait eu les moyens de conduire jusqu'à la guérison. Une psychologue s'alarmait des conséquences, pour un patient porteur de lourds handicaps, d'être privé des visites de son épouse ; elle s'inquiétait du syndrome de glissement que ce manque affectif, incompréhensible pour cet homme, commençait à produire chez lui. Alors, Lucie, cette histoire de valise… J'ai tourné la page et replongé dans des questions qui me paraissaient autrement plus vitales.

Première erreur de ma part : confondre vital et essentiel. Les temps qui courent, parce qu'ils courent, précisément, participent fort à cette confusion. Je vous demande pardon Lucie, mais aussi : j'en appelle à votre indulgence. De l'indulgence, il nous faut en avoir des réserves, car nous n'avons pas fini de devoir y puiser, pour les autres et pour nous-mêmes, lorsqu'il faudra nous réveiller de ce long cauchemar dans lequel le sentiment d'urgence nous aura bien souvent hypnotisés. Nous aurons fait des erreurs, et j'espère en ce nous dans lequel chacun aura l'humilité de reconnaître sa part, en faisant aveu de ce besoin fondamental de l'indulgence des autres – oui, il sera encore temps, le « jour d'après », de nous sentir fragiles, fragiles ensemble devant le jugement comme nous l'avons été devant le virus.

J'ai donc, Lucie, dans un premier temps, négligé votre cri du cœur ponctué d'un point d'exclamation – là où la plupart des autres saisines s'ouvraient sur un abîme de points de suspension.

Seulement voilà : ces quelques lignes manuscrites sont

revenues danser sous mon crâne, s'infiltrer obstinément entre deux pensées décousues, et quelque chose m'empêchait d'en tourner pour de bon la page. Vous êtes devenue, de jour en jour, l'insistante Antigone de mon quotidien. Pour un peu vous étiez là, physiquement, replaçant votre saisine sur le haut de la pile, croisant les bras, surplombant mon bureau ; point d'exclamation vivant et finalement, ineffaçable. Je tentai alors de vous opposer que, pour ma part, je ne serais pas si scandalisée à l'idée qu'on transporte ma dépouille en la chargeant d'une ultime valise, après tout.

« Qui sait si sous la terre on juge comme nous ? », répondiez-vous avec Sophocle.

Et comme Antigone était devenue, le temps d'un voyage, les yeux d'Œdipe, vous devîntes, Lucie, ma lumière.

C'était pourtant avant qu'un nouveau décret, en date du 1er avril, interdise formellement les toilettes mortuaires pour les « défunts atteints ou probablement atteints du Covid-19 », et que ces derniers fassent l'objet d'une « mise en bière immédiate ».

(« Mais j'obéis, prudente, à la nécessité », soupirait Ismène.)

Alors affluèrent les protestations, dont la plus véhémente :

> *Aucune aide soignante ne peut enfermer un cadavre sans avoir honoré cette dépouille humaine !!*
> *J'ai dit et je redis aux équipes que je suis disponible 24 heures sur 24 pour venir faire les toilettes des défunts au centre hospitalier, s'il le faut. Il est sûr que le soignant saura faire de la résistance éthique pour que chaque*

personne reçoive le respect et la dignité minimale lors de son décès. Antigone, où es-tu ?

Antigone était là, bras croisés dans mon bureau. Elle était dans tous ces messages qui remontaient non seulement des soignants, mais aussi des médecins, et j'imagine encore, dans les pleurs amers des familles qui ne parvenaient pas jusqu'à moi.

Elle redisait quelque chose de plus vieux qu'elle, de plus vieux que Sophocle qui lui prêta sa voix : un socle anthropologique qui fait partie des rares fils rouge de l'humanité, unanime pour prendre soin de ses morts depuis, au moins, Néandertal. Car, comme le dit Ricœur, « ce n'est peut-être que face à la mort que le religieux s'égale à l'Essentiel et que la barrière entre les religions, y compris les non-religions [...], est transcendée. Mais parce que le mourir est transculturel, il est transconfessionnel, transreligieux en ce sens : et cela dans la mesure où l'Essentiel perce la grille de lecture des "langues" de lecture[1] ». Ricœur sait qu'il est peu d'expériences humaines devant lesquelles nous parlons une langue atemporelle et universelle, et que ce fait-là rejoint un autre « fait certain : on ne se débarrasse pas des morts, on n'en a jamais fini avec eux ». Cela mérite le plus grand soin et la plus grande vigilance – ne faut-il pas garder, dans la double perspective de protéger et de transmettre, ce qui nous rend également humain par delà les inégalités du monde et de l'histoire ?

1. Paul Ricœur, *Vivant jusqu'à la mort*, Seuil, 2007.

Ce n'est pas une loi d'aujourd'hui, ni d'hier
Qu'un instant abolit comme un instant la fonde,
Mais l'éternelle loi plus vieille que le monde !

Face à la confusion que génèrent inévitablement les situations de crise, acceptant de perdre quelques repères et d'en connaître une sorte de vertige, vous avez, Lucie, ressenti qu'une chose pourtant ne pouvait pas se perdre, qui endiguait le chaos et l'empêchait de tout emporter avec lui : cette éternelle loi plus vieille que le monde de respecter nos morts.

Et cela vous honore. Car nous sommes, en vérité, dépouillés devant les dépouilles. Toute croyance mise à part, il ne nous reste, devant elles, que leur inclassable identité et un précieux embarras devant cette impossible identification. Qui pourrait dire si nous nous trouvons devant une chose ou une personne ? Un fait certain, pourtant : le visage est clos et plus aucun regard ne pourra poser sur nous l'ombre d'un jugement. Ce visage clos pourrait faire écran : on trancherait alors en faveur d'une chose, qui ne mérite finalement pas davantage d'attention qu'un pneu crevé sur le bord de la route. Ou bien ce visage clos fera miroir, et cet ultime état d'un corps humain sans défense convoquera notre conscience. Car devant un mort, on est seul et face à toute l'humanité. On est seul, mais la paradoxale présence du mort nous renvoie à ce que Hannah Arendt appelle « la différence intérieure », ce dialogue avec « l'autre en soi ».

Cet asymétrique vis-à-vis entre deux présences humaines, l'une vivante et l'autre morte, n'est-il pas, en vérité, le plus haut lieu de rendez-vous de la conscience ? Car comment démêler, dans mes autres vis-à-vis, ce qui relève de ma conscience en propre de ce qui relève de ma crainte du jugement, ou de mon espoir d'être bien jugée ?

Personne n'était là pour s'indigner, Lucie, que vous ne vous indignassiez point. Et votre indignation, à elle seule, rend toute sa dignité à ce corps dont le respect vous préoccupe.

Et en saisissant votre stylo, en remplissant ce formulaire, ce n'est plus seulement pour le corps de cette femme que vous appelez le respect, mais pour l'exercice de ce dialogue intérieur dont Arendt dit qu'il peut « prévenir bien des catastrophes, tout au moins pour moi-même, dans les rares moments où les cartes sont sur table[2] » . Quand, aussi bien qu'aujourd'hui, les cartes sont-elles sur table ? Dans ce « rare moment » que nous vivons, où l'on remâche la formule « rien ne sera plus comme avant » (sans bien s'entendre sur le fait qu'il faille ou non s'en réjouir), vous avez, Lucie, saisi un fil d'humanité, et suturé l'avant et l'après d'un soin que vous nous portez à tous. Pour cela, je voulais vous dire merci.

MARION MULLER-COLARD

2. Hannah Arendt, *Considérations morales*, Rivages poche, 2018.

NÉE EN 1978, MARION MULLER-COLARD EST THÉOLOGIENNE, ESSAYISTE ET ROMANCIÈRE. ELLE A PUBLIÉ, ENTRE AUTRES, *PRUNELLE DE MES YEUX* ET *BOUCHE COUSUE* (GALLIMARD JEUNESSE) ; *LE PROFESSEUR FREUD PARLE AUX POISSONS* (LES PETITS PLATONS) ; *L'AUTRE DIEU* ET *LE COMPLEXE D'ÉLIE* (LABOR ET FIDES) ET, DERNIÈREMENT, *WANTED LOUISE* (GALLIMARD). ELLE EST MEMBRE DU COMITÉ CONSULTATIF NATIONAL D'ÉTHIQUE POUR LES SCIENCES DE LA VIE ET DE LA SANTÉ.

8 avril 2020.

7e étage de l'hôpital Hautepierre, hôpitaux universitaires de Strasbourg.

Depuis le service de chirurgie ORL et cervicofaciale.

24e jour…

Tout est né, comme une rumeur, lointaine, dans un marché ouvert dont personne ne connaissait le nom, pratiquant un commerce criminel d'animaux sauvages, dans un pays par ailleurs avide de supplanter les autres nations en sacrifiant un peu plus la Terre des hommes.

Une poussière biologique, un microbe pangolien dirait-on si ce n'était un virus, vint gripper la face du monde, lui laissant trop peu de temps pour se défendre face à cette abrupte attaque.

C'est ainsi que l'intense déflagration s'est révélée, prenant sa source dans l'infiniment petit, l'insignifiant, le dérisoire.

CHRISTIAN DEBRY

COMBIEN VAUT UNE VIE ?

HÔPITAL HAUTEPIERRE, STRASBOURG, 24e JOUR

TRACTS
DE CRISE
GALLIMARD

10 AVRIL 2020 / 20 H / **N° 43**

Elle s'amplifiait pourtant cette rumeur covidienne, mais regard perdu sur le relief voilé des Vosges par la fenêtre ouverte plein sud de mon bureau, rien ne pouvait encore me sembler plus lointain, plus abstrait. Un vent mauvais soufflait déjà que nul ne percevait encore vraiment. Je lisais ce sourd grondement. Les analyses contradictoires des médias fusaient, cherchant dans le labyrinthe des nouvelles déferlantes une hypothétique porte de sortie vers la vérité. Les alertes scientifiques aux contenus inquiétants sonnaient dans ma boîte mail avec plus de force chaque jour, irriguées par les analyses de quelques spécialistes crédibles auxquels on donnait alors la parole, avant qu'ils ne deviennent légions et que leur légitimité sur le sujet ne se dilue dans le nombre d'intervenants surmédiatisés.

J'avais encore un doute à cette époque lointaine, et à peine commençai-je à me faire une opinion que la créature déferla sur l'Alsace, s'engouffra par les portes, les fenêtres et se dissémina dans l'hôpital, expulsée par le toucher, les embrassades d'une congrégation religieuse qui, invoquant le Seigneur, en reçut la gifle magistrale dont le souffle n'a pas fini de se propager.

Rien non plus de ma personne ou de ma fonction ne pouvait être plus insignifiant dans la gouvernance de la marche autistique du monde. Une chefferie de service chirurgical dans un centre hospitalo-universitaire, l'un de ces lieux au monde où l'on ne parle d'argent que pour supplier d'en obtenir un peu plus pour mieux soigner, dans ces lieux abîmés par tant d'années de gestion oppressante.

La santé, ce bien immatériel, patrimoine commun à tous et inaliénable, mal irrigué par les incessantes amputations budgétaires des gouvernements successifs, maîtresse délaissée mais toujours aimante, allait revenir dans tout son éclat à l'appel affolé de son dédaigneux amant. Son cœur est une toile maillée des convictions profondes des soignants dont les fils arachnéens, tissés par la dispensation des soins, la souffrance des patients, la confrontation permanente avec la mort et l'espoir, n'ont jamais lâché.

On le sentait arriver ce vent mauvais mais on en doutait encore. Le corps des soignants était dans la boue, mais le sol tenait ferme sous leurs pieds. Ils purent donc lutter. À l'unisson, personnel et institution réagirent d'abord lentement puis, à l'instar d'un mastodonte sidéré et violenté par l'événement initial, avec une force et une conviction peu commune. Ils opposèrent à l'insignifiant maintenant signifié, une résistance d'emblée farouche.

Ce fut d'abord au sein du service une communication très rapide pour tenter de freiner l'affluence des patients dans les consultations, de la réguler avant de tout stopper pour éviter au maximum la propagation du virus. L'afflux dans les réanimations n'était que les prémices de la catastrophe à venir qui possédait maintenant un visage : celui de patients fiévreux, toussant, manquant de souffle puis d'air. Et d'heure en heure, diffusés par l'institution, les chiffres bruts tombaient, de plus en plus alarmants, de malades hospitalisés dans un état parfois dramatique, transférés au plus vite en réanimation.

Le torrent en crue, dont les eaux ne faisaient que commencer à monter, était alimenté par les violents orages en amont, ceux de l'avant confinement, des jardins publics pleins de vie et d'une insouciance dont je ne peux croire avec le recul qu'elle n'était pas en partie feinte, ultime désir de liberté avant l'enfermement. On plaisante plus facilement avec la mort quand on ne la voit pas. J'en ai pris la pleine conscience lors de discussions lunaires organisées par vidéoconférences par nos sociétés savantes. Alors que nous étions emportés par le souffle du cyclone, les entretiens tournaient autour de précautions et de débats déjà dépassés, de convictions obsolètes. Il est difficile d'entendre le cri du noyé lorsque l'on est trop loin de la rive, et le message de détresse adressé et diffusé à cette occasion put je l'espère en partie convaincre certains de se prémunir contre cette lame de fond encore trop virtuelle pour eux.

Des recommandations alimentées par la valse incessante des messages alarmistes affluèrent de tous les horizons, local, national, international. Elles fusaient comme des éclats de projectiles. Il fallait en extraire une vérité encore incertaine, immédiate, imposant de tout analyser et de décider dans l'urgence.

Oui, c'est une guerre. Les termes sont exacts, ils ne sont pas exagérés. Comment qualifier autrement la lutte contre cette nouvelle zoonose, ce virus, cette « grippette » comme certains l'ont nommé avec une remarquable clairvoyance, cette situation inédite sur trois ou quatre générations pour les plus jeunes, le face à face avec un ennemi qui se propage à une vitesse planétaire, tuant d'abord nos anciens pour se hâter avec morgue de descendre l'âge moyen de la pyramide des âges, obligeant à confiner plus de la moitié de la population mondiale, changeant toutes nos habitudes, détruisant l'économie, paupérisant les plus faibles, affolant les plus anxieux et risquant de déséquilibrer les liens familiaux.

Il nous fallait descendre l'échelle des âges plus vite que ce corona, reculer, atermoyer et décrocher encore, sacrifier les consultations en ne conservant que les malades graves, puis paralyser tous les blocs sans distinction, décaler les semi-urgences. Ne garder que l'essentiel était le mot d'ordre jusqu'à ce que l'essentiel ne puisse plus contenir le torrent de patients qui alimentait en flot continu les réanimations. Dos au mur, il ne subsistait que les urgences absolues. La guerre de tranchée fut alors instaurée. Il ne fallait plus reculer. La dégradation des soins ébranla nos convictions et notre éthique, mais l'édifice résista et nous pûmes sans relâche le consolider. La force du torrent devint maximale, mais les digues jour après jour purent être surélevées, les postes de réanimation additionnés, les patients transférés sur le territoire, les unités des services de médecine et de chirurgie transformées en lits d'hospitalisation, tout le personnel paramédical et médical réaffecté dans un élan magnifique. Ce fut jusqu'à ce jour comme un Sabbat où tous furent mis à contribution pour encercler Thanatos.

Il fallut tout réinventer, anticiper, innover, structurer les réseaux, devenir puissamment transdisciplinaire, garder la mesure en toutes choses et reconnaître son ignorance. Là où tout habituellement prend du temps dans les décisions, nous pûmes nous organiser dans une fluidité presque irréelle, chacun fermement ancré à son poste et dans sa fonction. Bien entendu, il y eut quelques sceptiques, irascibles, frileux et contestataires de l'évidence, mais ils furent emportés et dissous dans la turbulence de l'urgence.

Les patients un peu moins urgents furent reportés à huit ou quinze jours, nos programmes faits et refaits en permanence, hésitant, imposant, se réfutant, revenant sur nos décisions le plus souvent collégiales, pour les abandonner une heure plus tard devant la poussée du fléau. Dans ce combat, l'immédiateté temporelle s'affirme comme une entité absolue, et le futur proche comme une abstraction non contrôlable.

Je me rive aux chiffres envoyés deux fois par jour par l'institution, les notant au crayon sur une feuille comme un écolier, avec en abscisse le temps et en ordonnée le nombre de patients hospitalisés ou en réanimation, calculant la tangente, scrutant une faiblesse de la courbe, espérant que les simulations mathématiques du pic seront conformes aux prévisions, dans l'espoir d'un ralentissement prochain, trois semaines après le confinement, intervalle attendu avant de prouver son efficacité.

Tout tient encore à ce jour. Momentanément vulnérable, la résilience fera son chemin.

Comme une vague nitescente, c'est chaque jour le réconfort donné par les aides-soignants aux patients, leur café chaud du matin, la verve des brancardiers qui les transitent, la course des infirmières en tous sens, l'efficience remarquable des cadres de santé. Mais aussi les externes qui découvrent à l'état brut le monde hospitalier dans une mobilisation sans précédent, augurant par leur capacité d'adaptation une génération nouvelle dont la vocation n'est plus à démontrer. Ce sont les internes s'investissant dans un service qu'ils ne reconnaissent plus, capables d'entrer dans une chambre, d'y découvrir leur premier mort, puis de passer dans une autre pièce sans s'effondrer tout en gardant leur empathie, distanciant le propos afin de le relativiser. Ce sont enfin les seniors irrigués par ce tourbillon de compétences et cette résonance émotive.

Ainsi, dans le désarroi, la difficulté et la mort, le Covid-19 présente-t-il un double masque vénitien, d'un côté le rictus moqueur et accablant face à nos manques dans cette lutte, et de l'autre le sourire d'espérance d'une prise de conscience pouvant infléchir la marche du monde vers l'ère du raisonnable.

Rien ne sera plus comme avant. La perception de notre finitude s'expose inopinément face aux hospitalisations ou aux décès de tant de proches, elle ne peut plus être pudiquement rejetée dans les coulisses de la vie ordinaire.

Les limites de la perfection technique acquise s'émoussent dans cette urgence quotidienne. Il va falloir après l'ouragan apprendre à redécouvrir le sens de la fin de vie, tenter de vivre plus apaisé avec elle. Et mettre à bas la techno-mort, ne plus parler d'homme augmenté ou je ne sais quelle stupidité : les mourants ne peuvent affronter la violence de l'agonie que s'ils savent qu'ils comptent aux yeux de ceux qui les entourent, pas aux yeux des machines les suppléant. Ils demandent de l'empathie et de l'humilité, pas de l'intelligence artificielle.

Quand un homme souffre, il ne pense pas à son compte en banque, à son prestige, à sa position, à sa voiture écrasante, il pense qu'il a mal et qu'à l'hôpital, des personnes vont le prendre en charge avec humanité et compétence.

Combien vaut une vie ?

En ce jour d'écriture, la courbe des hospitalisés semble enfin hésiter dans son ascension et s'aplatit timidement. J'en casse fébrilement la pointe de mon crayon. À peine une trouée lumineuse mais quelques rayons dans un ciel sombre et borné. Le vrombissement des turbines des hélicoptères est moins prégnant et accompagne cette espérance qui semble coïncider avec les chiffres attendus.

Les premières prises de sang afin d'analyser les sérologies et connaître notre immunité vont être effectuées : elles seront déterminantes pour connaître notre prévalence d'immunisation et tenter d'éviter une deuxième vague de malheur. On pourra alors à peine commencer à penser au déconfinement progressif, aux retrouvailles avec les proches, à l'été qui s'annonce, qu'il faudra aussi se préparer à la déception de taux trop bas qui heurteront de front notre besoin vital de retour à la vie normale.

Presque un mois déjà passé à batailler entre les murs blancs de l'hôpital. Jour après jour, le confinement renforce un lien humain puissant, dans une intimité mêlée à la pudeur silencieuse des soignants qui ne souhaitent pas être des héros.

Il est minuit. J'hésite encore à fermer ma fenêtre, elle m'ouvre sur le monde et mes proches qui me manquent tant. Je laisse ma pensée divaguer. Je goûte le vent salé de la mer et loue la face riante du masque vénitien. Si elle devait s'esquiver, la révolte totale me paraîtrait être la seule solution pour ne plus revenir à nos petits bonheurs matériels polluants et inutiles, ostraciser les imbéciles, rabaisser les hyper riches, les États autoritaires, nationaliser le sous-sol de l'ensemble de la Terre et en répartir les richesses, inonder le monde de savoir, rendre reine la patience, repenser nos erreurs, rompre les forteresses, faire de la Terre et de ses êtres vivants une déesse d'adoration et de respect, hurler dans la nuit que l'homme est libre et qu'il est capable de prendre son destin en main et regarder vers les étoiles pour y partir un jour une fois cette œuvre accomplie.

Le bip sonne et dissipe dans l'instant ces pensées délirantes.

Une discussion s'engage avec le chef de clinique.

Le patient a vingt ans, il est contaminé, intubé, de l'infection plein les sinus, source d'abcès qui ensemence son cerveau et obture ses vaisseaux. Urgence absolue, il faut l'opérer, maintenant.

Je serai rentré à l'aube.

CHRISTIAN DEBRY

CHRISTIAN DEBRY EST CHIRURGIEN ET CHEF DU SERVICE D'ORL ET DE CHIRURGIE CERVICO-FACIALE DU CHU DE STRASBOURG. IL EST ÉGALEMENT CHERCHEUR À L'UNITÉ INSERM 1121 BIOMATÉRIAUX ET BIOINGÉNIERIE, VICE-DOYEN DES RELATIONS INTERNATIONALES DE LA FACULTÉ DE STRASBOURG ET MEMBRE DE L'ACADÉMIE NATIONALE DE CHIRURGIE. IL EST PAR AILLEURS L'AUTEUR DE *J'INCISE*, UN ROMAN PARU AUX ÉDITIONS STOCK EN AVRIL 2019.

Me faisant part de l'angoisse montante de ses patients, notamment les plus âgés, un ami médecin me dit : « L'inflation de la communication, c'est peut-être un progrès, mais cela perturbe les certitudes. » On ne peut mieux résumer le désarroi que donne ce tourbillon de propos plus ou moins autorisés qui fait perdre la tête, et le sens des choses. C'est l'inconvénient du numérique, et sans doute un progrès de la démocratie que chacun puisse donner son opinion sur tout, et de préférence sur ce qu'il ne connaît pas. La parole prolifère en même temps que le virus. Elle ne touche que l'esprit, c'est beaucoup moins grave. Avec un bémol : la sournoise montée d'un certain nihilisme, dont je ne suis pas sûr, comme l'ami Finkielkraut, qu'il soit vaincu. Tout peut se dire, et son contraire, sans que rien ne différencie le fondé de l'infondé. Donc tout se vaut et rien ne vaut. Qui croire ? À qui s'en remettre ? Où est la parole d'autorité ?

RÉGIS DEBRAY

LE DIRE ET LE FAIRE

TRACTS DE CRISE
GALLIMARD

11 AVRIL 2020 / 10 H / **N° 44**

Pas vraiment chez les autorités politiques. Ne tirons pas sur le pianiste, il faut bien improviser face à l'imprévisible. Mais les crises générales sont impudiques : elles déshabillent les rois et passent les sociétés aux rayons X, nous en montrant l'esprit. Soit un croissant décalage entre le dire et le faire, source de défiance et de suspicion. Nous sommes en guerre, nous dit-on, mais on cherche le général en chef, celui qui dit beaucoup en très peu de mots. *Veni vidi vici.* Sans remonter à César, souvenons-nous du Général, qui en quelques phrases, moins de trois minutes, pulvérise un coup d'État en Algérie, et plus tard, le psychodrame chaotique d'un long mois de Mai. Une phrase, un acte. Pas un mot de trop, et chaque mot à sa place. Comme la reine d'Angleterre, quatre minutes. *Imperatoria brevitas.* Autorité et brièveté sont synonymes. Un historien mettra demain en regard la dilution de la puissance publique, sur un demi-siècle, et le délayage des allocutions officielles. Moins ça peut, plus ça cause.

Interrogé avant de mourir sur ce qu'il considérait comme « la caractéristique de notre temps », Malraux répondit sèchement : « L'absence de décision. » D'où sortent la demi-mesure militaire et le compromis parlementaire : un demi-soldat dans un demi-char et un allez voter et restez chez vous. On sait comment l'État en France, quand il a choisi de se suicider pour, dit-il, se moderniser, a inventé toutes sortes d'organes de défausse au titre plus ou moins pompeux – Comités, Hauts-Conseils, Observatoires, Forums, Conventions, etc. – et dix autres « autorités administratives indépendantes ». Ces inlassables fournisseurs de rapports pour rien ont pour la plupart l'utilité du figurant sur scène, quand l'acteur n'y est plus. L'ancien État-nation en panne de volonté et de substance a cru bon d'ajouter à la panoplie de ses abdications cette machine à ne pas prendre de décision qu'on appelle – un oxymore ? – l'Union européenne. Boîte à blabla et tiroir-caisse. La valise bruxelloise à double fond engage à sortir de l'histoire par la petite porte, non d'y rentrer par la grande. Les occasions d'essayer n'ont pourtant pas manqué. Celle-ci aurait pu, mais ne sera pas l'une d'elles.

Remarquée a été la présence ostentatoire, sur les plateaux, à côté de nos gouvernants, de consultants et d'experts. Ils se font escorter par un, ou même deux Conseils scientifiques, créés pour l'occasion, au nom desquels ils se prononcent. C'est pas nous, c'est Monsieur le professeur. Certains ont vu là une atteinte aux prérogatives de l'Exécutif. Je n'en suis pas si sûr. Le Pouvoir exécutif n'apparaît jamais seul en scène. Il a derrière lui, ou plutôt au-dessus, une transcendance en pointillé. Elle a changé de nature depuis saint Paul qui disait, en bon connaisseur de l'autorité : « *Omnis potestas a Deo* ». Tout pouvoir procède d'un grand Autre. Chaque époque le sien.

Le Chef l'est par délégation d'un surplomb, projection d'une verticale ici-bas. Le véritable commandant ne parle pas en son nom propre, car c'est toujours et partout un lieutenant – de Dieu, du Prolétariat, de la République ou de la France. Cette sujétion à plus grand que soi fait sa force. Saint Louis, Lénine, Clemenceau ou de Gaulle étaient d'autant plus écoutés qu'ils servaient de truchement à une valeur suprême. Quand on ne peut incarner cette transcendance – parce que l'ordinaire des temps ne s'y prête pas – force est de la mettre au dehors, à côté de soi, puisqu'elle n'est plus en dedans. En l'occurrence, la Science, arbitre suprême et sans réplique. Le problème est que la science médicale est par nature sujette à controverses, suppositions et incertitudes, en quoi justement elle est une science. C'est l'inconvénient d'avoir pour alibi une science expérimentale. Contrairement aux absolus d'antan, qui étaient des objets de foi, incontestables à ce titre, elle s'atteste dans et par le relatif. Avec un savoir heureusement et désespérément empirique, le pilier devient béquille. On chancelle.

Conséquence : plus de lest dans le discours. La communication, dont vit la classe politique qui s'imagine pouvoir survivre par elle à son discrédit, a tué le politique et ruiné sa crédibilité. Cet art meurtrier est aussi celui de ne pas répondre aux questions, mais très abondamment. Parmi ces « éléments de langage », il en est un qui frappe par son omniprésence : le viral « faire en sorte que » du politicien (en moyenne, trois ou quatre fois par minute). Ce n'est plus un tic mais un aveu. Puisque dire n'est plus faire, et que la parole n'est plus un acte, on annonce ce qu'on devra faire mais plus tard, sans préciser quand ni qui. Plutôt un souhait qu'un engagement. On aimerait bien que. On procrastine sur un coup de menton. Les avantages de la résolution sans les inconvénients. L'affiche sans la chose. C'est la ritournelle magique du désarroi – le stigmate rhétorique d'un temps malheureux qu'on espère bien provisoire, mais il en est tant d'autres qu'éprouvent soignants et malades dans leur chair, qu'on a presque honte de devoir évoquer celui-là, fut-ce en peu de mots. Mille excuses.

RÉGIS DEBRAY

RÉGIS DEBRAY EST L'AUTEUR DE *L'EUROPE FANTÔME* ET DU *SIÈCLE VERT* DANS LA COLLECTION « TRACTS/GALLIMARD », AINSI QUE D'*ÉLOGE DES FRONTIÈRES* (GALLIMARD, 2010) ET *DU BON USAGE DES CATASTROPHES* (GALLIMARD, 2011).

SEMAINE 5

13 AVRIL / 19 AVRIL 2020

Au moment où pour vaincre le coronavirus on nous incite chaque jour davantage à accepter un contrôle de la population par la « solution numérique » – qu'elle s'appelle *StopCovid* actuellement ou porte un autre nom demain –, il faut se pencher sur les arguments de la petite minorité de citoyens qui s'y refusent absolument et sera sans doute incomprise, malgré le débat parlementaire annoncé. Peut-être même se fera-t-elle honnir par ses prises de position inflexibles sur le maintien à tout prix des libertés publiques, au détriment, si nécessaire, d'un surcroît d'efficacité sanitaire. Prenons la peine de les écouter car on entendra peu ces voix qui récusent l'esprit du temps et la peur le caractérisant – ce mal profond qui nous taraude depuis longtemps mais que la pandémie de Covid-19 a extraordinairement accéléré. J'espère qu'on pardonnera à cette fraction de citoyens à laquelle j'appartiens son amour immodéré pour « la liberté avant toute chose », puisque tout part de là et que tout y revient.

PATRICE
FRANCESCHI

BONJOUR MONSIEUR ORWELL

LE CONTRÔLE NUMÉRIQUE DE MASSE À L'ÈRE DU COVID-19

TRACTS
DE CRISE
GALLIMARD

14 AVRIL 2020 / 12 H / **Nº 45**

Le projet *StopCovid* de traçage numérique de nos vies est difficilement attaquable sur le fond puisque conçu pour notre bien commun. Le « tracking » – son nom anglo-saxon dit bien les choses – a donc de fortes chances de faire partie de notre avenir et d'étendre définitivement son emprise sur nous. Il joue sur l'érosion de notre volonté collective de vivre libre et s'appuie sur les possibilités infinies fournies par les nouvelles technologies.

Nous devons toutefois contester l'idée même d'un pas supplémentaire vers ce qui deviendrait le commencement d'une surveillance de masse dont le caractère totalitaire ne peut échapper qu'aux étourdis. Les voix qui prétendent le contraire et parlent de fantasme sont invalidées par le seul fait qu'elles ne démontrent en rien l'inverse, jouant seulement sur deux de nos culpabilités supposées : n'être pas assez « modernes » et ne pas vouloir tout faire pour sauver ses semblables.

Quoi qu'il en soit, nous sommes en droit de considérer qu'un principe intellectuel et spirituel surplombe tous les autres – et même leur donne sens. Ce principe n'appartient ni au passé, ni au présent, ni à l'avenir, mais à ces trois temps. Il stipule qu'il n'est rien qui se puisse placer au-dessus de la liberté en général et des libertés individuelles en particulier, pas même la sécurité – et encore moins la servitude, cela va de soi. Par liberté, il faut entendre *a minima* : la capacité à agir et penser par soi-même.

Ainsi, la problématique soulevée par le Covid-19 n'est pas seulement sanitaire et économique. Elle pose avec brutalité l'éternelle question métaphysique du sens et de la valeur de l'existence, interrogation que nous avions mise de côté, semble-t-il. Pourquoi vivre si l'on n'est pas d'abord libre, telle est la question face au projet gouvernemental.

Les générations qui nous ont précédées ont eu bien souvent à se battre pour le principe de liberté, acceptant de mettre entre parenthèses leur sécurité. Pourquoi renoncerions-nous d'office à maintenir cet esprit qui n'autorise aucune concession de fond puisqu'on ne peut pas être libre à moitié ou au trois-quarts. On est libre ou on ne l'est pas. Et c'est seulement quand on l'est véritablement qu'on vit en régime démocratique. Cela n'empêche nullement que les citoyens de ces régimes consentent à restreindre temporairement leur liberté quand l'intérêt général est en jeu – comme ils le font actuellement avec le confinement – mais ne signifie en aucun cas qu'ils acceptent d'office un contrôle supplémentaire par des voies intrusives qui plongent au cœur même de leurs vies privées et de leur intimité, ce qui est tout autre chose. Dans l'hypothèse où cela adviendrait, nous serions face à un bouleversement périlleux de l'idée même de démocratie, remettant en cause nos valeurs fondamentales. Si la modernité et ses progrès technologiques supposent que des gens dont nous ne savons rien puissent tout connaître de nous, il faut répudier ce contre-progrès, ne serait-ce que parce qu'il porte atteinte à la dignité humaine. Et accepter de payer le prix de cette répudiation.

Ce positionnement à la radicalité assumée n'est pas nouveau – quoique nous le négligions depuis au moins un siècle. Il appartient à notre histoire et pourrait redevenir nôtre puisqu'il nous a construits tels que nous le sommes encore.

Son origine remonte aux écoles stoïciennes de l'Antiquité où vivre libre était le substrat fondamental de la vie bonne – et la crainte de la mort le début de l'esclavage. L'un des symboles les plus frappants de cette conception de l'existence reste Caton d'Utique. Lorsque la démocratie disparaît après la victoire de César sur Pompée, il se suicide, jugeant que vivre en dictature revient à ne pas vivre. De nos jours, il n'est naturellement plus besoin de se montrer aussi absolu dans ses choix, mais la leçon vaut toujours. Elle enseigne que si nous voulons continuer à placer la liberté au-dessus de tout, nous devons interroger trois de nos concepts que tout relie – la sécurité, le risque, la mort – et réviser notre regard sur eux compte tenu de leur mutation.

La mort, tout d'abord : elle ne nous est plus familière. L'effroi qu'elle inspire désormais nous pousse à accepter sans peine ce que nous aurions jadis refusé sans crainte. Soixante-dix ans de paix et de prospérité nous ont éloignés, nous autres Occidentaux, du tragique de la vie et de sa finitude – les réservant aux autres peuples dont nous contemplons de loin les épreuves incessantes. Il ne s'agit pas, bien sûr, de remettre en cause les progrès inestimables apportés par la paix, ce serait pour le moins ridicule, mais de constater qu'ils ont aussi conduit à faire de la mort un tabou et que cela a des conséquences sur le prix que nous sommes prêts à payer pour demeurer libre.

Le risque ensuite : quoi qu'on en pense, il est consubstantiel à la vie. Il appartient à notre humble condition de mortels.

Jusqu'à il y a peu, on admirait donc les hommes capables de prendre les risques nécessaires à l'accomplissement de grandes choses. Il fallait en passer par là pour progresser, inventer, découvrir. Tout cela est terminé. Dans notre époque post-héroïque – où l'on théorise depuis trente ans la fin du courage – le risque a changé de statut. Devenu répréhensible et condamnable, il est ce qu'il faut éviter quelles que soient les circonstances. Le temps présent nous enjoint de tout faire pour vivre sans risque. Dans le domaine militaire, ce rejet a conduit au concept de « guerre zéro mort » dont on constate aujourd'hui l'impossibilité manifeste – sauf à accepter de perdre toutes les guerres, ce qui est en train de nous arriver.

La sécurité, enfin : si elle a toujours été l'une des quêtes essentielles de l'humanité, elle n'avait encore jamais autant pris le pas sur tout le reste. L'une des équations de la vie nous enseigne pourtant qu'il existe un rapport constant entre sécurité et liberté – un rapport en forme de vase communicant : augmenter l'une, c'est diminuer l'autre dans la même proportion. Longtemps, nous avons su doser intelligemment ce rapport pour nous assurer une vie à peu près sûre et à peu près libre, dans un monde imparfait, fugace et volatil. Depuis peu, nous avons rompu cette sorte de pacte pour faire de la sécurité le nouvel étalon de nos sociétés, et de la liberté un accessoire optionnel.

Dans le combat contre le coronavirus, les « personnalités » qui nous engagent à céder une part supplémentaire de nos libertés via notre « traçage numérique » sont largement majoritaires. On les entend beaucoup mais il ne faut pas se laisser endormir par les paroles lénifiantes à propos de soi-disant garde-fous aux noms nouveaux et pittoresques, comme « données anonymisées » ou « agrégées », « consentement éclairé » ou « exception numérique ». Il s'agit d'une novlangue. Rien de ce qui se trouve sur un téléphone ou un ordinateur n'est réellement et absolument anonyme.

Ceux qui transigent sur la restriction des libertés, au prétexte que cette restriction ne serait que provisoire, méconnaissent le fonctionnement de la nature humaine et ce qui mène les sociétés comme ce qui conduit les pouvoirs en place. Ils refusent de voir ou de comprendre qu'en matière de contrôle il n'est pas de retour en arrière quand celui-ci est le fait d'un progrès technologique. La surveillance numérique serait si efficace qu'on y reviendrait à la première occasion car il y aura toujours un « virus » quelconque pour nous menacer. Il portera même toutes sortes de noms – à commencer par celui de terrorisme – permettant de justifier la poursuite du contrôle et son perfectionnement, jusqu'à ce qu'il devienne la norme.

Accepter cela aujourd'hui, ce serait mettre le doigt dans un engrenage irréversible, s'engager sur une pente fatale, accepter la rupture d'une digue. Le contrôle numérique du peuple franchirait la frontière du contrôle acceptable – d'autant qu'il se surajouterait à la société de surveillance généralisée dans laquelle nous sommes déjà entrés. La sagesse nous engage à ne pas monter une marche de plus sur l'escalier du totalitarisme menaçant les sociétés modernes – ce totalitarisme qui ne tue pas mais empêche de vivre.

Moins d'un mois après la congélation volontaire du pays pour cause de pandémie, nous savons donc quel défi existentiel nous pose l'animalcule qui en est à l'origine. Sans rien nier des souffrances qu'il nous inflige et de la nécessité absolue que nous avons de le combattre tous ensemble, ce n'est pas tant l'humanité qu'il aurait risqué de faire disparaître que dès à présent nombre des libertés communes dont nous disposons encore et font de chacun de nous des hommes véritables et non des hommes domestiques. C'est ce qu'il faut défendre maintenant car les temps, au-delà de la seule crise sanitaire que nous traversons, n'ont jamais été aussi orwelliens.

Dans son *Traité des devoirs*, Cicéron écrivait il y a vingt siècles : « Quand les circonstances et la nécessité l'exigent, nous devons entrer dans la mêlée et préférer la mort à la servitude. » Ces lignes issues des profondeurs de notre culture n'ont en rien vieilli et peuvent parfaitement s'appliquer à la pandémie actuelle. Être libre ou se reposer, il va falloir choisir.

Pour qu'il n'y ait pas un jour à demander : la liberté, pour quoi faire ?

PATRICE FRANCESCHI
13 AVRIL 2020

ÉCRIVAIN, AVIATEUR ET MARIN, PATRICE FRANCESCHI PARTAGE SA VIE ENTRE ÉCRITURE ET AVENTURE. SES ROMANS, RÉCITS, POÉSIES OU ESSAIS SONT INSÉPARABLES D'UNE EXISTENCE ENGAGÉE. IL A REÇU LE PRIX GONCOURT DE LA NOUVELLE EN 2015. IL A PUBLIÉ DERNIÈREMENT, DANS LA COLLECTION « TRACTS/GALLIMARD », *AVEC LES KURDES. CE QUE LES AVOIR ABANDONNÉS DIT DE NOUS.*

Nous sommes séparés au moment même où nous nous éprouvons comme faisant un seul corps : vivants, et donc exerçant l'ensemble des fonctions qui résistent à la mort, sauf que la mort, cette fois, est susceptible de prendre pour nous tous la même forme, invisible, imminente. Et cette conscience partagée, aiguë, chevillée à chacun de nos gestes, paradoxalement nous isole.

Pendant deux semaines, j'ai vu le monde depuis ma fenêtre. Mon quartier s'est rapidement vidé. Sont restés quelques joggeurs frénétiques, une vieille dame qui sort à pas menus arroser les fleurs à son balcon, une famille accroupie, chaque soir, à l'heure des applaudissements, derrière les échafaudages de son immeuble en ravalement – et la garde montée, en parade glorieuse au beau milieu de la rue, plus de voiture pour effaroucher les chevaux, dans ce silence insolite on entend de loin claquer leurs sabots.

GWENAËLLE AUBRY

SE SOUVENIR DES CONFINS

TRACTS DE CRISE
GALLIMARD

15 AVRIL 2020 / 10 H / **N° 46**

J'étais malade. On parle de forme « sévère » du virus, disons que celle-ci était indulgente. Assez, en tout cas, pour que je ne sois pas hospitalisée, ni donc « testée », et que, passé le cap du huitième jour, mon médecin se prenne à douter (tout en me prescrivant une forte dose d'azythromycine) : est-ce vraiment ÇA ? Comme tant d'autres, non pris en compte dans ces chiffres mensongers qui heure après heure nous assaillent, j'ai vécu tous ces jours en proie *peut-être* à une maladie létale, et je ne sais ce qui était le plus angoissant, de la menace, ou de l'incertitude. Étrange expérience, archaïque, et solitaire : abriter *peut-être* dans son corps le mal qui met le monde à l'arrêt ; héberger la catastrophe ; être soi-même devenue un danger.

« Pour les masques, je vais voir ce que je peux faire », m'avait dit mon médecin. Rien, il ne pouvait rien faire, bien sûr, pas plus que pour le test, puisque même les hôpitaux en manquent – comme de surblouses, de respirateurs, de personnel et de lits. Encore avant, bien avant le « confinement », quand l'inquiétude commençait à monter, accrue par le décalage entre la catastrophe pressentie – *clusters* identifiés, premiers morts – et l'impréparation manifeste dissimulée sous les discours d'experts capables d'affirmer sans sourciller que les masques ne servent à rien ou ne sont pas si faciles que ça à enfiler – encore avant, donc, j'avais cherché à en acheter, la pharmacienne les avait déjà tous vendus, FPP1 et masques de chirurgien, ne lui restaient que des masques en papier, fins et fragiles comme du crépon ou des lanternes japonaises, vous n'avez qu'à en mettre trois, m'a-t-elle dit, si vous avez un malade à la maison, j'en ai acheté six, histoire de ne pas vider les stocks et en me sentant un brin ridicule. Du papier crépon pour protéger mon mari et mes enfants, par chance je ne toussais presque pas, et des gestes, une panoplie de gestes fous pour ériger une barrière entre eux et le danger que j'étais (*peut-être*) devenue pour eux. Ne rien toucher, ne pas les toucher, tenir à distance la petite qui réclame des câlins – puis, les jours passant, les dix jours de précaution requis par la forme dite bénigne de la maladie, ces autres gestes fous, quand donc s'en débarrassera-t-on, et quelle trace laisseront-ils, passer les courses au vinaigre blanc, lire le journal avec des gants, se retenir d'embrasser, et enfin, plus tard encore, penser, avant de sortir, à cocher et signer le formulaire gouvernemental, une fois dehors changer de trottoir quand un joggeur menace, parler à distance à l'amie que l'on croise, sourire des yeux, ou derrière son écharpe, pour signifier à l'autre que non, on ne voit pas en lui un ennemi mortel – cette chorégraphie du vide, quand donc s'en débarrassera-t-on, et quelle trace laissera-t-elle ?

Tchernobyl : quand j'ai retrouvé la rue, le printemps, si dru et limpide cette année, même à Paris, c'est ce nom-là qui aussitôt m'est venu. Je cherchais un modèle pour saisir l'anomalie radicale dans laquelle nous nous sommes nichés (avec quelle rapidité on se fabrique des terriers), la peste, le choléra, bien sûr, et ces invariants historiques mis en lumière par Jean Delumeau dans *La Peur en Occident*, mensonges et dénis du pouvoir, boucs émissaires, exode, abandon des rites funéraires – mais c'est à Tchernobyl que je pensais ce jour-là en marchant dans les rues vides : un mal invisible tapi derrière les arbres en fleurs et le vent léger, et ces liquidateurs envoyés au front sans protection, comme ici les soignants (« Quels moyens de protection aurons-nous ? Va-t-on nous apporter des costumes spéciaux et des masques ? », demande l'un d'entre eux dans *La Supplication* de Svetlana Alexievitch ; on lui répond : « Vous prendrez simplement des pelles pour creuser »).

Autour du Jardin des Plantes, les rues sont pourtant jonchées de masques de chirurgien et de gants en latex. J'y ai croisé un livreur portant une cage de perruches devant le laboratoire des reptiles et des amphibiens, plus bas, près de la Seine qui ces jours-ci coule bleue, comme lavée, une jeune femme aux cheveux noirs au volant d'une voiture où s'inscrivait « transport de sang », quelques vieillards solitaires et un homme d'âge respectable qui a enjambé prestement la fenêtre d'un rez-de-chaussée où l'attendait un copain. Des sans-abri, aussi, seuls, assis dans des flaques de soleil ou campant dans un square, installés dans les aires de jeux pour enfants, recroquevillés sous les cabanes de bois et les toboggans. On entend des chants d'oiseaux et les sirènes des ambulances qui foncent vers la Pitié-Salpêtrière, pas le courage d'aller plus haut, vers les Gobelins, la Santé où les détenus privés de parloir hurlent à la fenêtre de leur cellule de 9 m², la maison de retraite où ma grand-mère est morte le 24 décembre dernier. J'ai rêvé d'elle quand j'étais malade, debout à côté de son lit, rajeunie, rieuse et insolente, elle me disait j'en ai assez, elle fuguait.

Le virus n'est pas une guerre, comme on nous le martèle. Il ne divise pas le monde en camps, et compte, que je sache, peu de partisans, ce mot de « guerre » n'a de sens qu'accolé à celui de « médecine » car oui, c'est bien une médecine de guerre que sont contraints de pratiquer ceux qui, dans les hôpitaux saturés, doivent trier, choisir entre faire vivre et laisser mourir, quant à l'héroïsme, si nous les applaudissons chaque soir, eux qui exposent leur vie et dont, il y a quelques mois, les manifestations étaient violemment réprimées, les revendications ignorées, si nous devrions faire de même, chaque matin, pour tous les autres, ouvriers, éboueurs, caissières, livreurs, que leur travail expose aussi, nous-mêmes en sommes loin, confinés, repliés, patiemment occupés à sauver nos peaux. Le virus n'est ni une providence ni un châtiment, comme certains le suggèrent. Simplement, il révèle. Il agit comme l'un de ces réactifs qui, en France, font défaut pour le tester : il révèle, partout où il frappe, le sacrifice délibéré des services publics, du bien commun. L'hôpital, bien sûr, mais la recherche aussi, où le manque d'effectifs se fait, ces temps-ci, amèrement sentir (directrice de recherche en philosophie, et donc, faut-il le préciser, sans compétence scientifique, j'ai reçu, comme tous les chercheurs du CNRS et de l'INSERM, un appel à volontaires pour recueillir des données et manipuler des échantillons biologiques : à quel degré de pénurie en est-on arrivé ?). Par-delà la commune biopolitique désormais mise en œuvre, le virus révèle encore, pour chaque État, sa pathologie propre (la liste est longue mais, pour en rester à la France, le néolibéralisme maintenu jusque dans les ordonnances adoptées en pleine crise).

Le virus révèle : mais il occulte aussi. Imagine-t-on, derrière nos fenêtres, ce qui se passe dans certaines chambres closes où femmes et enfants sont livrés à la violence ? Dans les prisons, les hôpitaux psychiatriques, et ces maisons de retraite auxquelles on a livré, non des masques, mais des housses mortuaires, et où, littéralement, les morts ne comptent pas ? Imagine-t-on encore, deux fois barricadés, et pour sauver nos peaux, ce qui se passe sur les routes et les mers de l'exil, aux frontières fermées de l'Europe ? Se souvient-on des confins ?

Je respire mieux. Je vais bientôt pouvoir rejoindre la troupe du théâtre de la Colline et, sans perdre souffle, téléphoner à des spectateurs pour leur lire des textes au creux de l'oreille, faire un cours en ligne à mes étudiants – puis un jour finira par venir où l'on pourra, de nouveau, s'embrasser à pleine bouche et se serrer dans les bras. Mais quel air respirera-t-on alors ? Et sur quel dehors s'ouvriront nos fenêtres ?

GWENAËLLE AUBRY
2 AVRIL 2020

GWENAËLLE AUBRY, ÉCRIVAINE ET PHILOSOPHE, EST L'AUTEURE DE ROMANS ET D'ESSAIS TRADUITS DANS UNE DIZAINE DE LANGUES, PARMI LESQUELS *PERSONNE* (PRIX FEMINA 2009), *PARTAGES* (2012), *PERSÉPHONE 2014* (2016) ET *LA FOLIE ELISA* (2018), PUBLIÉS AU MERCURE DE FRANCE.

Depuis le début de la crise sanitaire, le président Emmanuel Macron a prononcé quatre allocutions télévisées. Dans les premières, en qualifiant de « guerre » une crise sanitaire, en comparant nos soignants à des « soldats », le but du chef de l'État était de mobiliser. Le 13 avril, la métaphore guerrière est comme épuisée. Tout ennemi est imprévisible, mais, entre combattants humains, on tente de prévoir l'inattendu de l'autre. Dans une crise sanitaire, le virus n'est pas cet homme qui a ses propres intentions et que la tactique doit deviner. Même si l'ennemi est en pointillé, une information obsessionnelle et focalisée sur la pandémie a envahi nos médias au point de ne plus engager notre attention sur un sujet différent. En tant que reporter de guerre, j'ai assez souffert de cette tendance à se préoccuper des tracas de l'Autre uniquement lorsque nos combattants, donc nous-mêmes, étions impliqués. Lors des guerres d'Afghanistan et d'Irak, la cohorte de journalistes gonflait à l'aune de l'engagement militaire. Les soldats rentrés, les guerres étaient oubliées.

ANNE NIVAT

DES PAYS EN GUERRE

TRACTS
DE CRISE
GALLIMARD

15 AVRIL 2020 / 20 H / **Nº 47**

Trop lointaines, trop complexes, et surtout, sans conséquences concrètes sur la vie de nos concitoyens : notre société s'est désintéressée de ces conflits lointains dont aucun n'est véritablement achevé aujourd'hui. Quand le nombre de départs de ressortissants français pour « faire le djihad » au Moyen-Orient a explosé, nous avons découvert – tard, trop tard peut-être – la profondeur des changements à l'œuvre : comme un boomerang empoisonné, le religieux disparu chez nous est réapparu là-bas, prenant le visage de Français qui avaient succombé à la propagande djihadiste. Au milieu des années 2000, des mères de ces combattants me suppliaient de les aider à les retrouver… Parfois ces garçons de Toulouse ou de la banlieue parisienne étaient morts au combat. Désemparées, elles m'imploraient de retrouver l'épouse et les petits-enfants restés loin.

Aujourd'hui, la focalisation quasi totale de l'information sur nos soucis face à la pandémie est troublante. Elle est un enfermement supplémentaire et toxique à l'intérieur du confinement décidé par nos autorités. Chez nous, le coronavirus contraint nos vies, ce dont nous nous plaignons, mais, dans les pays en situation de vraie guerre, où la peur envahit tout, l'atmosphère générale n'est pas seulement « anxiogène », elle est mortifère.

Ni en Afghanistan, ni en Irak-Syrie, ni même en Tchétchénie on ne vit sereinement et confortablement aujourd'hui. « Dans nos campagnes reculées, pendant la journée, on combat le coronavirus ; la nuit, on combat les talibans », me racontent différentes sources afghanes.

En Afghanistan, après plus de dix-huit années de conflit, 12 000 soldats étrangers sont censés quitter le théâtre d'opérations dans les quatorze mois.

Ce 29 février, États-Unis et représentants des talibans ont signé un accord stipulant le retrait des forces étrangères. Mais il revient aux militants extrémistes de conclure la négociation avec le gouvernement afghan. Une tâche ardue car les talibans considèrent avoir gagné contre les Américains et estiment superflu de négocier la moindre paix avec des compatriotes. En réalité, ces extrémistes n'ont jamais abandonné leur désir initial de recréer l'émirat islamique (et donc de remettre en vigueur la charia) et poursuivent en ce sens leur campagne militaire. Le 28 mars, au Badakhshan, pour exprimer leur refus de ces pourparlers, des talibans ont attaqué des administrations, faisant de nombreuses victimes. Le 1er avril, au moins huit civils sont morts, des enfants surtout, alors qu'ils voyageaient à travers la province de Helmand, contrôlée par les talibans à l'exception de sa capitale.

En Irak où la coalition menée par les États-Unis (5 200 soldats) a récemment rendu trois bases militaires aux forces locales, le 17 mars, l'une d'elles a été la cible d'attaques, la troisième en une semaine. À Bagdad, depuis l'assassinat par les forces américaines du général iranien Soleimani en janvier 2020, la situation reste tendue : on ne compte plus les offensives à la roquette contre l'ambassade. Le pays est sous couvre-feu depuis le 17 mars, un « détail » auxquels les Irakiens sont tristement habitués. Une amie irakienne naturalisée française, rencontrée au plus fort de la guerre en 2006 dans l'hôpital tenu par des milices terroristes d'un quartier chiite de la capitale, exhorte par téléphone sa famille restée au pays à se protéger. Médecin urgentiste en Irak en pleine guerre, elle officie aujourd'hui comme interne… à l'hôpital de Mulhouse, dans la section Covid-19.

En Syrie où aucun cessez-le-feu ne tient, comment concevoir une quarantaine ? Un million de réfugiés vivent entassés sous des tentes et dans des bâtiments abandonnés et ne peuvent envisager de se laver les mains quand il n'est tout simplement pas possible de se laver tout court, sans eau courante.

En Tchétchénie enfin, où il est si difficile pour un jeune de 20 ans de se projeter dans un avenir apaisé, les frontières avec le reste de la Russie sont closes depuis le dimanche 5 avril malgré les protestations du premier ministre russe. Faute de masques et de blouses, hôpitaux et dispensaires ont été fermés en plusieurs endroits et leur personnel envoyé en vacances. Après avoir minimisé le virus, Ramzan Kadyrov, le tyran pro-Poutine qui dirige la République depuis une décennie, a fait poser des scellés sur toutes les maisons de la capitale pour empêcher la population de sortir et menace de « fusiller » ceux qui violent le confinement. Terrorisée, la population dissimule ses malades et ses morts du Covid-19 considérés comme des terroristes.

Loin de nos bulles de confort occidentales, bonnes paroles et injonctions à la raison des autorités restent inaudibles. Si, en France, la menace du virus pèse pour chacun d'entre nous, là où des guerres entre humains se poursuivent en silence, la pandémie apparaît tout juste comme un souci supplémentaire, quasi banal, dans l'ultraviolence du quotidien.

ANNE NIVAT

ANNE NIVAT, GRAND REPORTER INDÉPENDANTE, A SILLONNÉ, SEULE, LES THÉÂTRES DE GUERRES LES PLUS HOSTILES AU MOYEN-ORIENT, EN RUSSIE POST-SOVIÉTIQUE ET EN ASIE CENTRALE. ELLE A NOTAMMENT PUBLIÉ CHEZ FAYARD *CHIENNE DE GUERRE* (2000, PRIX ALBERT-LONDRES), *BAGDAD ZONE ROUGE* (2008) ET *LES BROUILLARDS DE LA GUERRE* (2011). SON LIVRE *DANS QUELLE FRANCE ON VIT* (FAYARD, 2017) EST AUSSI UNE ÉMISSION DE TÉLÉVISION ÉPONYME SUR RMC STORY.

Je me rappelle distinctement mon dernier dimanche de libre circulation. J'avais passé une après-midi entière à planifier mes trajets du mois, clown triste jonglant entre billets d'avion, horaires de train, chambres d'hôte et agences de location de voiture. D'app défectueuse en mot de passe oublié, j'avais épuisé face à mes écrans tout le vocabulaire du capitaine Haddock. Dans un sursaut de lucidité, je réalisai combien ce mode de vie sautillant était absurde, insoutenable. Après dix mille ans de sédentarisation, l'humanité était revenue aux chasseurs-cueilleurs, l'insouciance en moins et les contrôles de sécurité en plus. Le MacBook en guise de sarbacane.

Mais comment renoncer à tous ces impératifs : cours, conférences, recherches de terrain, week-ends à la campagne, visites de famille éparpillées de Londres aux Carpates ?

GASPARD KŒNIG

RALENTIR

TRACTS
DE CRISE
GALLIMARD

16 AVRIL 2020 / 10 H / **Nº 48**

En mémoire de Nicky Fasquelle
Qui vivait à toute vitesse
En prenant le temps de l'amitié.

Puis nous avons été assignés à résidence par ordre du Leader Suprême. En quelques heures, ce qui était impératif est devenu dérisoire. Depuis un mois, je dors dans le même lit, je me réveille avec le soleil et je m'occupe de mes enfants. Je renoue avec des problèmes essentiels, comme de doser le savon de Marseille pour les lessives à la main ou de trouver des recettes inventives face à la pénurie de légumes frais (je recommande le pesto aux orties). J'ai moins de revenus, mais encore moins de besoins. Au milieu de cette oisiveté, je n'ai jamais été aussi productif. Dans ce temps étiré, l'ennui a disparu. « Nous sommes de grands fols, écrit Montaigne. Il a passé sa vie en oisiveté, disons-nous : je n'ai rien fait aujourd'hui. Quoi ? avez-vous pas vécu ? C'est non seulement la plus fondamentale, mais la plus illustre de vos occupations. »

Oserais-je vous avouer, depuis mon confinement bourgeois, privilégié, et alors que l'épidémie sévit, envoyant des amis à l'hôpital, le sentiment ambigu que j'éprouve ? Celui d'une libération.

*

Je ne suis pas le seul à ralentir. Trois milliards d'êtres humains, confinés, sont contraints de faire de même. Le trafic ralentit. Les livraisons ralentissent. Les échanges ralentissent. L'Internet ralentit. Même les discussions ralentissent. Quand bien même ce Grand Ralentissement nous coûte très cher, il n'est pas interdit d'en goûter les vertus. Ruse de la raison historique, le virus nous aura permis de mettre des mots sur le malaise de notre civilisation. Nous nous interrogions sur la mondialisation, l'environnement ou le populisme. Or nos inquiétudes n'étaient que les symptômes d'un mal plus profond, mais aussi plus simple à soigner : la vitesse. L'accélération perpétuelle, épuisante, destructrice.

Or la vitesse n'est pas une fatalité liée au progrès technique. C'est avant tout une invention culturelle, née avec les Lumières, qui commença par mettre les chevaux au galop sur les routes, envoya des milliards de passagers annuels dans les airs et acheva son œuvre folle en mettant les cerveaux du monde entier à portée de clic[1]. Depuis deux siècles, nous courons. Où ? À notre perte. Car la vitesse n'est jamais satisfaite. En effaçant le trajet au profit de la destination, le raisonnement au profit de la conclusion et le tâtonnement au profit de l'efficacité, elle s'interdit de jouir du cheminement. Pire, elle crée l'ennui, en nous reprochant

1. Voir sur les aspects historiques la superbe monographie de Christophe Studeny, *L'Invention de la vitesse*, Gallimard, 1995.

de n'être pas déjà arrivé ; et elle nous prive de satisfaction, en nous hâtant de repartir. Comment ne pas partager, à l'ère des low costs, le dégoût de Stendhal dans les *Mémoires d'un touriste* : « Trois jours de Paris à Marseille ! C'est beau, mais aussi l'homme est réduit à l'état d'animal : on mange du pâté ou l'on dort la moitié de la journée. »

Surtout, la vitesse correspond à une certaine conception de la liberté : la multiplication des possibles. L'idéal de la liberté, pour l'être humain du XXIe siècle, c'est de pouvoir tout faire, à tout moment ; de nier les contraintes du donné pour se transporter ou se transformer à volonté. On est ici, mais on peut déjà être là-bas. On fait ceci, mais demain on pourra faire cela. On aime celui-ci, mais il y a déjà celle-ci. Habitat, métier, sexualité : rien n'est tolérable s'il n'est provisoire. Ce n'est pas assez de fuir ses attaches, ses proches, ses valeurs : il faut pouvoir se fuir soi-même dans le tourbillon des vies possibles.

Voilà qui représente au fond l'aboutissement du projet humaniste, pour qui la dignité de l'homme résidait dans sa capacité de transmutation perpétuelle[2]. Et aussi, plus proche de nous, la consécration d'un de ses dérivés les plus radicaux : l'existentialisme. La liberté y est à la fois un impératif et une angoisse : celle de réaliser, par une forme d'approfondissement de la conscience de moi-même, que

2. Pic de la Mirandole, *De la dignité de l'homme* : « Si nous ne t'avons fait ni céleste ni terrestre, ni mortel ni immortel, c'est afin que, doté pour ainsi dire du pouvoir arbitral et honorifique de te modeler et de te façonner toi-même, tu te donnes la forme qui aurait eu ta préférence. »

je me trouve devant une infinité d'actions possibles[3]. Rien ne s'oppose à ce que, ici et maintenant, je change intégralement de vie. Cette indétermination absolue de mon être, dépourvu de justification comme de signification, est à la fois vertigineuse et exaltante. Elle m'offre le sentiment d'exister avec une intensité nouvelle. Si le moi est une illusion, au moins doit-il me donner des frissons.

Et tous les -ismes que nous maudissons, consumérisme, utilitarisme, néolibéralisme, ne seraient que les dérivés économiques de ce rapport détraqué à soi.

*

Peut-être existe-t-il une autre manière de concevoir la liberté, dont le ralentissement qui nous séduit aujourd'hui ne serait que la manifestation la plus triviale.

Et si la liberté n'était pas la multiplication des possibles, mais l'accomplissement de soi ? Si le choix libre n'impliquait pas l'indétermination du sujet, mais au contraire la nécessité de l'acte, expression d'une personnalité singulière ?

Qui est le plus libre ? Don Juan qui sautille d'une conquête à l'autre car il ne saurait « renfermer son cœur entre quatre murailles », ou Ulysse qui part retrouver son foyer ? *Homo Deus*[4], poursuivant le rêve fou de l'omniscience, ou *Homo Sapiens*, soucieux de se connaître lui-même ?

3. La « néantisation » chère à Jean-Paul Sartre.

4. J'emprunte l'expression à l'historien Yuval Harari.

Paul Morand, porte-parole des hommes pressés, héraut de la vitesse, écrivain en mouvement perpétuel, en avait eu la formidable intuition il y a plus d'un siècle : « Nous allons vers le tour du monde à quatre-vingts francs, écrit-il dans les premières pages de son journal de voyage autour du globe[5]. Tout ce qu'on a dit de la misère de l'homme n'apparaîtra vraiment que le jour où ce tarif sera atteint. » Le low cost, la connexion et le globish ont transformé la planète en une chambre dans laquelle nous faisons les cent pas en maugréant. Jadis à l'étroit dans notre village ou notre quartier, nous le sommes à présent sur la planète, où nulle terre vierge, nulle surprise ne nous attendent plus. « Là où nous nous réjouissons d'un périple, prévient Morand, on ne verra plus qu'un galimatias de voyages. » Comment s'étonner que de grands enfants milliardaires rêvent de conquérir Mars ? Sans nouvelles frontières, ne sommes-nous pas comme le roi sans divertissement de Pascal, condamnés à observer notre propre vanité ? Le nomadisme, téléologie des temps modernes, disparaît dans son accomplissement. C'est en retrouvant une forme de sédentarisation que nous pourrons nous réapproprier le temps, et devenir nous-mêmes.

*

Michel Onfray recommandait de lire les *Essais* durant notre confinement. J'ai fidèlement suivi son conseil de

5. Paul Morand, *Rien que la terre*, Grasset, 1926.

lecture, d'autant plus pertinent que Montaigne dut traverser des temps troublés où sévissaient guerres civiles et épidémies de peste. Et j'ai trouvé dans ce gentilhomme gascon un guide admirable pour ralentir.

Montaigne revendique son oisiveté. Réfugié dans la Tour de son château gascon, qu'il a transformée en bibliothèque, il feuillette, furète, grappille[6], écrit au fil de la plume[7]. En voyage, il musarde, excédant ses compagnons par ses détours, ses retours, ses changements d'itinéraire capricieux[8]. Ses amours, bien remplies, suivent la même règle : « Qui me demanderait la première partie en l'amour, je répondrais, que c'est savoir prendre le temps : la seconde de même : et encore la tierce. » Montaigne peut passer dix heures à cheval sans s'ennuyer, dort longtemps et d'une traite sans laisser ses préoccupations interrompre son sommeil, et s'efforce de savourer le temps qui passe plutôt que de le gâcher en passe-temps. Ne rien faire nous révèle à nous-mêmes : même pour juger d'un cheval, Montaigne préfère le voir au repos plutôt que dans un manège. En nous détachant des passions trompeuses ou excessives, l'oisiveté nous rapproche de notre tâche essentielle : vivre.

6. « Je m'en vais écorniflant par-ci par-là, des livres, les sentences qui me plaisent » (*Essais*, I,24).

7. « Je parle au papier, comme je parle au premier que je rencontre » (III,1).

8. « Ai-je laissé quelque chose à voir derrière moi, j'y retourne : c'est toujours mon chemin. Je ne trace aucune ligne certaine, ni droite ni courbe » (III,9).

Pour autant, Montaigne est tout sauf inactif et son oisiveté ne se confond nullement avec la fainéantise qu'il réprouve. Que signifie alors précisément: «prendre le temps»?

Commençons par une tautologie: prendre le temps, c'est éviter d'être pris par lui. C'est définir son propre rythme, aussi indépendant que possible des contraintes extérieures. Pour être pleinement oisif, Montaigne déploie une stratégie sophistiquée, en isolant sa maisonnée de la «tempête publique» (il ne recevait que des amis choisis), puis au sein de son ménage en se soustrayant aux «épines domestiques», rejoignant sa Tour ou partant sur la route. Il prend le temps de devenir maître de son temps. Il consacre quantité d'efforts et de dépenses à créer les conditions de la nonchalance, s'ouvrant ainsi à l'aléa, à l'intempestif – une lecture inattendue, une discussion au débotté ou un chemin inusité. C'est quand il laisse son esprit vaquer que surgissent ses meilleures «rêveries», dont il se désole d'ailleurs que les circonstances – à cheval, à la table, au lit – ne lui permettent pas toujours de les noter… Il n'est pas aisé de devenir oisif. De même aujourd'hui, il faut une discipline de fer pour se déconnecter des chaînes de messages, s'arracher aux pensées utilitaires, renoncer à l'optimisation logistique.

De même que l'accélération était le corollaire de la multiplication des possibles, le ralentissement apparent que l'on trouve chez Montaigne n'est que la conséquence d'une certaine conception de l'existence, que je résumerais ainsi:

l'intérêt de la vie ne consiste pas dans le but à atteindre, mais dans le cheminement pour y parvenir. Une remarque anecdotique de Montaigne me semble résumer toute sa philosophie : « Les pas que nous employons à nous promener dans une galerie, quoiqu'il y en ait trois fois autant, ne nous lassent pas, comme ceux que nous mettons à quelque chemin desseigné. » Traduction en français moderne : quand on suit une route toute tracée, on s'ennuie trois fois plus que lorsqu'on se promène en liberté. Quiconque pratique la randonnée, à pied ou à cheval, sait qu'on ne se lasse jamais dans un chemin qui serpente, où chaque tournant suscite une curiosité et provoque une surprise, alors qu'on s'impatiente devant une route droite, surtout si elle est goudronnée. Dans le premier cas, chaque pas est un but en soi ; dans le second, il devient une pénitence qui nous sépare de l'objectif à atteindre. L'ennui, la plus triste des passions tristes, n'est donc pas fonction de l'activité ni encore moins du temps, mais dépend de notre intention (les pédants que Montaigne détestait diraient : de notre intentionnalité). Plus nous sommes embarqués par le temps à venir, plus nous nous projetons vers un horizon lointain, plus nous dépérissons. Pourquoi sinon s'ennuie-t-on à mourir en passant un quart d'heure dans le métro, alors même que l'on a accès à toutes les distractions de notre smartphone, et s'épanouit-on comme H.D. Thoreau lors d'une marche en forêt, seul et déconnecté ? Il faut naturellement une finalité pour se mettre en marche, mais ne peut-on honnêtement reconnaître que celle-ci est seulement un prétexte ? Peut-on admettre que nos plans de carrière, stratégies financières, fantasmes amoureux ne sont que des fictions utiles pour accomplir la seule tâche qui importe : exister, *hic et nunc* ?

Apprendre à ralentir implique donc d'accorder autant d'importance, sinon davantage, aux moyens qu'à la fin, en rompant ainsi avec la recherche de l'utilité. C'est à ce prix que l'on peut devenir soi-même et gagner, peu à peu, une liberté que Montaigne définit ainsi : « pouvoir toute chose sur soi ».

*

Ce détour par les *Essais* n'ouvre pas seulement une voie personnelle. Depuis que la vitesse existe, des esprits rebelles cherchent à ralentir, de Rousseau à Carl Honoré qui, il y a déjà vingt ans, faisait l'apologie des mouvements « slow ». Mais cette fois, l'enjeu est la définition sociale et politique de la liberté. Le sociologue allemand Hartmut Rosa explique à juste titre que, face à l'accélération, la méditation et les cures de *data detox* ne suffisent pas.

Les intellectuels fumeurs d'opium que dénonçait déjà Raymond Aron voudraient profiter de cette crise pour abattre les principes libéraux qui sous-tendent nos sociétés. Ne cédons pas à leurs fantasmes planificateurs. Ne prêtons pas à cette épidémie une quelconque signification idéologique. Les virus sont aussi vieux que la vie sur Terre : ils préexistent de plusieurs milliards d'années aux apôtres de la décroissance ou du protectionnisme.

En revanche, le temps est venu d'ouvrir un débat fondamental au sein même du libéralisme. En 1938, le colloque Lippmann avait enregistré la victoire des utilitaristes sur les partisans de l'ordre spontané comme John Dewey[9]. Maintenant que nous avons bien compris les limites du principe d'utilité, il faudrait peut-être essayer l'autre voie, fondée sur la capacité de l'individu à définir à son rythme ses propres valeurs, en mêlant accomplissement de soi et expérimentation collective. Sans renier le progrès, la création de richesses ni l'ouverture des frontières, nous pourrions ainsi concevoir les politiques publiques du ralentissement, parmi lesquelles devrait figurer au premier chef le revenu universel[10]. Pour prendre son temps, encore faut-il en avoir les moyens.

Pour ma part, mon rêve de déconfinement, c'est de partir à cheval sur les traces de Montaigne et de son itinéraire de 1589, en sillonnant l'Europe des mois durant.

Un périple, pas un voyage.

Au pas.

GASPARD KŒNIG

9. Voir l'analyse de Barbara Stiegler dans «*Il faut s'adapter*», Gallimard, 2019.

10. Dans la version «real-libertarienne» de Philippe Van Parijs.

GASPARD KŒNIG EST ÉCRIVAIN ET PHILOSOPHE, ÉGALEMENT FONDATEUR DU THINK-TANK GENERATIONLIBRE. IL A PUBLIÉ UNE DIZAINE DE ROMANS ET D'ESSAIS. DERNIER EN DATE : *LA FIN DE L'INDIVIDU. VOYAGE D'UN PHILOSOPHE AU PAYS DE L'INTELLIGENCE ARTIFICIELLE* (L'OBSERVATOIRE, 2019). À VENIR : *L'ENFER* (ROMAN, JANVIER 2021).

Dans notre vie de journaliste, nous avons bien sûr dû rapporter de nombreux drames collectifs : inondations, tempêtes, vagues terroristes, mais également l'incendie de Notre-Dame, qui engageaient la responsabilité de chacun et la solidarité de tous. Dans ces situations, la télévision joue un rôle tout particulier d'amplificateur, comme de pacificateur. Équilibre, hélas, difficile à trouver entre le sensationnalisme et l'appel à la raison et c'est là que nos médias doivent s'interroger. Le traitement de l'épidémie de coronavirus, qui envahit naturellement tous les écrans, nous pose, à nous journalistes, bien des questions : choix des intervenants, spécialistes ou hommes politiques, litanies des chiffres de mortalité, emplois de termes précis et non-anxiogènes, tout compte jusqu'au visage des présentateurs, leurs regards, leurs intonations, leurs débits.

CLAIRE CHAZAL

INFORMATION DE CRISE

TRACTS DE CRISE
GALLIMARD

16 AVRIL 2020 / 20 H / **N° 49**

Comment informer sans céder à la panique ? Faut-il servir de relais à la parole publique qui appelle la nation à entrer en guerre contre un ennemi indétectable ?

Il va de soi que les chaînes d'information en continu, qui ont rendu compte à satiété du mouvement des Gilets jaunes ou des blocages dus au rejet de la réforme des retraites, traitent presque 24 heures sur 24 de la crise sanitaire et elles n'ont jamais rassemblé autant de téléspectateurs.

Des records d'audience qui vont asseoir pour longtemps leurs positions dans le paysage audiovisuel. Elles ne peuvent faire autrement. Chacun veut savoir tout et tout le temps. Et elles rendent à leur manière un service par leur présence permanente, leur déroulant d'informations pratiques et les points quotidiens des autorités sanitaires.

Avant d'émettre des doutes, saluons d'ailleurs la mobilisation des reporters, cameramen, monteurs, mixeurs qui sont contraints à la vie en collectivité pour informer le plus grand nombre. Les rédactions ont beau s'alléger, rationaliser les tâches, la promiscuité est inévitable. Il y a un certain courage à aller sur le terrain, à rester sur les plateaux, dans les studios ou dans les régies. La presse participe à sa façon à un combat citoyen (combat que les soignants mènent bien sûr en toute première ligne et dans des conditions uniques d'abnégation, de dévouement, d'oubli de soi). Le générique d'un journal de 20 heures c'est le signal, peut-être illusoire, que la mission est lancée, que l'on va tenter par le calme, le sérieux, la prudence, la douceur de la voix, d'accompagner l'émotion collective.

J'entendais, il y a quelques jours, François Sureau défendre, à juste titre, les libertés publiques, forcément malmenées temporairement par les mesures autoritaires de confinement et un mode de gouvernement par ordonnances. Il s'interrogeait aussi sur la liberté de la presse, estimant au passage que les journalistes n'avaient pas à « rassurer » le lecteur ou le téléspectateur. Pour avoir occupé une antenne de très grande écoute, à des moments sombres de notre histoire collective, je serais plus nuancée. Le 11 septembre 2001 par exemple, quand les tours jumelles s'effondrent à Manhattan, c'est bien sûr la sidération. Et l'impression que nous cessons, nous Occidentaux, de vivre en paix. La peur s'installe, d'un ennemi que l'on ne connaît pas et que l'on ne sait pas où et comment combattre. La nation fait bloc, comme après les attentats contre *Charlie Hebdo* ou l'Hypercacher. Pendant plusieurs jours les chaînes sont intégralement dédiées à l'actualité. Nous campons sur le plateau à l'affût des moindres images, d'abord sans comprendre puis en essayant peu à peu de bâtir des hypothèses. L'angoisse est palpable. Et je crois m'être dit alors que ma responsabilité était de ne laisser paraître en aucun cas ma propre tension et mes propres craintes. Bien sûr nous voulions être présents partout, au plus près de l'événement, multiplier les directs et assurer la transparence de l'information, mais nous avions aussi l'obsession de la prudence et de l'utilisation réfléchie des images les plus dures (ne pas rééditer l'erreur du charnier de Timisoara).

Pour tout dire, j'avais envie de rassurer le téléspectateur, peut-être pour me rassurer moi-même. Et je n'attendais finalement pas autre chose d'un ministre de l'Intérieur invité au 20 heures pour décrire un vaste dispositif de sécurité. Les polémiques n'étaient pas de mise.

La crise actuelle, tout aussi inédite que les attaques terroristes, a plongé les journalistes dans la même stupéfaction. Il n'y a pratiquement pas eu de précédents pour eux, le virus Ebola ou le SRAS ayant eu peu d'impact sur nos pays. Jamais nous n'avions vécu de confinement planétaire et de blocage de toute une société ! Une guerre contre un organisme vivant, virus pirate que l'on ne cerne pas et contre lequel le courage est de s'enfermer. Il faut accepter de ne pas comprendre, de donner la parole à des sachants qui cherchent encore, des médecins qui doutent forcément et à un personnel politique qui a encore moins de certitudes mais dont on conteste peu les hésitations.

« L'homme avance dans le brouillard », disait Kundera. Les représentants du pouvoir, bien que tâtonnant, occupent l'antenne, et cela n'était pas arrivé depuis bien longtemps.

Mais aujourd'hui l'essentiel s'est déplacé comme si les grandes peurs moyenâgeuses de la peste ou du choléra nous emmenaient tous dans une sorte de mouvement anti-moderne. Pourra-t-on continuer d'être nourris, gavés, dominés et parfois vidés de toute capacité de jugement par cette épilepsie communicante ?

Les nouvelles technologies (réseaux sociaux et autre Instagram), en nous surinformant, nous ont inoculés le virus de la rapidité et pour tout dire du raccourcissement de la pensée, ce qu'Alain Badiou appelle « la paralysie mentale bravache ». Les rumeurs vraies mais aussi souvent fausses alimentent nos peurs. Il faut dire que tous ces drames sont propices aux diffusions les plus délirantes, aux messages manipulateurs ou complotistes et à toutes les superstitions. Le coronavirus nous oblige à ralentir, à nous concentrer, à relativiser et à envisager la complexité des êtres humains et des situations. Et les médias doivent entendre l'injonction. Une injonction d'intelligence. Le téléspectateur n'est pas moins concerné par tous ces bouleversements. Il peut exercer son sens critique, diversifier ses sources d'information et ne pas se laisser submerger par le flot catastrophiste comme il le fait parfois avec un certain plaisir masochiste. Il peut aussi se donner quelques respirations, ne pas laisser la télévision en fond sonore et faire une consommation responsable et parcimonieuse des médias en choisissant ses programmes en replay, ses podcasts, autrement dit son temps personnel d'acquisition de savoir et de connaissance. C'est déjà une petite révolution.

CLAIRE CHAZAL

CLAIRE CHAZAL EST JOURNALISTE. ELLE A PRÉSENTÉ LES JOURNAUX TÉLÉVISÉS DU VENDREDI SOIR ET DU WEEK-END SUR TF1 DE 1991 À 2015. ELLE PRÉSENTE L'ÉMISSION QUOTIDIENNE *PASSAGE DES ARTS* SUR FRANCE 5, QUI A SUCCÉDÉ À *ENTRÉE LIBRE* (2011-2019).

« La décision sera prise à partir de beaucoup de faits et de beaucoup d'instinct aussi. Que ça vous plaise ou non, il y a une part d'instinct là-dedans », assène Donald Trump dans l'émission « Justice with Judge Jeanine » sur Fox News, le samedi 11 avril, à propos du redémarrage de l'économie américaine en pleine crise du Covid-19.

Ne riez pas, inquiétez-vous plutôt, Donald Trump est sérieux. L'économie américaine reprendra quand il le *sentira*. « Les faits », bien sûr, l'aideront à prendre sa décision. Il écoutera, peut-être les épidémiologistes, peut-être le docteur Fauci. Peut-être. Mais il écoutera plus encore son « instinct ». Celui qui le pousse depuis des semaines à vanter sur tous les tons l'hydroxychloroquine, « court-circuitant le processus scientifique à l'instinct, de façon virale », selon Jeffrey Flier, ancien doyen de la Harvard Medical School. Il y a là-dedans la volonté de rassurer les sacro-saints marchés dont la santé le soucie au moins autant que celle des Américains. Mais il y a plus. Un rejet du réel au nom d'une autre vérité, immanente. Une sacralisation du corps présidentiel. La confiance en l'instinct d'un homme plutôt qu'au savoir des autres. Notre rationalité mise au défi.

N° 50 / **LA CULTURE DE L'INCULTURE**

THOMAS SNÉGAROFF

LA CULTURE DE L'INCULTURE

DONALD TRUMP FACE AU VIRUS

TRACTS DE CRISE
GALLIMARD

17 AVRIL 2020 / 10 H / **Nº 50**

Trump n'en est pas à son coup d'essai. En octobre 2018, interrogé sur le dérèglement climatique, il avait lancé : « Mon oncle était un grand professeur à MIT pendant des années. Dr John Trump. Et je n'ai pas parlé de ce sujet particulier avec lui, mais j'ai un instinct naturel pour la science. » Et dans un autre domaine, géopolitique celui-ci, en mai de cette même année, avant de rencontrer Kim Jong-Un, il savait qu'il serait en mesure de s'assurer du sérieux du leader nord-coréen, « dès la première minute, je le saurai. C'est ma touche personnelle, mon truc. C'est ce que je fais ». Depuis qu'il s'est installé à la Maison-Blanche en janvier 2017, le président républicain agite son instinct comme son principal atout pour prendre les bonnes décisions. Dès mars, Trump avait annoncé la couleur dans une longue et décousue interview accordée à *Time Magazine* : « Je suis très instinctif. Et il se trouve que mes instincts me donnent raison. » Celui qui l'a conduit au sommet, en politique comme dans les affaires (enfin, à en croire ce qu'il affirme haut et fort).

Donald Trump c'est l'homme seul, guidé par son infaillible instinct, c'est John Wayne en shérif dans *Rio Bravo* ne suivant que son instinct contre toute la ville qui lui conseille de céder aux riches malfrats. Trump avait été si fier d'être soutenu par la fille aînée de l'acteur en 2016 lors de la primaire du parti républicain. Le candidat avait alors déclaré : « Je suis un grand fan. C'était quelqu'un d'exceptionnel. On a besoin de force dans ce pays. Car actuellement, il n'y en a plus. » Obama, lopette intellectuelle, amoureux de sa propre voix, donneur de leçons, qui prend le temps de la réflexion avant d'agir !

De force et d'instinct, les deux valeurs fonctionnent ensemble. Car c'est du corps qu'il s'agit. Le corps de l'Amérique, masculin, au grand air, mû par le bon sens, qui repousse toutes les frontières.

Cachez ces livres que vous ne devez pas savoir lire ou écrire. De Theodore Roosevelt, l'auteur d'une vingtaine de livres et délicat amateur de poésie, ne devait demeurer que le cowboy écrasant les trusts et chassant les éléphants et les ours. Donald Trump, lui, n'a pas à faire semblant de ne pas être intellectuel. Sur ce point, au moins, il est d'une inattaquable sincérité.

Les présidences viriles, incarnées pour la plupart par des présidents républicains, ne s'embarrassent pas des arguties des intellectuels, ceux qui, selon Dwight Eisenhower en 1954, « utilisent plus de mots que nécessaires pour dire ce qu'ils savent ». Ce même Eisenhower n'avait fait qu'une bouchée de ce pauvre Adlai Stevenson, un intellectuel que les républicains avaient moqué : « tête d'œuf ! ». L'anti-intellectualisme affiché comme une vertu par l'Administration Eisenhower se fracassa bientôt sur un engin spatial envoyé par les Soviétiques. Spoutnik provoqua un choc salutaire. Soudainement, les salaires des enseignants avaient été revalorisés, les chercheurs avaient trouvé des financements et des diplômés de Harvard avaient vu s'ouvrir les portes de la Maison-Blanche. L'anti-intellectualisme avait conduit au retard de l'Amérique. L'instinct, la force et, j'oubliais, le bon sens, la sainte trinité populiste s'était fracassée sur le mur du réel. Le Covid-19 peut-il être à l'Amérique de Trump ce que Spoutnik avait été à celle d'Eisenhower ? Le coronavirus est un puissant crash-test pour la culture de l'inculture.

Pourtant, bien vite, parce qu'il n'avait pas disparu, l'anti-intellectualisme refit surface. En octobre 1964, lors de la campagne présidentielle de Barry Goldwater, Ronald Reagan, encore cowboy de western hollywoodien pour les Américains, prononça un grand discours en faveur du candidat conservateur : « Soit nous croyons en notre autonomie, soit nous abandonnons la révolution américaine et nous avouons qu'une petite élite intellectuelle installée dans une lointaine capitale peut mieux planifier nos vies que nous ne le pouvons pour nous-mêmes. » Voilà que les intellectuels étaient rejetés du roman national américain. Haro sur ces ennemis de l'intérieur !

C'est à peu près à ce moment-là qu'un grand historien américain, Richard Hofstadter, s'attaqua à la puissance de l'anti-intellectualisme aux États-Unis. Dans ce classique des sciences politiques[1], je découvre un texte écrit en 1926 par Hiram W. Evans, le Sorcier Impérial du Ku Klux Klan, qui était alors un mouvement patriotique de masse comptant entre cinq et huit millions de membres dans tout le pays. Dans ce livre présentant les objectifs du KKK, Evans oppose « la grande masse d'Américains de l'ancienne souche pionnière » aux « libéraux intellectuellement malhonnêtes », « désaméricanisés ». Puis il précise : « Le Klan ne croit pas que le fait qu'il soit émotionnel et instinctif, plutôt que froidement

1. Richard Hofstadter, *Anti-intellectualism in American Life*, 1963.

intellectuel, est une faiblesse. Toute action vient de l'émotion plutôt que de la ratiocination. Nos émotions et les instincts sur lesquels elles sont basées ont été introduits en nous depuis des milliers d'années ; bien plus longtemps que la raison n'a eu sa place dans le cerveau humain. »

L'emprunt à la tradition revivaliste des évangéliques américains du XIXe siècle qui avaient eux aussi érigé l'ignorance en vertu est évident. En Amérique, la culture, le savoir et la réflexion éloignent du Christ comme de l'action virile : l'instinct et l'anti-intellectualisme pour le salut de l'âme et de la nation dont la présidence inculte, virile et messianique de Reagan aura été l'expression chimiquement pure. George W. Bush, puis Donald Trump s'inscriront ensuite dans cette tradition, dont on a montré la profondeur de l'héritage historique.

L'instinct parfois se fracasse sur le réel. Ne subsiste alors que la sidération.

Je repense à Richard Nixon suant et hébété, qui prononce son dernier discours avant, dans un geste christique, de monter dans son hélicoptère : « Je n'ai jamais été un lâcheur. Quitter mes fonctions avant la fin de mon mandat va à l'encontre de tous les instincts de mon corps. »

THOMAS SNÉGAROFF

THOMAS SNÉGAROFF EST HISTORIEN ET CHRONIQUEUR SUR FRANCE INFO ET SUR FRANCE 5 DANS L'ÉMISSION « C POLITIQUE ». IL EST L'AUTEUR, ENTRE AUTRES, D'UNE BIOGRAPHIE SUR JOHN F. KENNEDY (2017) ET DE *STAR WARS. LE CÔTÉ OBSCUR DE L'AMÉRIQUE* (2018) CHEZ ARMAND COLIN.

« Quel mois de la semaine sommes-nous ? » À peine étions-nous confinés que, du monde entier, une rafale de vidéos, de mises en scène hilarantes, dessins et textes drolatiques circulèrent sur les réseaux sociaux, les smartphones, email, bref tout l'attirail qui fait de nous des êtres « connectés pour la vie » qui entendent – comme un défi à la dureté du temps – faire société quand même, dans la séparation la plus distante qui nous ait jamais été imposée par l'État-providence. Héritier de la Seconde Guerre mondiale, sa vocation, dès sa naissance, a été inspirée par l'idée de garantir en principe que « dans tous les pays, *les hommes pourront vivre sans crainte et sans pauvreté* », disait l'article 6 de la Charte de l'Atlantique. Et telle personnalité politique d'évoquer un insolite « exode rural », expression malheureuse pour qualifier, en sens contraire, la fuite des Parisiens vers les campagnes et non l'afflux de ruraux vers les centres urbains. S'y est immédiatement ajoutée la confusion avec l'exode de mai-juin 1940 des populations belges, hollandaises et françaises réfugiées dans le grand sud-ouest, fuyant l'avancée des troupes de la Wehrmacht.

ALYA AGLAN

RIRE DE NOUS-MÊMES

TRACTS
DE CRISE
GALLIMARD

17 AVRIL 2020 / 20 H / **N° 51**

La métaphore guerrière filée par nos gouvernants, à destination de générations en partie épargnées par le service militaire obligatoire, a cependant eu peu d'échos dans la première moisson d'évocations humoristiques des débuts de notre confinement. Sauf cette scène détournée, aux sous-titres improbables, du film *La Chute* (*Der Untergang*) où dans la ville de Berlin encerclée, l'on voit Hitler reclus dans son bunker admonester ses généraux, rebaptisés Castaner, Véran, Le Maire et Blanquer, venus lui annoncer une rupture de stocks de masques FFP2 ; ou cette mini-comédie où, à un arrêt de bus, une malheureuse éternue avec panache avant d'être froidement abattue à coups de revolver par l'un de ceux qui attendaient avec elle. Les autres se précipitent pour fébrilement asperger son cadavre à terre de gel hydroalcoolique avant de reprendre tranquillement leur lecture. La guerre, l'occupation nazie et l'exode de juin 1940 ont bien été invoqués pour caricaturer le discours présidentiel aux incantations martiales. On a vu apparaître un portrait d'Emmanuel Macron précocement vieilli et grimé en maréchal Pétain, flanqué d'une francisque et d'un drapeau tricolore où la devise « Travail, famille, patrie » a été troquée contre un efficace « Télétravail, famille, pâtes/riz », phonèmes contractés dans le mot Patrie, converti aux temps de confinement. Dans un même réflexe, *mutatis mutandis*, les voix françaises de la BBC, notamment celle de Pierre Dac, avaient tourné en ridicule les collaborationnistes de tous bords fascinés par les hordes aryennes installées en pays conquis, maîtres et valets caricaturés ensemble. Chaque crise a désigné des responsables par la plume ou le trait d'esprit, la Révolution française ayant été particulièrement prolifique en la matière.

Aujourd'hui, au contraire, la plupart des images et mises en scène se moquent gentiment de nous et de nos obsessions primaires comme ce petit film où un couple aux airs d'authentiques agriculteurs plante méticuleusement, dans un silence religieux, des rouleaux de papier toilette, à intervalle régulier, en plein champ dans des sillons soigneusement tracés augurant sans doute une fabuleuse récolte à venir. Peut-être ont-ils inspiré ce pâtissier allemand qui décida de faire des gâteaux en forme de rouleaux hygiéniques. Ces premiers jours de confinement contre ce virus explosif nous ont transportés dans un univers où le rire aux éclats a montré ses vertus cathartiques pour faire face, ensemble, à l'adversité. Faire corps pour amortir le choc, rire parce que nous sommes encore des vivants.

Dans ce malgré tout du drame planétaire en cours, des vies déchirées, raccourcies, enlevées à notre affection, il fallait rire quand même de manière à mettre à distance ce qui nous rongeait d'angoisses et d'incertitudes. Réponse aux grandes questions du moment, la crise globale du néolibéralisme, la pandémie meurtrière, rire devenait vital car créateur de lien, antidote euphorique au sinistre et à l'ennui. Retour à l'intime plutôt que va-t-en-guerre, chacun s'interroge sur lui-même, sa famille, son couple. Cet Italien au téléphone qui, après avoir affirmé que le confinement lui offrait l'occasion de se retrouver seul avec lui-même, ne trouve pas un moment dans son « agenda de confinement », tellement surchargé par ses cours de yoga, échanges sur les réseaux sociaux, chants sur le balcon, déjeuners en visioconférence… et qui raccroche en donnant rendez-vous à son interlocuteur à la « prochaine fin du monde ». Ceux qui font du ski sur leur canapé devant un paysage de montagnes enneigées ou nagent sur leur skateboard dans le couloir. Cette Espagnole qui s'habille, se maquille, se parfume, prend son sac, ses lunettes de soleil et son manteau avant de déclarer d'un air agacé qu'elle part prendre un verre dans la cuisine et promet de revenir dans vingt minutes. Les Beatles qui chantent désormais « *I gotta wash my hands* » sur la partition à peine adaptée de « *I Want to Hold your Hand* ». Ceux qui se déplacent par petits bonds, camouflés en sacs-poubelle abandonnés sur les trottoirs, pour contourner les interdictions de sortie intimées à trois milliards de personnes dans le monde. Cet Américain, sommé de choisir les conditions de sa quarantaine, se précipite sur l'option B avant de savoir de quoi il s'agit, dès lors que l'option A offre une vie confinée avec femme et enfant. Un temps étiré vers le futur de science-fiction a été convoqué pour exprimer l'inaltérable inquiétude d'un confinement sans fin où, après des airs de villégiatures, hier, aujourd'hui et demain se confondent tout comme le contour des êtres et des objectifs. À travers les journaux de confinement, authentiques ou fictifs, les vidéos qui saisissent sur le vif des instantanés, les images détournées, s'inscrit une expérience unique par son ampleur où l'autodérision tient une place centrale. Matériaux à archiver pour les futurs historiens du monde confiné de 2020, ces documents pourront dater des stades d'émotions à la manière du carbone 14 tant chaque moment d'humour désigne avec précision les attentes et les questions. « Allez, il est bientôt 22 heures. On enlève son pyjama de jour, après cette grosse journée, et on met son pyjama du soir. »

ALYA AGLAN

ALYA AGLAN, SPÉCIALISTE DE LA SECONDE GUERRE MONDIALE ET PLUS PARTICULIÈREMENT DES ORGANISATIONS DE RÉSISTANCE, EST PROFESSEUR D'HISTOIRE CONTEMPORAINE À L'UNIVERSITÉ PARIS 1 PANTHÉON-SORBONNE. CHEZ GALLIMARD, ELLE A CODIRIGÉ AVEC ROBERT FRANK *1937-1947 LA GUERRE-MONDE*, 2 VOLUMES PARUS EN 2015 EN « FOLIO INÉDIT » ET TRADUITS EN ITALIEN CHEZ EINAUDI.

Je suis à Manchester, chez mes parents. La vie se dilate et se rétrécit à la fois. Certaines personnes me semblent très loin ces temps-ci, comme ma fille par exemple, qui est avec son père, à trois cents kilomètres de moi, dans le Sussex. D'autres, comme mon père, n'ont jamais été aussi proches.

Mon père est condamné, il souffre depuis des années d'un trouble neuro-dégénératif. Il tombe souvent. Il est tombé sur ma mère, qui a souffert de plusieurs fractures au cours de l'année.

Chaque jour, des aides-soignants se rendent à leur domicile, mais désormais chaque visite risque de contenir le virus. Je suis présente car mes frères et sœurs et moi avons décidé d'établir un roulement, chacun vivra avec nos parents pendant deux semaines, tant qu'il le faudra, tant que nous ne pourrons pas aller au travail, tant que nos enfants devront rester loin de l'école, tant que le gouvernement nous imposera de rester confinés chez nous. Tant que le virus nous tient.

ANNA HOPE

TOUTE LA VIE DEVANT NOUS

TRACTS
DE CRISE
GALLIMARD

18 AVRIL 2020 / 10 H / **Nº 52**

Avant que je ne m'installe à Manchester, je passais l'hiver au Mexique avec ma famille, où je faisais des recherches pour mon prochain roman. Nous vivions dans un petit village de pêcheurs près de la jungle. Les couleurs étaient vives, les petites échoppes regorgeaient de papayes et de mangues mûres, les restaurants servaient du poisson frais. Mi-mars, nous avons écourté notre séjour, pour rentrer chez nous, vivre avec nos familles. Nous avons changé nos billets, après avoir contemplé sur Internet les photos de supermarchés britanniques dont les rayons étaient vides. Cela semblait être la bonne décision, un peu folle certes, comme si nous décidions de retourner dans un pays en guerre. Mon mari et ma fille sont arrivés à Heathrow avec des bandanas mexicains autour de la bouche en guise de masques. On aurait dit qu'ils préparaient une révolution.

Nous avons réussi à passer une nuit à la maison – pour les 4 ans de ma fille – le temps de défaire et refaire nos valises, avant que ma fille et moi ne prenions la direction du Nord. Nous prévoyons de nous isoler pendant deux semaines, tout d'abord dans la maison de ma sœur à Manchester, puis, quand nous serons sûrs que je n'ai pas le virus, j'emménagerai chez mes parents. Et mon mari fera la route pour venir chercher ma fille et la ramener à la maison, dans le Sussex.

Avant que nous ne quittions notre village, je roule jusqu'au premier magasin vendant des produits de la ferme, et j'achète du poulet, des carcasses de poulet, trois litres d'huile d'olive, du riz complet, des petits pois, et plein d'autres choses, trop de choses pour pouvoir les nommer, et aussi toute la farine qu'il leur reste, de la farine de sarrasin, que je ne sais même pas cuisiner. Je sais que ces achats sont provoqués par la panique, et une fois arrivée à la caisse, je grimace à chaque sonnerie d'articles que le caissier scanne avec une lenteur insupportable. J'aimerais dire : *Je viens de rentrer chez moi.* Ou : *Je suis partie pendant des mois et il ne reste plus rien dans mes placards. Je vais vivre chez mes parents. Mon père est malade.* Mais je ne dis rien, et d'ailleurs, je sais que ce ne sont que des demi-vérités. Je fais des achats pour me sentir en sécurité.

En plein milieu de la nuit, je prends la route vers le nord dans notre vieux van décati. Ma fille dort à l'arrière tandis que j'écoute la radio, BBC Radio 4. À une heure du matin, c'est la fin des programmes et ils retransmettent la météo marine et l'hymne national. Je n'écoute jamais aucun des deux alors je ressens là comme un mélange de réconfort et d'étrangeté. Je pense à un poème que je connais, de Carole Ann Duffy, *Prière*, qui se termine ainsi :

> *Darkness outside, Inside, the radio's prayer,*
> *Rockall, Malin. Dogger, Finisterre.*

Ma sœur vit dans une petite maison près du centre-ville, parmi d'autres demeures d'allure victorienne, qui ont plus de 150 ans. De sa petite cuisine qui se trouve à l'arrière de la maison, on peut voir sa cour et au-delà, l'arrière de la maison voisine. Nous passons beaucoup de temps dans sa cuisine, elle et moi, nous préparons à manger, nous mangeons, nous tournons autour du frigo. Nous allumons souvent la bouilloire et nous nous faisons le thé. Je pense aux femmes qui ont vécu dans cette maison avant ma sœur, qui se trouvaient au même endroit dans la cuisine, ces femmes qui ont traversé la guerre et plus, qui ont survécu, qui se sont offert du réconfort et du thé, du thé, encore du thé. Je pense aux femmes d'aujourd'hui confinées avec des hommes violents, avec des enfants malheureux, ou avec les deux.

Nous sommes deux femmes et six enfants de moins de six ans, réunis en communauté dans cette petite maison. Parfois, tout cela semble fou. Mais à l'intérieur de la maison, tout fonctionne plutôt bien. Les enfants jouent, ou font un peu de devoirs, ou regardent des Disney. C'est à l'extérieur que tout est étrange. Tout semble pareil mais rien ne l'est. Nous nous rendons au parc du coin, et nos enfants s'éloignent de nous, comme tous les enfants du monde, et nous leur crions de revenir, que ce n'est pas sûr, qu'ils n'ont pas le droit de grimper sur les rochers, ou sur la structure d'escalade. Qu'ils n'ont pas le droit de s'approcher des autres. Qu'ils ne peuvent que se faufiler, rester ensemble et ne pas sortir du chemin. Nous devons rester ensemble. Sensibles à notre malaise, à la panique qui affleure dans nos voix, ils désobéissent, ou oublient, tout simplement, tandis que l'air printanier et l'odeur de la liberté s'infiltrent en eux, alors ils mettent pied à terre et ils partent. Loin de nous. Ils s'enfuient.

Parfois, le matin, ma sœur et moi faisons de l'exercice sur YouTube tandis que les enfants regardent des dessins animés à l'étage.

Parfois, le soir, ma sœur et moi, nous buvons trop.

Le jeudi soir, nous sortons de la maison avec les enfants et nous nous tenons sur le perron pour applaudir bruyamment le NHS.

La plupart des voisins se trouvent aussi sur leur perron, et ils applaudissent aussi.

J'emménage chez mes parents. Quand je suis partie au Mexique, mon père pouvait toujours se déplacer par lui-même, mais aujourd'hui, il a du mal à accomplir les tâches les plus élémentaires.

Je l'aide à marcher et nous nous traînons, un pied devant l'autre, jusqu'au monte-escalier, jusqu'au fauteuil roulant, jusqu'au fauteuil dans le salon sur lequel il s'installe pour regarder la télévision. On dirait souvent que son corps va s'effondrer sur la gauche et il faut de la force et de la stabilité pour le soutenir. Parfois, cela prend une demi-heure pour le déplacer d'une pièce à une autre.

Je me demande comment ma mère a tenu tout ce temps.

Parfois quand je songe aux mois que j'ai passés au Mexique, je suis prise d'un sentiment de culpabilité nauséeux – j'aurais dû être là depuis le début. Je le douche le matin et il est assis sur une chaise pliante adaptée pendant que je le lave. Avant d'arriver ici, j'ai redouté ce moment – lui et moi n'allions-nous pas trouver cela insoutenable ? Et pourtant, finalement, on s'en sort. Je lui parle de tout de rien, de mes recherches sur les tribus indigènes de Sonora au Mexique, des lois agraires du XIXe siècle. Après sa douche, j'entoure son corps d'une serviette de bain, comme on le ferait pour un boxeur professionnel.

À l'extérieur, le printemps arrive. Les aubépines ont fleuri tout comme les magnolias que l'on voit sur les pelouses. À l'intérieur, le chauffage est souvent réglé trop fort. À l'extérieur, le monde vacille rapidement dans l'inconnu ; le Premier ministre est à l'hôpital, une amie très chère, infirmière, me raconte que certaines jeunes collègues se battent pour survivre à l'hôpital où elle travaille.

À l'intérieur, la vie passe lentement. J'adopte le rythme de mes parents et nous avançons lentement, lentement au fil des jours.

Je soulève la cuillère pour nourrir mon père, je m'assure qu'il a avalé avant de lui en offrir plus. Je me souviens du temps où ma fille devait être nourrie, la tentation était souvent grande de la nourrir rapidement, pour en avoir fini, pour passer à autre chose. Faire cela maintenant avec mon père lui ferait courir le risque de mourir étouffé.

Mon père affronte ces humiliations avec, me semble-t-il, une forme de dignité héroïque et quand je regarde ma mère, et les milliers de petits gestes et de soins attentionnés qu'il faut accomplir pour que mon père passe sa journée, je suis submergée d'amour, de respect. Parfois, je me demande si quelqu'un le ferait pour moi.

Depuis toujours, mon père tirait son plus grand plaisir de la lecture. Je n'ai jamais rencontré quelqu'un qui lise autant que lui, et aussi largement. Il pouvait m'appeler en plein milieu de la journée pour me dire que je devais lire le dernier roman de Richard Ford ou de Samanta Schweblin. Mais désormais il ne peut plus reconnaître les mots sur la page, alors il écoute des livres audio ou ma mère lui lit à haute voix des articles du *Guardian*. Parfois maintenant, l'après-midi, c'est moi qui lui fais la lecture. Je lui lis Hemingway, *Paris est une fête*, un livre que nous avons lu tous les deux plusieurs fois.

Les plus beaux passages sont ceux au cours desquels Hemingway décrit ses promenades à travers Paris. Je sais que mon père connaît ces itinéraires comme sa poche, alors, tandis que nous lisons, nous ne sommes plus dans le salon à Manchester, il n'est plus confiné sur sa chaise, et nous ne sommes plus confinés dans la maison, et il n'y a plus de pandémie derrière ces murs, mais nous marchons ensemble, rue de l'Odéon, jusqu'au magasin de Sylvia Beach, en chemin pour emprunter Tourgueniev et Dostoïevski, et nous sommes jeunes, et Paris est froide et magnifique, et nous avons peut-être faim, mais nous sommes heureux, et nous avons toute la vie devant nous.

Ma fille me manque. Il fait plutôt beau dans le Sussex et mon mari m'envoie des photos d'elle, prises dans le jardin, elle est habillée en superhéros. Il lui construit une tanière avec des restes des planches usées. Ils m'annoncent qu'ils planteront un drapeau de pirate là-dessus quand ce sera terminé.

ANNA HOPE

TRADUIT DE L'ANGLAIS PAR **MARIE-PIERRE GRACEDIEU**

ANNA HOPE EST NÉE À MANCHESTER. ELLE A ÉTUDIÉ À OXFORD ET À LONDRES. ELLE EST L'AUTEURE DE TROIS ROMANS PUBLIÉS CHEZ GALLIMARD, *LE CHAGRIN DES VIVANTS*, *LA SALLE DE BAL* (PRIX DES LECTRICES DE *ELLE* 2018) ET, DERNIÈREMENT, *NOS ESPÉRANCES*.

SEMAINE 6

20 AVRIL / 26 AVRIL 2020

À l'âge de dix-huit ans, durant une période chaotique de ma vie, je rêvais d'aller en prison pour y être tranquille, séparé de tous et réduit à moi-même. Bien des années plus tard, me voilà confiné. Et dans les rares moments de calme, entre nos enfants en bas âge qui explosent trente fois par jour, les tâches domestiques permanentes et une « continuité pédagogique » à assurer tant bien que mal, j'essaye de réfléchir à la situation.

FABRICE HUMBERT

LE GRAND RÉVÉLATEUR

TRACTS
DE CRISE
GALLIMARD

20 AVRIL 2020 / 12 H / **N° 53**

D'abord les choix de vie se révèlent. Dans l'intimité de la famille, du couple ou dans le repli des solitudes, chacun est face à lui-même, à son passé et à la vie qu'il s'est construite, avec la part de chance qu'il y a à cela. Je n'ai rien appris que je ne sache mais à l'évidence, les lignes sont plus nettes, la lumière plus crue. Dans l'horizon bref des appartements, dans la somme concentrée des gestes, paroles, sentiments, dans l'esquisse aux traits innombrables d'une journée confinée, voilà que nous payons notre passé, ou que notre passé nous paie. C'est le salaire de notre vie, qu'il soit juste ou non. L'injustice de la violence, l'injustice parfois de l'amour qu'on reçoit mais aussi la part de choix justes, en conscience, puisque cela existe aussi. Aimer l'être ou les êtres avec qui l'on vit, être aimé, voilà que notre horizon s'arrête d'abord à ces évidences premières.

Et brusquement aussi, dans cet horizon rétréci mais aussi concentré et intensifié, l'espace de l'appartement devient l'espace suprême. Chaque mètre compte, chaque espace de repli, chaque fenêtre, chaque place pour les enfants. Le jardin sauve (pour notre cas *sauverait*, nous en parlons souvent), sans parler des heureux qui ont la nature devant eux. L'endroit qu'on a choisi – notre place dans le monde. L'endroit qui nous a été imposé. Les rues autour de l'immeuble, de la maison. L'intensité presque oppressante de la rue en bas de l'immeuble, du paysage qui s'offre à nous – immuable, heure après heure, jour après jour, semaine après semaine – puisque cette même rue que je ne voyais que distraitement en partant au travail ou en en revenant, voilà qu'elle est absolument et totalement ma rue, celle que je vais arpenter dans mes rondes d'une heure, en tournant autour de mon pâté de maisons.

Ce que nous offre le virus, c'est notre vie – surexposée par les lumières avides de l'éternel retour.

Mais ce virus radiographie aussi les êtres par-delà le cercle intime, eux-mêmes rendus translucides par l'aveuglante lumière. Les commerçants deviennent des créatures imposantes – c'est eux qui détiennent les réserves de nourriture, eux qui détiennent le ticket d'entrée dans les nouvelles cavernes d'Ali Baba puisque la denrée est vaguement menacée, elle n'a plus en tout cas cette évidence du flux ininterrompu, et parfois elle manque, sous la forme fugitive, inconséquente, d'un pot de crème, qui éveille une inquiétude plus élémentaire. Les silhouettes dans la rue acquièrent une autre forme de présence, vaguement inquiétante là encore (ne passe pas trop près de moi), tandis que certains révèlent leurs natures de flics autoproclamés ou de donneurs de leçons – une minorité puisque dans l'ensemble, les gens suivent les règles, sans excès ni défaut. Les amis numériques font passer des messages sur smartphones, des dessins comiques, des vidéos, des graphiques, des analyses personnelles et tout cela dessine leur horizon intellectuel, qui n'est rien d'autre qu'un tempérament : l'anxieux voit les morts, l'optimiste voit l'occasion et le bienfait, le raisonneur dessine des courbes exponentielles, le sceptique est... sceptique. Sous des apparences rationnelles parfois très élaborées, je ne lis que des tempéraments, avec une frontière : ceux qui ont peur et ceux qui n'ont pas peur.

Parfois, dans la tension de certains échanges, numériques ou réels (les rues deviennent agressives), dans l'irritation de certains commerçants, affleure le couple de la peur et de la violence, et ce qui se joue alors, présence fantomatique, c'est la répétition générale d'une crise plus importante, plus létale qui confronterait vraiment les êtres : l'absence de nourriture dans ces rayons à peine vidés, l'absence d'argent, la violence de tous contre tous.

Si la pandémie est révélatrice de nos propres existences, l'est-elle du monde qui nous entoure ? Celui-ci s'offre à nous, très souvent, sous la forme d'un petit écran où défilent des nouvelles, un objet de petite taille qui nous relate la grandeur du monde dans ce moment étrange où le monde entier partage la même pensée, où la moitié de l'humanité partage l'expérience du confinement. Nous écoutons les médecins puis nous devenons nous-mêmes médecins, épidémiologistes, virologues mais aussi économistes, politiques, spécialistes universels. Les articles tronqués faute d'abonnements défilent : amorces de tribunes enflammées, d'éditoriaux définitifs : ce virus est grave, il n'est pas si grave, le nombre de morts est effrayant, ce n'est rien par rapport au tabac, il faut changer la hiérarchie sociale des métiers, que valent des traders face aux infirmières, aux caissières des supermarchés et aux médecins, le monde d'après arrive, non il n'arrive pas, rien ne sera plus comme avant, l'État a failli, il faut plus d'État, non, l'État est obèse et impuissant, le lien à la nature est rompu, ce virus n'a rien à voir avec l'écologie, c'est la faute à la mondialisation, non cela n'a rien à voir, l'Europe n'est pas à la hauteur, si, quand même, regardez le plan de sauvetage, la crise va tout changer et voilà comment on va faire parce que la révolution arrive qui n'est pas une révolution et… Commentaires, bavardages, idiosyncrasies. Tout est vrai et faux, pourtant tout concourt à un mode plus général d'appréhension du monde et même le virus des complotistes (mon Dieu ! rencontrer un complotiste, tâcher de le comprendre…) destiné à supprimer l'humanité y contribue, parce que le délire est lui aussi une composante de notre monde. Oui, ce sont des bavardages mais c'est le bavardage immense des hommes, pusillanime, agité, hystérique, profond, mesquin, méchant, généreux, informé parfois, et c'est ce flot qui modèle à tout instant la réponse politique, bonne ou mauvaise, parce que celle-ci relève autant des conseils scientifiques, plus ou moins avisés, que de l'Opinion – d'une crainte de l'Opinion disons.

La journée est scandée par l'information, avec la radio du matin, le smartphone du jour et le chiffrage morbide du soir. Et dans cette scansion il y a une forme de narration dramatique, au sens théâtral du terme, avec des personnages (Macron, Trump – encore plus animateur télé que d'habitude –, le truculent professeur Raoult, bon personnage – le marginal contre le système –, le ministre Véran, le directeur de la Santé Salomon, très notable dans sa sombre apparition quotidienne…), une courbe narrative qui est celle de la courbe sanitaire (le pic comme *climax* des scénaristes anglo-saxon), avec des « records » de morts, est-il à chaque fois précisé, des micro-narrations quotidiennes, comme des intrigues insérées, avec des témoignages vécus, le plus souvent à sensation, des titres accrocheurs aussi, une mise en valeur des héros de la santé, tout un spectacle vaguement obscène qu'on ne peut récuser, d'abord par l'énormité de la mise en scène mais aussi parce que je pense que c'est une caractéristique de notre espèce, et que la crise, là encore, ne fait que manifester.

D'autant que cette dramatisation du réel correspond à une situation en effet tragique, au sens propre du terme, d'abord par la mort mais aussi à travers le fameux conflit des tragédies antiques. Entre Antigone, qui défend l'idée qu'il faut enterrer les morts et donc son frère Polynice, et Créon, le roi de Thèbes, qui a ordonné de ne pas donner de sépulture à son neveu parce qu'il a trahi la cité en l'attaquant à la tête de troupes étrangères, Sophocle ne définit pas une bonne ou une mauvaise position, mais deux visions irréconciliables qui ont chacune leur part de vérité, parce que l'existence même est tragique. Et cette conception problématisée de l'existence, cet *agôn* des tragédies, je l'ai retrouvée sous la forme du très courant « le remède n'est-il pas pire que le mal ? ». Oui, il y a ceux qui estiment que sauver l'économie mondiale et préserver les libertés individuelles étaient l'essentiel, même au prix de la mort de certains. Et oui, il y a ceux qui estiment que sauver les gens, même les plus vieux et les plus faibles, était l'essentiel, même au prix de la ruine, même au prix d'une suspension des libertés. Ces deux positions sont irréconciliables, du moins dans l'état d'impréparation où nous nous trouvions : personne ne peut gagner et tout le monde doit perdre, d'un côté ou de l'autre. Et ce n'est pas l'affrontement des affreux spéculateurs et financiers contre les généreux humanistes. D'abord parce qu'un effondrement économique provoque des morts beaucoup plus nombreuses que le Covid-19, notamment dans les pays pauvres, ensuite parce qu'il y a des êtres pour qui la liberté est une valeur supérieure à la santé.

Le problème, c'est que le spectacle tragique provoque en effet terreur et pitié, alors que la peur, si compréhensible soit-elle, est le pire ennemi de la réflexion parce qu'elle déforme jusqu'à la racine des faits, elle est une vision troublée du réel. La pitié est selon moi d'un abord plus complexe : il faut éprouver de la pitié et se mettre à la place de l'individu souffrant, parce que sinon nous ne sommes que des machines. Mais n'éprouver que de la pitié, ne penser que l'individu, c'est aussi s'empêcher de penser le général et donc d'agir efficacement. Je suis très marqué par une réflexion du docteur Rieux dans *La Peste* de Camus, roman qui présente une réflexion profonde sur l'abstraction – le règne de l'administration, des statistiques – face à la situation individuelle – la souffrance de chaque malade, l'aspiration au bonheur de ceux qui veulent s'enfuir. Rieux, qui s'est pourtant battu contre certaines décisions officielles, déclare : « Pour lutter contre l'abstraction, il faut un peu lui ressembler. »

La crise est aussi une révélation du Pouvoir. Notre rapport au politique s'est soudain tendu, comme une corde d'habitude lâche soudain se tend et ligote. Soudain on s'aperçoit qu'il y a un Pouvoir, et même un pouvoir tout-puissant, capable d'ordonner le confinement, de m'interdire mon sport entre 10 heures et 19 heures, de m'interdire de rester sur un banc. On s'aperçoit que ces gars vaguement moqués sur qui on déverse en permanence des tombereaux d'injure, eh bien ils ont le Pouvoir. Un homme parle dix minutes à la télé et tout le pays s'arrête. Un homme parle dix minutes à la télé et tout le pays reprend vie. En fait, ce gars est un Dieu et on ne l'avait pas compris. La parole devient acte. Duerte peut dire : s'ils sortent, tuez-les ! Macron peut dire : fermez toutes les écoles, restez chez vous. Et ensuite par une cascade de micro-pouvoirs – Premier ministre, préfet, maire, policiers… – la parole s'accomplit. Et c'est alors que nous sentons l'emprise physique du Pouvoir, en comprenant avec une évidence incomparable que le lien vague qui nous lie aux politiques est en réalité un choix existentiel. De façon étrange, un peu ridicule, si l'annonce du confinement ne m'a pas surpris, parce qu'il semblait fondé, l'interdiction du sport entre 10 heures et 19 heures m'a soudain oppressé physiquement : j'avais du mal à respirer. Ce que j'éprouvais, c'était la puissance de l'arbitraire. Je ne le dis pas pour condamner le pouvoir politique. Les annonces de Cour de Justice, de procès innombrables me semblent des aberrations, encore une fois irrationnelles, et de façon générale la mise en accusation systématique des politiques me paraît à la fois infantile, au sens propre, et dangereuse pour la démocratie. Mais la Constitution et les contre-pouvoirs ne sont pas des hochets et tout arbitraire est haïssable.

Enfin, cette crise manifeste notre rapport à la mort. On le sait, la valeur d'un individu n'a plus rien de commun avec celle qu'elle a pu avoir dans le passé. L'Europe a perdu la moitié de ses habitants pendant la Peste Noire, la grippe espagnole a fait des dizaines de millions de morts mais ces comparaisons n'évoquent rien, ne nous disent rien, parce qu'à une époque où certains transhumanistes proclamaient la mort de la mort, la mort est impossible. Alors que Montaigne ne savait même pas exactement combien il avait perdu d'enfants en bas âge, la nouvelle de la mort d'un enfant de cinq ans en Angleterre parcourt la planète. Apprendre que les maladies respiratoires font déjà plusieurs millions de morts chaque année dans le monde, que la grippe saisonnière même cause chaque année dans notre pays des milliers de morts, est déjà une surprise pour la plupart d'entre nous. Il y a une forme de révélation de notre rapport à la mort mais aussi à l'extrême faiblesse : images de vieillards dans les EHPAD, évocation des services de réanimation, de la dureté des traitements, du tri initial, qui n'est pas le tri de services débordés mais de soignants qui savent qu'après 80 ans, on ne survit pas à la réanimation. Plus que la mort même, ce qui touche, c'est ce désarroi de l'agonie, cet homme qui pleurait parce qu'il ne reverrait pas sa femme et ses enfants avant de mourir. Tout cela nous renvoie à notre condition sans doute mais aussi, plus profondément, à notre propre mort, notre propre choix de mort, si ce mot peut exister. J'ai revu la semaine dernière *Million dollar baby*, le film de Clint Eastwood dans lequel un vieil entraîneur conduit jusqu'au championnat du monde une boxeuse, combat au cours duquel sa moelle épinière est brisée. Paralysée dans le lit d'une clinique, incapable même de respirer par elle-même, elle demande à son entraîneur de la délivrer en lui donnant la mort. Il refuse mais elle finit par le convaincre en lui disant qu'elle a eu tout ce qu'elle voulait, tout ce qu'il lui fallait dans la vie, et qu'elle ne peut pas vivre dans ces conditions. Et ce film que j'aimais modérément autrefois, dont le pathétique m'agaçait, je l'ai soudain beaucoup aimé parce qu'autrefois j'étais trop jeune justement, j'étais bête et je n'avais pas compris qu'il y a un moment dans la vie où l'on peut se dire : j'ai eu tout ce qu'il me fallait.

Ma tante de quatre-vingt-huit ans, que j'aime beaucoup, est très affaiblie et recluse à l'hôpital depuis novembre. En plus de ses autres maux, elle a déclaré le Covid-19, qui a achevé de l'affaiblir. Je sais, je sens – jamais elle ne l'exprimera – que cette dépendance infinie provoque chez cette femme qui s'est toujours tenue droite, une détresse tout aussi infinie. Et plus que tout, ce que je retiendrai de cette pandémie, c'est cela : la détresse d'un moment où l'on n'est plus soi, où toute la pauvre liberté que nous avions laborieusement acquise au cours de notre vie, nous la perdons.

FABRICE HUMBERT

FABRICE HUMBERT EST NOTAMMENT L'AUTEUR DE *L'ORIGINE DE LA VIOLENCE* (PRIX ORANGE DU LIVRE, 2009 ; PRIX RENAUDOT POCHE, 2010), *LA FORTUNE DE SILA* (GRAND PRIX RTL-LIRE, 2011), *ÉDEN UTOPIE* (2015) ET *COMMENT VIVRE EN HÉROS ?* (2017). SON DERNIER ROMAN, *LE MONDE N'EXISTE PAS*, A PARU EN JANVIER 2020 AUX ÉDITIONS GALLIMARD.

Toutes les futurologies du vingtième siècle qui prédisaient l'avenir en transportant sur le futur les courants traversant le présent se sont effondrées. Pourtant, on continue à prédire 2025 et 2050 alors qu'on est incapable de comprendre 2020. L'expérience des irruptions de l'imprévu dans l'histoire n'a guère pénétré les consciences. L'arrivée d'un imprévisible était prévisible, mais pas sa nature. D'où ma maxime permanente : « Attends-toi à l'inattendu. »

Ce texte a été inspiré par Nicolas Truong et a été publié sous forme d'entretien dans *Le Monde* daté du 20 avril 2020.

EDGAR MORIN

UN FESTIVAL D'INCERTITUDES

TRACTS
DE CRISE
GALLIMARD

21 AVRIL 2020 / 12 H / **Nº 54**

J'étais de cette minorité qui prévoyait des catastrophes en chaîne provoquées par le débridement incontrôlé de la mondialisation techno-économique, dont celles issues de la dégradation de la biosphère et de la dégradation des sociétés. Mais je n'avais nullement prévu la catastrophe virale. Il y eut pourtant un prophète de cette catastrophe : Bill Gates, dans une conférence d'avril 2012, annonçant que le péril immédiat pour l'humanité n'était pas nucléaire, mais sanitaire. Il avait vu dans l'épidémie d'Ebola, qui avait pu être maîtrisée assez rapidement par chance, l'annonce du danger mondial d'un possible virus à fort pouvoir de contamination. Il exposait les mesures de prévention nécessaires, dont un équipement hospitalier adéquat. Mais, en dépit de cet avertissement public, rien ne fut fait aux États-Unis ni ailleurs. Car le confort intellectuel et l'habitude ont horreur des messages qui les dérangent.

Dans beaucoup de pays, dont la France, la stratégie économique des flux tendus, remplaçant celle du stockage, a laissé notre dispositif sanitaire dépourvu en masques, instruments de tests, appareils respiratoires ; cela joint à la doctrine libérale commercialisant l'hôpital et réduisant ses moyens a contribué au cours catastrophique de l'épidémie.

LE DÉFI DE LA COMPLEXITÉ

Cette épidémie nous apporte un festival d'incertitudes. Nous ne sommes pas sûrs de l'origine du virus : marché insalubre de Wuhan ou laboratoire voisin, nous ne savons pas encore les mutations que subit ou pourra subir le virus au cours de sa propagation. Nous ne savons pas quand l'épidémie régressera et si le virus demeurera endémique. Nous ne savons pas jusqu'à quand et jusqu'à quel point le confinement nous fera subir empêchements, restrictions, rationnement. Nous ne savons pas quelles seront les suites politiques, économiques, nationales et planétaires de restrictions apportées par les confinements. Nous ne savons pas si nous devons en attendre du pire, du meilleur, un mélange des deux : nous allons vers de nouvelles incertitudes.

Les connaissances se multiplient de façon exponentielle, du coup, elles débordent notre capacité de nous les approprier, et surtout elles lancent le défi de la complexité : comment confronter, sélectionner, organiser ces connaissances de façon adéquate en les reliant et en intégrant l'incertitude. Pour moi, cela révèle une fois de plus la carence du mode de connaissance qui nous a été inculqué, qui nous fait disjoindre ce qui est inséparable et réduire à un seul élément ce qui forme un tout à la fois un et divers. En effet, la révélation foudroyante des bouleversements que nous subissons est que tout ce qui semblait séparé est relié, puisqu'une catastrophe sanitaire catastrophise en chaîne la totalité de tout ce qui est humain.

Il est tragique que la pensée disjonctive et réductrice règne en maîtresse dans notre civilisation et tienne les commandes en politique et en économie. Cette formidable carence a conduit à des erreurs de diagnostic, de prévention, ainsi qu'à des décisions aberrantes. J'ajoute que l'obsession de la rentabilité chez nos dominants et dirigeants a conduit à des économies coupables comme, encore une fois, pour les hôpitaux et l'abandon de la production de masques en France. À mon avis, les carences dans le mode de pensée, jointes à la domination incontestable d'une soif effrénée de profit, sont responsables d'innombrables désastres humains dont ceux survenus depuis février 2020.

GRANDEUR ET FAIBLESSE DE LA SCIENCE

Il est plus que légitime que la science soit convoquée par le pouvoir pour lutter contre l'épidémie. Or, les citoyens, d'abord rassurés, surtout à l'occasion du remède du professeur Raoult, découvrent ensuite des avis différents et même contraires. Des citoyens mieux informés découvrent que certains grands scientifiques ont des relations d'intérêt avec l'industrie pharmaceutique dont les lobbys sont puissants auprès des ministères et des médias, capables d'inspirer des campagnes pour ridiculiser les idées non conformes.

Souvenons-nous du professeur Montagnier qui, contre pontifes et mandarins de la science, fut, avec quelques autres, le découvreur du VIH, le virus du sida. C'est l'occasion de comprendre que la science, à la différence de la religion, n'est pas un répertoire de vérités absolues et que ses théories sont biodégradables sous l'effet de découvertes nouvelles. Les théories admises tendent à devenir dogmatiques dans les sommets académiques, et ce sont des déviants, de Pasteur à Einstein en passant par Darwin, et Crick et Watson, les découvreurs de la double hélice de l'ADN, qui font progresser les sciences. C'est que les controverses, loin d'être anomalies, sont nécessaires à ce progrès. Une fois de plus, dans l'inconnu, tout progresse par essais et erreurs ainsi que par innovations déviantes d'abord incomprises et rejetées. Telle est l'aventure thérapeutique contre les virus. Des remèdes peuvent apparaître là où on ne les attendait pas.

Cela dit, il aurait dû y avoir un véritable débat sur l'antagonisme entre prudence et urgence, plutôt que la morgue chez ceux qui prennent l'un des deux partis : la prudence prend le risque que s'accroisse le nombre des victimes faute de tests fiables ; l'urgence prend celui de sous-estimer les effets secondaires d'un traitement qui a donné de bons résultats immédiats. Quelle que soit la décision, il s'agit d'un pari où chaque choix comporte un péril de pertes en vies humaines. D'où là encore, incertitudes.

Enfin, rappelons que la science est ravagée par l'hyperspécialisation, qui est la fermeture et la compartimentation des savoirs spécialisés au lieu d'être leur communication. Et ce sont surtout des chercheurs indépendants qui ont établi dès le début de l'épidémie une coopération qui maintenant s'élargit entre infectiologues et médecins de la planète. La science vit de communications, toute censure la bloque. Aussi nous devons voir les grandeurs de la science contemporaine en même temps que ses faiblesses.

INCERTITUDES ET DYNAMIQUES DE CRISE

Dans mon essai *Sur la crise*[1], j'ai tenté de montrer qu'une crise, au-delà de la déstabilisation et de l'incertitude

1. *Sur la crise*, Flammarion, mars 2020, « Champs Essais ».

qu'elle apporte, se manifeste par la défaillance des régulations d'un système qui, pour maintenir sa stabilité, inhibe ou refoule les déviances (feed-back négatif). Cessant d'être refoulées, ces déviances (feed-back positif) deviennent des tendances actives qui, si elles se développent, menacent de plus en plus de dérégler et de bloquer le système en crise. Dans les systèmes vivants et surtout sociaux, le développement vainqueur des déviances devenues tendances va conduire à des transformations, régressives ou progressives, voire à une révolution.

La crise dans une société suscite deux processus contradictoires. Le premier stimule l'imagination et la créativité dans la recherche de solutions nouvelles. Le second est soit la recherche du retour à une stabilité passée, soit l'adhésion à un salut providentiel, ainsi que la dénonciation ou l'immolation d'un coupable. Ce coupable peut avoir fait les erreurs qui ont provoqué la crise, ou il peut être un coupable imaginaire, bouc émissaire qui doit être éliminé. Effectivement, il se manifeste un bouillonnement d'idées à la recherche d'une Voie nouvelle ou d'une meilleure société. Des idées déviantes et marginalisées se répandent pêle-mêle : retour à la souveraineté, État-providence, défense des services publics contre privatisations, relocalisations, démondialisation, anti-néolibéralisme, nécessité d'une nouvelle politique. Des personnalités et des idéologies sont désignées comme coupables. Et nous voyons aussi, dans la carence des pouvoirs publics, un foisonnement d'imaginations solidaires : production alternative au manque de masques par entreprise reconvertie ou confection artisanale, regroupement de producteurs locaux, livraisons gratuites à domicile, entraide mutuelle entre voisins, repas gratuits aux sans-abri, garde des enfants ; de plus, le confinement stimule les capacités auto-organisatrices pour remédier par lecture, musique, films à la perte de liberté de déplacement. Ainsi, autonomie et inventivité sont stimulées par la crise.

UN MONDE INCERTAIN ET TRAGIQUE

J'espère que l'exceptionnelle et mortifère épidémie que nous vivons nous donnera la conscience non seulement que nous sommes emportés à l'intérieur de l'incroyable aventure de l'Humanité, mais aussi que nous vivons dans un monde à la fois incertain et tragique. La conviction que la libre concurrence et la croissance économiques sont panacées sociales escamote la tragédie de l'histoire humaine que cette conviction aggrave. La folie euphorique du transhumanisme porte au paroxysme le mythe de la nécessité historique du progrès et celui de la maîtrise par l'homme non seulement de la nature, mais aussi de son destin, en prédisant que l'homme accédera à l'immortalité et contrôlera tout par l'intelligence artificielle. Or, nous sommes des joueurs/joués, des possédants/possédés, des puissants/débiles. Si nous pouvons retarder la mort par vieillissement, nous ne pourrons jamais éliminer les accidents mortels où nos corps seront écrabouillés, nous ne pourrons jamais nous défaire des bactéries et des virus qui sans cesse s'automodifient pour résister aux remèdes, antibiotiques, antiviraux, vaccins.

DE LA PANDÉMIE À LA MÉGACRISE GÉNÉRALISÉE

L'épidémie mondiale du virus a déclenché et, chez nous, aggravé terriblement une crise sanitaire qui a provoqué des confinements asphyxiant l'économie, transformant un mode de vie extraverti sur l'extérieur à une introversion sur le foyer, et mettant en crise violente la mondialisation. Cette dernière avait créé une interdépendance mais sans que cette interdépendance soit accompagnée de solidarité. Pire, elle avait suscité, en réaction, des confinements ethniques, nationaux, religieux qui se sont aggravés dans les premières décennies de ce siècle.

Dès lors, faute d'institutions internationales et même européennes capables de réagir avec une solidarité d'action, les États nationaux se sont repliés sur eux-mêmes. La République tchèque a même volé au passage des masques destinés à l'Italie, et les États-Unis ont pu détourner pour eux un stock de masques chinois initialement destinés à la France. La crise sanitaire a donc déclenché un engrenage de crises qui se sont concaténées. Cette polycrise ou mégacrise s'étend de l'existentiel au politique en passant par l'économie, de l'individuel au planétaire en passant par familles, régions, États. En somme, un minuscule virus dans une ville ignorée de Chine a déclenché le bouleversement d'un monde.

En tant que crise planétaire, elle met en relief la communauté de dest[illegible]mains en lien inséparable avec le dest[illegible] planète Terre ; elle met simul[illegible]crise de l'humanité qui n'arriv[illegible]manité. En tant que crise écon[illegible]les dogmes gouvernant l'économie[illegible] s'aggraver en chaos et pénuries dans n[illegible] En tant que crise nationale, elle révèle les carences d'une politique ayant favorisé le capital au détriment du travail, et sacrifié prévention et précaution pour accroître la rentabilité et la compétitivité. En tant que crise sociale, elle met en lumière crue les inégalités entre ceux qui vivent dans de petits logements peuplés d'enfants et parents, et ceux qui ont pu fuir pour leur résidence secondaire au vert. En tant que crise civilisationnelle, elle nous pousse à percevoir les carences en solidarité et l'intoxication consumériste qu'a développées notre civilisation, et nous demande de réfléchir pour une politique de civilisation[2]. En tant que crise intellectuelle, elle devrait nous révéler l'énorme trou noir dans notre intelligence, qui nous rend invisibles les évidentes complexités du réel.

En tant que crise existentielle, elle nous pousse à nous interroger sur notre mode de vie, sur nos vrais besoins, nos vraies aspirations masquées dans les aliénations de la vie quotidienne, faire la différence entre le divertissement

2. *Une politique de civilisation*, avec Sami Naïr, Arléa, 1997.

pascalien qui nous détourne de nos vérités et le bonheur que nous trouvons à la lecture, l'écoute ou la vision des chefs-d'œuvre qui nous font regarder en face notre destin humain. Et surtout, elle devrait ouvrir nos esprits depuis longtemps confinés sur l'immédiat, le secondaire et le frivole, sur l'essentiel : l'amour et l'amitié pour notre épanouissement individuel, la communauté et la solidarité de nos « je » dans des « nous », le destin de l'Humanité dont chacun de nous est une particule. En somme, le confinement physique devrait favoriser le déconfinement des esprits.

L'EXPÉRIENCE DU CONFINEMENT

L'expérience du confinement domiciliaire durable imposé à une nation est une expérience inouïe. Le confinement du ghetto de Varsovie permettait à ses habitants d'y circuler. Mais le confinement du ghetto préparait la mort et notre confinement est une défense de la vie. Je l'ai supporté dans des conditions privilégiées, appartement rez-de-chaussée avec jardin où j'ai pu au soleil me réjouir de l'arrivée du printemps, très protégé par Sabah, mon épouse, doté d'aimables voisins faisant nos courses, communiquant avec mes proches, mes aimés, mes amis, sollicité par presse, radio ou télévision pour donner mon diagnostic, ce que j'ai pu faire par Skype. Mais je sais que, dès le début, les trop nombreux en logement exigu supportent mal le surpeuplement, que les solitaires et surtout les sans-abri sont des victimes du confinement.

Je sais qu'un confinement durable sera de plus en plus vécu comme un empêchement. Les vidéos ne peuvent durablement remplacer la sortie au cinéma, les tablettes ne peuvent remplacer durablement les visites au libraire. Les Skype et Zoom ne donnent pas le contact charnel, le tintement du verre qu'on trinque. La nourriture domestique, même excellente, ne supprime pas le désir de restaurant. Les films documentaires ne supprimeront pas l'envie d'aller sur place voir paysages, villes et musées, ils ne m'enlèveront pas le désir de retrouver l'Italie et l'Espagne. La réduction à l'indispensable donne aussi la soif du superflu. J'espère que l'expérience du confinement modérera la bougeotte compulsive, l'évasion à Bangkok pour ramener des souvenirs à raconter aux amis, j'espère qu'il contribuera à diminuer le consumérisme, c'est-à-dire l'intoxication consommatrice, et l'obéissance à l'incitation publicitaire, au profit d'aliments sains et savoureux, de produits durables et non jetables.

Mais il faudra d'autres incitations et de nouvelles prises de conscience pour qu'une révolution s'opère dans ce domaine. Toutefois, il y a espoir que la lente évolution commencée s'accélère.

VERS UN HUMANISME RÉGÉNÉRÉ ?

Tout d'abord que garderons-nous, nous citoyens, que garderont les pouvoirs publics de l'expérience du confinement ? Une partie seulement ? Tout sera-t-il oublié, chloroformé ou folklorisé ? Ce qui semble très probable est que la propagation du numérique, amplifiée par le confinement (télétravail, téléconférences, Skype, usages intensifs d'Internet), continuera avec ses aspects à la fois négatifs et positifs qu'il n'est pas à propos d'exposer ici. Venons-en à l'essentiel. La sortie du confinement sera-t-elle commencement de sortie de la mégacrise ou son aggravation ? Boom ou dépression ? Énorme crise économique ? Crise alimentaire mondiale ? Poursuite de la mondialisation ou repli autarcique ?

Quel sera l'avenir de la mondialisation ? Le néolibéralisme ébranlé reprendra-t-il les commandes ? Les nations géantes s'opposeront-elles plus que par le passé ? Les conflits armés, plus ou moins atténués par la crise, s'exaspéreront-ils ? Y aura-t-il un élan international salvateur de coopération ? Y aura-t-il quelque progrès politique, économique, social, comme il y en eut peu après la seconde guerre mondiale ? Est-ce que se prolongera et s'intensifiera le réveil de solidarité provoqué pendant le confinement, non seulement pour les médecins et infirmières, mais aussi pour les derniers de cordée, éboueurs, manutentionnaires, livreurs, caissières, sans qui nous n'aurions pu survivre alors que nous avons pu nous passer du Medef et du CAC 40 ? Les pratiques solidaires innombrables et dispersées d'avant épidémie s'en trouveront-elles amplifiées ? Les déconfinés reprendront-ils le cycle chronométré, accéléré, égoïste, consumériste ? Ou bien y aura-t-il un nouvel essor de vie conviviale et aimante vers une civilisation où se déploie la poésie de la vie, où le « je » s'épanouit dans un « nous » ?

On ne peut savoir si, après confinement, les conduites et idées novatrices vont prendre leur essor, voire révolutionner politique et économie, ou si l'ordre ébranlé se rétablira. Nous pouvons craindre fortement la régression généralisée qui s'effectuait déjà au cours des vingt premières années de ce siècle (crise de la démocratie, corruption et démagogie triomphantes, régimes néo-autoritaires, poussées nationalistes, xénophobes, racistes). Toutes ces régressions (et au mieux stagnations) sont probables tant que n'apparaîtra la nouvelle voie politique-écologique-économique-sociale guidée par un humanisme régénéré. Celle-ci multiplierait les vraies réformes, qui ne sont pas des réductions budgétaires, mais qui sont des réformes de civilisation, de société, liées à des réformes de vie. Elle associerait, comme je l'ai indiqué dans *La Voie*[3], les termes contradictoires : « mondialisation » (pour tout ce qui est coopération) et « démondialisation » (pour établir une autonomie vivrière sanitaire et sauver les territoires de la désertification) ; « croissance » (de l'économie des besoins essentiels, du durable, de l'agriculture fermière ou bio) et « décroissance » (de l'agriculture et de l'élevage industriels, de l'économie du frivole, de l'illusoire, du jetable) ; « développement » (de tout ce qui produit bien-être, santé, liberté) et « enveloppement » (dans les solidarités communautaires).

L'après-épidémie sera une aventure incertaine où se développeront les forces du pire et celles du meilleur, ces

3. *La Voie*, Fayard, 2012.

dernières étant encore faibles et dispersées. Sachons enfin que le pire n'est pas sûr, que l'improbable peut advenir, et que, dans le titanesque et inextinguible combat entre les ennemis inséparables que sont Éros et Thanatos, il est sain et tonique de prendre le parti d'Éros.

La grippe espagnole avait donné à ma mère, Luna, une lésion au cœur et la consigne médicale de ne pas faire d'enfants. Elle a tenté deux avortements, le second a échoué, mais l'enfant est né quasi mort asphyxié, étranglé par le cordon ombilical. J'ai peut-être acquis *in utero* des forces de résistance qui me sont restées toute ma vie, mais je n'ai pu survivre qu'avec l'aide d'autrui, le gynéco qui m'a giflé une demi-heure avant que je pousse mon premier cri, ensuite la chance pendant la Résistance, l'hôpital (hépatite, tuberculose), l'amour qui a nourri ma vie et mon œuvre, Sabah, ma compagne et épouse. Il est vrai que « l'élan vital » ne m'a pas quitté ; il s'est même accru pendant la crise mondiale. Toute crise me stimule, et celle-là, énorme, me stimule énormément.

EDGAR MORIN

SOCIOLOGUE ET PHILOSOPHE, DIRECTEUR DE RECHERCHE ÉMÉRITE AU CNRS, EDGAR MORIN EST L'AUTEUR D'UNE SOIXANTAINE D'OUVRAGES. TRADUIT DANS PLUS DE 28 LANGUES ET RÉCOMPENSÉ PAR 30 DOCTORATS *HONORIS CAUSA*, SON TRAVAIL EXERCE UNE INFLUENCE SUR LA RÉFLEXION CONTEMPORAINE INTERNATIONALE.

7 heures 20. Une petite silhouette passe la porte de votre chambre.

— Maman, c'est l'heure !

— Va voir ton frère s'il te plaît, j'arrive.

Vous vous retournez et cherchez encore un peu de sommeil. Encore un peu de répit. Cinq minutes plus tard, c'est le plus grand qui entrouvre votre porte.

— Maman, j'ai faim.

— Tout est sur la table Lucas, tu n'as qu'à te servir.

— Il n'y a plus de Chocopops !

Vous finissez par vous extirper du lit, malgré le somnifère enfilé autour de minuit, et regagnez le salon cuisine que vous ne quitterez plus de la journée.

CAROLE FIVES

LA FRANCE EST UNE MÈRE CÉLIBATAIRE

TRACTS
DE CRISE
GALLIMARD

22 AVRIL 2020 / 12 H / **N° 55**

Le confinement n'a pas transformé votre vie, vous vous dites plutôt que depuis un mois, la France entière vit au rythme des mères célibataires. Des solos. Des femmes indépendantes avec enfants. Une femme sur quatre en France. Un quart des familles. Bien sûr, ces enfants ont le plus souvent des pères. Qui pourraient les voir régulièrement. Qui pourraient s'en occuper pendant le confinement. Mais beaucoup ne le font pas. Et le confinement ne fait que durcir cette situation. Dans beaucoup de foyers, les enfants pèsent à 100 % sur les mères. On ne parle plus, ici, partage des tâches. On ne parle plus, ici, charge mentale. On parle anéantissement. On parle chute sociale. Ces femmes ne sont plus des femmes. Ce sont des robots. Des êtres réduits à la seule fonction que la société a bien voulu leur laisser, la fonction parentale. On leur demande d'assumer, financièrement, affectivement, logistiquement, tout en souriant.

En temps de confinement, aucune aide spécifique ne leur est allouée, personne n'est là pour les applaudir le soir au balcon quand depuis des années, seules, en silence, elles élèvent les adultes de demain. Elles sont comme les livreurs, comme les éboueurs, comme les manutentionnaires ou les caissiers, les rouages invisibles de notre société, celles qui élèvent un enfant sur quatre en France. Elles n'ont pas le temps de penser, pas le temps d'écrire des tracts, des pétitions, des romans, elles sont sur le front tous les jours, de 7 heures à 21 heures, vacances ou pas, week-end ou pas. Si le confinement ne les met pas en lumière, il permet cependant à tous de percevoir l'isolement et l'enfermement qu'elles ressentent tout au long de l'année. Ce qu'on vit tous en ce moment, c'est leur vie. Impossible de travailler. Impossible de sortir. Impossible de faire du sport. Impossible de penser. En mode survie. En mode suffocation. En mode vivement qu'on en sorte. Vous en sortirez dans quinze jours, un mois, deux mois. Elles en ont pris pour quinze ans minimum.

Les inégalités s'accentuent pendant ce confinement. Les violences domestiques augmentent. Dans certains foyers, les coups pleuvent sur les plus faibles. Jusqu'à la mort parfois. Les journaux préciseront que l'homme était alcoolisé. Comme une excuse. Que la femme avait porté plainte, mais qu'elle avait fini par la retirer. Comprenez, c'est un peu sa faute aussi. Ou alors que le juge avait classé la plainte sans suite. Alors c'est la faute du juge. En lisant ces nouvelles, la mère célibataire serrera ses enfants contre elle. Elle se réjouira de s'être débarrassée du tyran. De ne plus l'avoir sur le dos. Elle est seule maintenant, libre. Mais à quel prix ? Pour quel remerciement ? Quel salaire ? Quel mépris ?

Quand les enfants seront enfin couchés, la mère célibataire allumera la télé. Le programme sera encore sur Gulli, elle zappera sur une chaîne d'informations, histoire de se vider la tête cinq minutes. Elle apprendra qu'il faut positiver le confinement. Que certains en profitent pour ranger, trier leurs maisons. D'autres pour visionner les films qu'ils n'ont pas pu voir cette année. D'autres enfin se mettent au yoga, au cardio training, à la gym douce. La mère célibataire se souvient de la seule fois de la journée où elle a essayé de faire quelques étirements dans sa chambre. Le petit était avec ses playmobils. Le plus grand terminait une série de soustractions. À peine a-t-elle sorti le tapis de gym que le petit est arrivé, s'est accroché à ses jambes, lui aussi, il voulait faire du sport. Lui aussi, il voulait s'amuser. Il est 22 heures maintenant. La vaisselle est faite, les jouets sont rangés, le linge est plié. Elle pourrait profiter de l'heure qui lui reste pour s'occuper enfin d'elle, faire quelques abdos, lire *La Peste*, le dernier Femina, se cultiver un peu. Mais elle ne parvient pas à se relever du canapé. Ses muscles ne répondent plus. La télé continue de proférer ses âneries, ses statistiques, ses mensonges. Elle se recroqueville et s'endort là, sur un coin de canapé. Demain, son plus jeune toquera à sa porte et sera bien surpris de ne pas la trouver dans sa chambre. Ce sera toujours trois secondes de gagné.

CAROLE FIVES

CAROLE FIVES EST L'AUTEURE DE QUATRE ROMANS, D'UN RECUEIL DE NOUVELLES ET DE LIVRES POUR LA JEUNESSE. ELLE A PUBLIÉ DERNIÈREMENT *UNE FEMME AU TÉLÉPHONE* ET *TENIR JUSQU'À L'AUBE*, DANS « L'ARBALÈTE GALLIMARD ».

C'est fou ce qu'on parle depuis qu'on ne se rencontre plus. On se voit encore mais pas pour de vrai. La clôture qui nous est imposée n'a pas tué le goût des autres.

Ça continue mais autrement. Et de se zoomer, de se skyper, de se facetimer ! Pendant ce temps, une autre parlerie se poursuit ailleurs et sans image, sans le délice du face à face.

PIERRE
ASSOULINE
de l'Académie Goncourt

L'ENTRETIEN QUE NOUS SOMMES

TRACTS
DE CRISE
GALLIMARD

23 AVRIL 2020 / 20 H / **N° 56**

À la faveur des événements, fertiles en angoisses, doutes, incertitudes, la conversation sur la Toile s'est démultipliée. La nuit n'est plus le refuge et l'exécutoire des solitudes qui s'insupportent. Le jour aussi. Sur la Toile, il y a toujours quelqu'un à qui parler. Chaque jour de l'année, à toute heure du jour ou de la nuit. « Tout bon entendeur doit y trouver salut et s'y retrouver, non sali », formule admirablement cadencée tirée du *Criticon* de Baltasar Gracián. On renoue avec l'ancienne conversation dans ce qu'elle avait de meilleur : on ne s'y intéresse pas aux gens pour ce qu'ils font – leur fortune, leur pouvoir ou leur métier, toutes choses ignorées et jamais demandées, mais pour ce qu'ils sont. Tout le contraire de la conversation française telle qu'elle se pratique quotidiennement de vive voix au XXIe siècle où l'on est ce que l'on fait, et où l'on n'existe que par ce que l'on représente. L'Internet ressuscite cette relative et bienheureuse invisibilité. Elle réinstalle une égalité de départ entre les interlocuteurs, ce qui était à la base même du dialogue. Faut-il croire que les nouvelles technologies vont aider celui-ci à redevenir le fondement de la morale ?

Est-ce Hölderlin ou Kleist qui a posé cette formule si brève et si dense : « L'entretien que nous sommes » ? Qu'importe l'auteur quand sa réflexion nous est intelligible sans lui : que sommes-nous sans cet entretien permanent que nous entretenons avec les livres et les hommes, ce colloque permanent avec l'autre ? On n'a jamais raison tout seul. Ne jamais oublier qu'à l'origine, *conversatio* ne s'entendait pas nécessairement comme une prise de parole. Entrer dans la conversation, c'est accepter tacitement de se mettre en société. Même le dandy y a sa place. On le repère à sa faculté de s'exprimer en permanence non pour échanger quoi que ce soit avec qui que ce fut mais pour régner par son verbe. Flatté ou méprisé, il n'en a cure et poursuit sa route en solitaire. Seule une indifférence durable est de nature à la décourager. Mais en règle générale, toute velléité de monologue est balayée. La prise à partie et l'injonction permanentes y sont telles qu'elles forcent à l'échange. Nul n'y soliloque longtemps. Tous ceux qui ont pignon sur Toile en conviendront : si l'Internet est une poubelle, on y trouve le meilleur et le pire. Mais outre que le pire recèle aussi des pépites, le meilleur a ceci de particulier qu'il se trouve là et nulle part ailleurs. Si c'est désormais en ligne que ça se passe, c'est aussi là que passe l'essentiel de la conversation, là qu'elle se déploie.

Rarement la conversation se sera imposée de manière aussi évidente comme une forme de littérature orale. L'ancienne dénonciation de ce que l'oralité peut avoir de fallacieux tombe devant l'échange en ligne ; elle devient inopérante tant la confusion des genres y est immédiate, l'écrit y étant oral. La conversation ne connaît pas de temps mort dans ce monde qui ignore les fuseaux horaires ; il y a toujours quelqu'un à qui parler quelque part. La parole y coule dans une circumnavigation, un fleuve dans le flux de l'information et de la connaissance. Il s'inscrit naturellement dans ce nouveau monde où les vérités ne sont plus intangibles mais évolutives d'heure en heure. Les adeptes de la conversation en ligne sont parfois plus proches que des gens qui se connaissent et se fréquentent pour de vrai. À quoi tient cette proximité si ce n'est à la conscience d'appartenir non à une même tribu mais à un même réseau ? Un jour, des voisins de paliers qui ne s'étaient jamais adressé la parole s'apercevront qu'ils se parlent depuis des années sur la Toile. Les internautes sont en passe d'inventer une conversation du troisième type dont les propres canons ont d'ores et déjà intégré ceux de l'ancienne conversation. À leur meilleur, ils ont de l'esprit et du caractère ; le feu de l'imagination y côtoie la pesanteur de la mémoire ; la surprise y est permanente et l'inattendu de règle ; forcément, un salon élargi aux plus lardes étendues et ouvert à deux cents millions d'invités, ceux de l'aire francophone… Même les silences de la conversation, que La Rochefoucauld jugeait si éloquents, ont leur équivalent dans ce forum sous la forme d'interventions *a minima*, exprimant de l'émotion teintée de respect. Parfois des points de suspension fort à propos suffisent à y traduire un trouble certain. Ainsi le nouveau siècle réhabilite-t-il la conversation comme un rite. Qu'y cherche-t-on sinon à transcender la réalité comme autrefois ? Je commente, donc je suis. J'écris, donc j'existe.

De tous les lieux où les paroles s'échangent, la Toile est celui où il est le plus difficile de lisser la courbe de l'inattendu. N'importe qui peut y écrire n'importe quoi durant un certain laps de temps en bénéficiant d'une visibilité et d'une audience hors de proportion avec son importance, son influence ou sa surface. Ce n'est vraiment pas le lieu où l'on renoncera à la vérité par hantise du conflit. Que reste-t-il une fois évacué tout ce qui pollue la conversation : la bêtise à front de taureau, le parasitage délibéré, les dérapages trop bien contrôlés, les lieux communs, les répétitions, le hors sujet intempestif, la diffamation et la calomnie, le racisme et l'antisémitisme, la délation, les appels au meurtre ?... Un improbable alliage comme seules les sociétés virtuelles en produisent, concentré d'intelligence, d'esprit, d'humour, de culture et d'audace parfois mâtiné de méchanceté, de haine, de perversité. Est-ce pour autant une conversation de bonne compagnie ? En tout cas, elle est devenue la nôtre, plus que jamais, écho bien tenace du monde d'avant.

PIERRE ASSOULINE
DE L'ACADÉMIE GONCOURT

PIERRE ASSOULINE EST JOURNALISTE ET ÉCRIVAIN. IL A PUBLIÉ DE NOMBREUSES BIOGRAPHIES SUR DES FIGURES AUSSI PASSIONNANTES ET DIVERSES QUE SIMENON, CAMONDO OU CARTIER-BRESSON. IL EST L'AUTEUR DE ONZE ROMANS PARMI LESQUELS *LUTETIA, SIGMARINGEN, RETOUR À SÉFARAD* ET, DERNIÈREMENT, *TU SERAS UN HOMME, MON FILS.*

La terrible crise sanitaire que nous sommes en train de vivre amène beaucoup d'entre nous à redécouvrir l'importance du cimetière à la fois comme enceinte laïque et sacrée. Mais, faut-il le rappeler, enterrer ses morts dans leurs diversités n'a jamais été chose simple. La mort fut en France longtemps le théâtre d'affrontements violents. La persistance, dans les cimetières, d'espaces dédiés et séparés par confessions en porte la trace qui perdure. Ainsi, après la proclamation de l'Édit de Nantes, Henri IV imposa des cimetières séparés pour les réformés qui étaient refusés dans les cimetières paroissiaux catholiques, jusqu'à ce que l'Édit de révocation de 1685 ne les renvoie dans la clandestinité. Les Juifs se trouvaient dans la même situation.

DIDIER LESCHI

LA RÉPUBLIQUE DES DÉFUNTS

TRACTS
DE CRISE
GALLIMARD

24 AVRIL 2020 / 12 H / **N° 57**

Au XVIIIe siècle, la Révolution française a transformé les cimetières paroissiaux en cimetières communaux, ce qui n'était pas encore une déconfessionnalisation. Il faudra donc attendre les lois laïques de 1881 et 1884 pour que soit mis un terme à l'obligation pour les communes de séparer les défunts en fonction de leur croyance ou des circonstances du décès – ce qui visait auparavant à mettre à part dans le dernier repos les « réprouvés », enfants mort-nés ou sans baptême, les voyageurs dont la religion ne pouvait être attestée, les suicidés, les duellistes non-repentis, les francs-maçons, les excommuniés, les usuriers, et jusqu'aux comédiens, comme ce fut le cas pour Molière…

Le coup de grâce de la domination des cultes sur la mort a été la loi du 28 décembre 1904 leur enlevant le monopole des pompes funèbres et leurs droits à l'intérieur des cimetières au profit des communes.

En un mot, la République, en supprimant ces carrés confessionnels qui, dans un cimetière communal, devaient être à proportion au nombre d'habitants du culte considéré, « partagé par des murs, haies ou fossés en autant de parties qu'il y a de cultes différents avec des entrées particulières pour chacun », se fixait comme objectif que les croyants ne soient plus amenés à conduire leurs défunts dans une sorte de « patrie confessionnelle ». Problème symbolique délicat que celui du lieu de sépulture où la mort semble cristalliser pour l'éternité une appartenance collective cultuelle et non la seule adhésion à une foi individuelle et privée. Équilibre difficile à trouver dès lors que les Églises semblaient « rattraper » les leurs par-dessus une appartenance civique partagée.

De fait, au fil du temps, le mélange des sépultures s'est fait, en particulier pour les défunts de confession catholiques et protestantes, et pour la plupart des Français juifs au fur et à mesure que les anciens carrés confessionnels se sont révélés trop exigus alors même que le Conseil d'État en interdira l'agrandissement dans les années 1930. La neutralité des parties communes d'un cimetière étant ainsi confortée par la mixité des croyances mises en terre.

Face à cet équilibre à trouver entre le refus de distinguer à raison des croyances et la liberté de chacun de régler ses funérailles comme il l'entend, la République a su faire une interprétation libérale des lois de 1881 et 1884 quand est apparue une demande de familles musulmanes de bénéficier dans les cimetières d'un regroupement de sépultures des siens. Et elle a eu raison de le faire.

Dès 1975, le ministère de l'Intérieur indiquait aux maires qu'ils pouvaient user de leur pouvoir de police dans la gestion des cimetières afin de regrouper des sépultures dans des « carrés musulmans », sans toutefois les séparer par des murs et des entrées comme cela se faisait encore au XIXe siècle afin d'éviter des affrontements hérités des guerres de religion.

Il y avait là un enjeu symbolique fort : permettre aux familles musulmanes de manifester de façon ultime leur intégration par le choix d'un lieu d'inhumation hors des pays de référence musulmane dont leur parent était issu. Cela apparaissait d'autant plus important que les États d'origine, en s'appuyant sur le sentiment de transgression que provoque chez certains immigrés le fait de mourir loin de leur ville d'origine, vécu comme la preuve de ne pas avoir respecté un projet initial de retour espéré, utilisent ces retours des défunts dans une tout autre perspective, autant de clientélisme que de contrôle. Avec la volonté explicite, pour certains, d'empêcher l'attachement définitif au pays d'adoption de ceux qui sont partis et l'intégration de leurs enfants. C'est pour cela que cette pression au retour des corps, sans lien avec la tradition musulmane où l'enterrement doit être le plus rapide possible, est plus ou moins organisée par des États d'origine des familles, et ne pèse même pas seulement financièrement, mais affectivement parfois jusqu'au désarroi, sur une partie des nouvelles générations nées en France. Des systèmes de cotisation, des assurances privées ou des tontines, spécialités des confréries africaines, existent et sont promus par ces États pour assurer le dernier repos au pays. Cela est même devenu un marché, une sorte de halal de la mort, d'autant plus lucratif pour certains opérateurs privés que le nombre d'immigrés d'origine musulmane dans les pays d'Europe a particulièrement augmenté à partir des années 1980. Or l'enterrement dans le sol du pays où ils ont mené leur vie des parents immigrants est ce qui permet d'ancrer dans la conscience des générations successives qu'elles sont d'ici dans le présent. C'est pour cela qu'il était et demeure important que s'amorcent ces regroupements de sépultures musulmanes dans les cimetières.

Or, un des effets de la crise est le quasi-arrêt des rapatriements des corps des défunts, en particulier vers le Maghreb et l'Afrique subsaharienne. Il semble en aller différemment pour les ressortissants d'origine turque, des rapatriements des corps demeurant organisés. Cette situation amène de nombreux maires à être confrontés à la demande urgente de création de carrés musulmans ou de leurs extensions que la raréfaction du foncier dans les zones urbaines, en particulier, ne permet pas toujours de satisfaire. Il donne le sentiment d'obérer la réalité d'un mouvement de création de regroupements confessionnels musulmans organisé par des collectivités locales qui, depuis plus de trois décennies, permettait de satisfaire peu ou prou une demande en progression d'autant plus lente que la grande majorité des défunts s'organisaient pour ne pas reposer dans un éternel exil en terre d'immigration. Les familles sont ainsi confrontées à une douleur amplifiée par le sentiment de ne pouvoir satisfaire au dernier vœu de leur proche disparu.

Alors que le Covid-19 nous fait ressentir à quel point nous appartenons à une commune humanité, se fait jour ici et là, à l'initiative d'imams ou de responsables cultuels musulmans, cette idée qu'à défaut de ne pouvoir « repartir », ne pas être enterré dans un carré musulman empêcherait les fidèles de cette confession d'être enterré selon leur rite, ce qui accentue le désarroi dans le deuil de beaucoup. Or, autant l'orientation de la tombe permettant que la face soit tournée vers La Mecque est une tradition anciennement attestée, que le texte du Coran lui-même permet de tempérer avec cette idée « qu'à Dieu seul appartient l'Est et l'Ouest, où que vous vous tourniez la Face d'Allah est là »

(La Vache, verset 115) ; autant la nécessité d'être entouré de musulmans dans sa dernière demeure renvoie à une volonté de séparation au fond contraire à l'idée d'une commune fraternité des morts et à notre idée laïque de la citoyenneté au-delà de la mort. Bien sûr, elle est comparable et se réfère à celle qui, pendant longtemps, justifia la séparation entre catholiques, protestants et juifs. De cette époque, pas si lointaine, où l'Église considérait que « la confusion des tombes est la porte ouverte à la confusion des cultes ». Mais cette séparation aujourd'hui demandée par certains comme un impératif n'a en islam pas de fondement scripturaire. Certes, on trouve une trace de ces débats dès le IXe siècle, au moment où se diffuse l'idée que les chrétiens et les juifs ne doivent pas être enterrés parmi les tombes de musulmans. Ce qui prouve *a contrario* que cela devait se faire.

Il nous semblerait donc important que, dans cette période où la compassion des uns envers les autres peut s'accompagner de passions séparatistes et morbides, les responsables cultuels musulmans, le Conseil français du culte musulman au premier chef, fassent évoluer la doctrine et les pratiques en la matière dans le prolongement de ce que d'autres cultes furent obligés de faire sous la contrainte de la loi républicaine. La douleur des familles pourrait en être atténuée. Nous l'espérons pour elles.

DIDIER LESCHI

DIDIER LESCHI EST PRÉSIDENT DE L'INSTITUT EUROPÉEN EN SCIENCE DES RELIGIONS (ÉCOLE PRATIQUE DES HAUTES ÉTUDES) ET ANCIEN CHEF DU BUREAU CENTRAL DES CULTES DU MINISTÈRE DE L'INTÉRIEUR. IL EST L'AUTEUR DE PLUSIEURS OUVRAGES DONT, AVEC RÉGIS DEBRAY, *LA LAÏCITÉ AU QUOTIDIEN* (GALLIMARD, 2016).

En l'an 1349, le neuvième jour de novembre, je me promenais dans ma chambre ; si l'air avait été clair et pur, je serais allé ailleurs. Mais il était si obscur que les montagnes et les plaines étaient couvertes de bruine. C'est la raison pour laquelle je me tenais à l'abri, car tout ce qui d'habitude était vert avait changé de couleur ; la bise avait tout décoloré, elle qui a coupé maintes fleurs par la froideur de son épée. J'étais donc en proie à la mélancolie, tout seul dans ma chambre, et je pensais à la manière dont le monde est partout gouverné, d'après les conseils de ceux qui fréquentent les tavernes. À la manière dont la justice et la vérité sont mortes, à cause de l'iniquité de l'avarice qui règne en maints royaumes, comme une dame souveraine, comme une reine.

Extrait du *Jugement du roi de Navarre*, 1349.

GUILLAUME DE MACHAUT

EN L'AN 1349

TRACTS
DE CRISE
GALLIMARD

25 AVRIL 2020 / 12 H / **N° 58**

[LES SIGNES CLIMATIQUES ANNONCIATEURS DE LA PESTE]

On vit assez communément le soleil et la lune, les étoiles, le ciel, la Terre se manifester en signe de guerre, de douleurs et de pestilences. Chacun put voir à l'œil nu la lune et le soleil soumis à une éclipse, plus grande et plus obscure que jamais, et les voir perdre pendant longtemps leur clarté et leur couleur, en signe de douleur. Il en fut de même de la comète, dotée d'une queue de feu, qui annonçait les incendies et la mort. Les dieux, qui voyaient d'en haut les malheurs qui allaient arriver au monde, pleurèrent de pitié des larmes de sang en plusieurs lieux. Frappée de les voir ainsi pleurer, la Terre en trembla de peur. C'est ce que dirent plusieurs personnes qui en furent témoins, et des villes et des cités s'effondrèrent, plus d'une quarantaine en Allemagne (je n'en sais pas le nombre exact, mais on le sait bien à Rome, car il y a une abbaye de Saint-Paul qui fut détruite).

[LES CAUSES HUMAINES DE LA PESTE]

Alors vint une troupe de pauvres types[1], faux, traîtres et reniés par tous, à savoir les Juifs honnis, mauvais et déloyaux, qui haïssent beaucoup et aiment le mal[2]. Ils donnèrent beaucoup d'or et d'argent à des chrétiens, et leur

1. *Merdaille* en ancien français, terme employé fréquemment par Machaut pour désigner tous les gens vils.

2. L'antisémitisme, largement répandu au Moyen Âge, repose sur l'idée que les Juifs seraient responsables de la mort de Jésus ; jugés menaçants, ils sont accusés de tous les maux.

firent bien des promesses, pour qu'ils empoisonnent les puits, les rivières et les fontaines, qui jusqu'alors étaient d'eau claire et saine, mettant ainsi un terme à la vie de nombreuses personnes. Car tous ceux qui utilisaient cette eau mouraient très soudainement. Et en vérité, par dix fois cent mille il en mourut, tant aux champs qu'en ville, avant qu'on ne s'aperçoive de ce mortel accident.

[LES MAUVAIS REMÈDES DES HÉRÉTIQUES CONTRE L'ARRIVÉE DE LA PESTE]

Dans le même temps vint une troupe de gens menés par dame Hypocrisie, qui se flagellaient et se crucifiaient en chantant un air à la mode (je ne sais lequel). Mais l'Église les entendit et leur interdit ces flagellations, et condamna la chanson, que chantaient même les petits enfants, et les excommunia tous, par le pouvoir que Dieu a donné à l'Église, parce que leurs flagellations et leurs chants étaient hérétiques.

[LES MANIFESTATIONS CLIMATIQUES DE LA PESTE]

Quand Nature, la belle et noble, vit que son œuvre était ainsi saccagée, et que les hommes s'entretuaient et empoisonnaient les eaux pour détruire la race humaine, par convoitise et par envie, cela lui déplut beaucoup, et la mit fort en colère et la rendit très malheureuse. Elle alla alors voir Jupiter et fit forger des foudres, des tonnerres, des tempêtes, aussi bien les jours ouvrables que les jours fériés, tant il lui tardait de voir cette œuvre accomplie.

L'air, qui était frais et pur, fut désormais vicié, noir et obscur, laid et puant, trouble et plein de pus, à tel point qu'il devint totalement corrompu ; et de cet air corrompu, les gens concluaient qu'ils étaient eux-mêmes contaminés et qu'ils perdaient leurs couleurs. Il leur poussait des bubons, dont ils mourraient ; en un mot, peu osaient sortir ni se parler de près. Car leurs haleines corrompues corrompaient celles qui étaient saines. Et s'il y avait un malade, et qu'un ami lui rendait visite, il courait le même danger. Il en mourut ainsi 500 000, si bien que le fils faisait défaut au père, la fille faisait défaut à la mère, la mère au fils et à la fille, par crainte de la maladie[3]. Tout ami véritable était rejeté et ne recevait aucune aide s'il tombait malade. Il n'y avait ni chirurgien ni médecin qui sût dire la cause de la maladie, son origine, sa nature – et ils ne trouvaient aucun remède –, sinon que c'était une maladie qu'on appelait épidémie[4].

Quand, depuis son siège, Dieu vit la corruption du monde, qui était partout si grande, il n'est pas étonnant qu'il fût désireux de se venger cruellement de ce grand chambardement. Aussitôt, sans plus attendre, pour rendre justice et pour se venger, il fit sortir la mort de sa cage, elle qui était pleine de déraison et de rage, sans frein, sans bride, sans lien, sans foi, sans amour, sans modération, si fière et orgueilleuse, gloutonne et affamée, qu'elle ne pouvait se satisfaire de ce qu'elle engouffrait. La mort en tua et dévora tant, que tous

3. La *morille* en ancien français, terme générique signifiant la maladie.

4. Machaut emploie le mot savant d'*epydimie*.

les jours, en de grands tas, on trouvait des dames, des adolescents, des jeunes, des vieux, de toutes sortes, gisant morts dans les églises. Et on les jetait dans de grandes fosses, tous ensemble, marqués de bubons. Les cimetières étaient si pleins de corps et de cercueils qu'il fallut en construire de nouveaux. Voudrait-on savoir ou mettre par écrit le nombre de ceux qui moururent ? Tous ceux qui sont, qui furent et qui viendront ne pourraient y arriver, quelque peine qu'ils prissent. Personne ne pourrait en donner le nombre, l'imaginer, le penser ni le dire, ni le représenter, ni le montrer, ni le coucher par écrit. Car j'entendis dire plusieurs fois, par tous, que sur 1300, il n'en restait que 49, et sur 100, 9.

[LES CONSÉQUENCES ÉCONOMIQUES DE LA PESTE : LA DÉSORGANISATION DE LA SOCIÉTÉ]

En raison de cette situation on constata que, parce que les gens manquaient, de nombreux domaines, nobles et beaux, restaient inexploités. Personne ne faisait labourer les champs, faucher les blés, tailler les vignes ; même pour un triple salaire, non vraiment, même pour vingt deniers au lieu d'un, tant il y avait de morts. Et dans les champs les bêtes gisaient toutes perdues, et paissaient parmi les blés et les vignes, partout où elles voulaient. Il n'y avait ni seigneur ni berger ni homme qui en prît soin ; personne ne les réclamait, ni n'en revendiquait la propriété. De nombreuses terres demeuraient sans seigneur, et les vivants n'osaient à aucun prix rester dans la maison où il y avait eu des morts, que ce soit en hiver ou en été. Si quelqu'un l'avait fait, cela aurait été au péril de sa vie. Et quand je vis ces événements si variés et si sombres, je ne fus pas si audacieux, au point de prétendre ne pas en être affecté ; car les plus hardis tremblaient de peur devant la mort qui rôdait. Je me confessai de tous mes péchés et me mis en état de grâce, pour recevoir la mort là où j'étais, si cela plaisait à Notre Seigneur. Je m'enfermai donc dans ma maison et pris la résolution de n'en sortir que quand je saurais comment tout cela allait finir. Je m'en remis à Dieu. Longtemps je restai ainsi, sans savoir ce qui se passait dans la ville ; pendant ce temps il en mourut plus de 20 000, sans que je le sache, ce qui atténua ma mélancolie. Je n'en voulais rien savoir, pour moins occuper ma pensée, bien que beaucoup de mes amis soient morts et enterrés.

Je restai ainsi longtemps, comme un épervier qu'on met dans une cage pour le faire muer, jusqu'à ce que j'entende, à ma grande joie, des cornemuses, des trompettes et une quinzaine d'autres instruments. Je me mis alors à une fenêtre et demandai ce qui se passait. Un ami qui m'entendit me répondit aussitôt que tous ceux qui étaient restés en vie se mariaient et faisaient des fêtes et des noces, car la maladie due aux bubons – qu'on appelle épidémie – était entièrement résorbée, et que les gens ne mouraient plus.

GUILLAUME DE MACHAUT

TRADUIT DE L'ANCIEN FRANÇAIS PAR **JACQUELINE CERQUIGLINI-TOULET**

POSTFACE

Le poète et compositeur de musique Guillaume de Machaut (1300-1377) fut témoin de la peste noire qui décima l'Europe dans les années 1347-1353, faisant vingt-cinq millions de morts. Bien des poètes en ont rendu compte : Boccace l'évoque, à Florence en 1348, au début de son *Décaméron*. Laure, la muse de Pétrarque, en aurait été la victime à Avignon la même année. Quand en 1349 la peste atteint Reims, Machaut se « confine » chez lui ; il y restera près d'une année. Il écrit alors *Le Jugement du roi de Navarre*, en introduction duquel il évoque cette épidémie. Ce texte fait suite à un précédent « jugement » – un débat, genre alors à la mode –, *Le Jugement du roi de Bohême*. La question débattue est la suivante : qui est le plus malheureux, un homme trompé par sa dame ou une dame dont l'amant est mort ? Dans son premier texte, Machaut avait (fictivement) fait conclure le roi de Bohême que le plus malheureux était l'amant trompé. Dans un second texte, *Le Jugement du roi de Navarre*, il imagine qu'une dame (allégorique, prenant le parti des femmes) l'attaque en l'accusant d'antiféminisme. Le débat est rejoué : Machaut fait cette fois trancher (toujours fictivement) le roi de Navarre en faveur de la dame dont l'ami est mort (tout en restant quant à lui sur ses positions). En introduction, le poète expose la déstabilisation globale d'un monde bouleversé par la peste. Le débat qui suit rejoue ce dysfonctionnement au sein du couple. La fin de la peste ouvre sur un nouveau cycle de la vie, un retour de l'harmonie marqué par les fêtes, les mariages et la musique.

Dans ce texte – traduit ici en français moderne pour la première fois, dans un montage dont les coupes ne sont pas signalées –, Machaut analyse les causes de la peste (le désordre moral du monde), ses signes annonciateurs (ce que l'on appellerait aujourd'hui le dérèglement climatique) et les conséquences de cette épidémie sur la vie sociale. Cherchant à l'expliquer, les hommes de l'époque lui attribuent des causes naturelles, des causes divines (punition des péchés humains) ou encore identifient des boucs émissaires. La Fontaine le rappellera dans « Les animaux malades de la peste » (« Ils ne mouraient pas tous, mais tous étaient frappés »), où l'âne, le plus faible de tous, est désigné comme responsable (« haro sur le baudet »). C'est précisément ce début du *Jugement du roi de Navarre* de Machaut que commente René Girard en ouverture de son livre *Le Bouc émissaire* (Grasset, 1982) dans lequel il dresse une « typologie des stéréotypes de la persécution ». Expliquer l'inexplicable demeure notre horizon commun.

BLANCHE CERQUIGLINI

« FOLIO CLASSIQUE »

SEMAINE 7

27 AVRIL / 3 MAI 2020

Ce sont des temps turbulents et curieusement immobiles. Au mois de mars 2011, après le grand séisme, le tsunami et la catastrophe nucléaire du Japon, nous avions loué une camionnette remplie de vivres, de bouteilles d'eau, de vêtements, de soupes en sachets et de nouilles lyophilisées. Puis nous étions montés dans le Nord pour les apporter aux rescapés de Fukushima qui, après avoir subi le tremblement de terre et la puissance de la vague, s'entassaient dans des refuges de fortune sous le joug de la lèpre radioactive, une contamination aussi invisible que celle du virus. C'était dérisoire, mais je ne me sentais pas tout à fait inutile. Aujourd'hui, difficile de partir sur les routes pour monter au front de cette étrange bataille… C'est une des difficultés de la situation, et son paradoxe : tandis qu'un petit nombre risque littéralement sa peau, l'immense majorité n'est appelée à combattre que d'une seule manière : en ne bougeant pas – héroïsme curieux, consistant précisément à ne rien faire.

MICHAËL FERRIER

NAUFRAGE

TRACTS
DE CRISE
GALLIMARD

27 AVRIL 2020 / 12 H / **N° 59**

« Il n'y avait plus de patience qui pût s'y résigner.
Nous étions à bout de souffrance.
Tout le monde criait : "Où va-t-on ?" »

Naufrage de la nef *São Paulo*, 1561

À Bruno Mathon,
mort du Covid-19 le 3 avril 2020
à l'hôpital Cochin, Paris.

Ce à quoi nous assistons depuis quelques semaines porte un nom : c'est un naufrage. Le hasard, qui peut être surprenant comme la rencontre d'une chauve-souris et d'un pangolin sur un lit de réanimation, fait parfois bien les choses : quand la pandémie a commencé à se répandre sur la planète, j'étais en train de lire les *Histoires tragico-maritimes* (Éditions Chandeigne, 1992), trois récits de naufrages où, sur des mers variées, les hommes meurent par milliers. Ces trois récits portugais sont d'un autre temps (le XVIᵉ siècle), dans un contexte sociopolitique différent (à l'aube de la mondialisation des transports, aujourd'hui si avancée) et où la maladie ne joue qu'un rôle parmi d'autres. Pourtant, il n'est pas inutile de prêter l'oreille à ces témoignages des rescapés. Écrits dans une langue précise et sobre, ils voguent littéralement sur une mer déchaînée pour traverser les siècles et se porter jusqu'à nous. Que nous disent-ils ?

Sur la côte de Guinée, les pluies et les orages pourrissent les cordages et rongent les corps : les maladies et les fièvres sont monnaie courante. Le capitaine de la nef *São Paulo* déplore l'impréparation des institutions : par mesure d'économie, les pharmacies de Lisbonne ne fournissent aux navires que « quatre onguents, et encore peu utiles » : « On se dispense de leur donner d'autres choses très nécessaires pour la vie et la santé des hommes, sans lesquelles, bien que ce ne soit pas une affaire et qu'elles coûtent si peu, ils ne peuvent être bien soignés. »

Très vite, la tempête frappe. C'est une sorte de noyade : au début, on croit qu'on peut encore s'en tirer. Puis le temps se cabre, il entre dans une fureur folle. Bientôt, les voiles sont en lambeaux, les amarres hors d'usage, les cordages usés, la quille disloquée. C'est l'état d'urgence, sa spirale infernale : « On remédie au moindre mal présent pour s'exposer plus tard au pire. » Tout manque, alors qu'on disait avoir tout prévu, les mâts, les planches, les agrès, les voiles et jusqu'aux câbles et aux clous. Le gouvernail est détraqué, la gouvernance en échec.

Les réactions des uns et des autres forment une sorte de florilège du désastre, où l'on pourra reconnaître les bas-fonds de la nature humaine, dans toute sa diversité. Quand certains marins voient approcher la trombe, cette double colonne sinueuse en forme d'entonnoir qui tourbillonne à une vitesse folle, ils lui tirent dessus au canon pour la faire s'écrouler. « C'est la guerre ! », proclament-ils, grandiloquents, eux qui précisément n'en ont jamais connue aucune. D'autres montent sur la proue, munis d'épées nues ou de bouts de ferraille, qu'ils battent les uns contre les autres en croix en invoquant le diable, un peu comme l'archevêque du Panama, bénissant son diocèse par hélicoptère pour le protéger du virus. D'autres encore ouvrent les barils, piquent dans les caisses, pillent les coffres. Couardise ou convoitise ? « Leur intérêt les touchait plus, assurément, que le bien commun », commente le capitaine, avec élégance autant que pertinence.

Dans ce contexte, qui garde la tête froide ? Sur qui repose la survie ? Eh bien, sur « quelques hommes honorables ». Ce sont ceux que le capitaine appelle, avec une simplicité qui sonne encore juste aujourd'hui, les honnêtes gens. Regardons-les se démener pour éviter le pire : « Avec une sympathie fraternelle et une affection générale pour tous et particulière à chacun, ne refusant jamais, à aucune heure du jour et de la nuit, de subvenir à leurs besoins et souffrances, sans jamais rien recevoir en échange ni réclamer la valeur d'un fétu. » On l'aura compris, dans la crise actuelle, ce sont en premier lieu les soignants (hôpitaux, cliniques, EHPAD), qui sont ces « hommes – et femmes – honorables ». Tandis que leurs ancêtres du XVIe siècle voguaient sur un bois pourri, « seulement séparés de la mort par l'épaisseur d'une planche », ils n'ont parfois pas un simple masque à poser entre la mort et eux. Qu'importe : « ils courent aux agrès et font ce qu'il faut ».

Mais les récits du naufrage n'ont pas seulement valeur de témoignage. « Après des tourmentes des épreuves et des mésaventures innombrables », le 27 avril 1561, après avoir marché plus de six cents lieues, bu de l'eau croupie et mangé du singe, les survivants arrivent au port de Banda, aux îles Moluques, sans vêtements sur la peau et couverts de blessures. Récupérés par une escadre portugaise, ils sont reçus comme des revenants de l'autre monde. Le capitaine a alors cette phrase troublante : « Mieux vaut posséder moins sur la terre que de traverser la mer pour des biens si transitoires et de si peu de durée. »

Ainsi, loin de ses grands rêves de conquête et de commerce, le capitaine en est réduit au constat terrible d'un monde littéralement à bout de souffle, en perdition. La catastrophe nous dénude : elle montre la pauvreté de notre imaginaire économique, découvre les défauts du fonctionnement politique comme nos fissures les plus intimes. Elle révèle le caractère au fond inadmissible de notre organisation du monde, et nous invite à retrouver un espace où le corps et la pensée puissent à nouveau circuler *autrement*.

MICHAËL FERRIER

MICHAËL FERRIER VIT À TOKYO OÙ IL ENSEIGNE LA LITTÉRATURE. IL EST L'AUTEUR DE PLUSIEURS ESSAIS ET ROMANS, DONT *TOKYO : PETITS PORTRAITS DE L'AUBE* (2004), *SYMPATHIE POUR LE FANTÔME* (2010), *FUKUSHIMA : RÉCIT D'UN DÉSASTRE* (2012), *MÉMOIRES D'OUTRE-MER* (2015, PRIX FRANZ-HESSEL), *FRANÇOIS, PORTRAIT D'UN ABSENT* (2018, PRIX DÉCEMBRE), PARUS DANS LA COLLECTION « L'INFINI » CHEZ GALLIMARD ET, DERNIÈREMENT, *SCRABBLE* PARU DANS LA COLLECTION « TRAITS ET PORTRAITS » AU MERCURE DE FRANCE.

« Insolite vaisseau d'inanité sonore.»

Affalé sur le canapé du confinement, plongé dans un débat qui s'épuise au long des heures sur une chaîne d'info, on songe au vers de Mallarmé. À force d'entendre parler pour ne rien dire, de constater le décalage entre ces propos et l'impuissance à agir – pas de masques, tiens ! plus d'usines pour les fabriquer ou produire des médicaments –, on a l'impression qu'on s'appuyait sur une très fine cloison donnant sur le vide. Surtout, on s'interroge sur cette « élite » très particulière à qui on a négligemment confié le *skeptron*, simple bâton qui, dans les assemblées de la Grèce archaïque, passait de main en main et conférait le droit à la parole. On confesse qu'il y avait déjà, avant la crise, des activités dont on n'était pas bien fier mais auxquelles on se laissait aller, par lassitude, après une journée de travail. Écouter tels ou tels « informés », sur le coup de vingt heures – il n'était pas alors question d'applaudir sur son balcon –, en préparant le dîner ou en faisant la vaisselle, était de celles-là.

JEAN-YVES CHEVALIER

SKEPTRON

DES INFORMÉS EN PETITE FORME

TRACTS
DE CRISE
GALLIMARD

28 AVRIL 2020 / 12 H / **N° 60**

Depuis le début du confinement, « les informés », sur les chaînes et les radios d'info continue, dans les « éditions spéciales », sont partout, tout le temps. On disserte à l'infini sur la situation, englué dans un présent qui, pour une fois, dure. On énumère des chiffres mais comme ça ne suffit pas, on discute les mesures qui ont été prises : qu'a-t-on raté, que fallait-il faire, prévoir ? Surtout, on envisage l'avenir, les hypothèses de sortie de crise, les conséquences économiques et politiques : bref, on donne une opinion sur tout, alors qu'on ne sait à peu près rien, que les données manquent, que la variation d'un paramètre peut tout changer. On reproduit les boucles de discussion des réseaux sociaux. Bien sûr, c'est la société tout entière qui, depuis longtemps, est frappée par l'obsession des réunions où on n'apprend rien, où les banalités roulent de l'un à l'autre et d'où on sort sans avoir rien décidé, mais les palabres d'« informés » sur les médias dominants en sont la quintessence. C'est un métier, qui s'apprend dans les écoles de journalisme et dont le modèle est à chercher du côté de Sciences-Po, mais qui se prépare en amont dans les différents cycles d'enseignement. Julien Gracq disait dans un entretien qu'il y a « tout de même 1 % de littérature dans le fait divers raconté par un quotidien » alors qu'il « y en a 99 % dans un sonnet de Mallarmé ». Nous nous sommes habitués à ce qu'il y ait 1 % de contenu dans le flux de débats, de commentaires dans lequel nous baignons. La crise sanitaire nous montre l'impossibilité où nous nous trouvons de sortir de ce cadre. Le médiologue y voit les contraintes induites par les nouveaux moyens de communication, les réseaux sociaux qui imposent leur rythme, leur format, y compris aux médias traditionnels et favorisent la prise de parole de ceux qui ont appris à en maîtriser les codes.

Mais la maîtrise de ces codes ne suffit pas à rendre compte d'une crise comme celle que nous vivons, elle peut même apparaître très inappropriée. La nouveauté de la situation a conduit sur les plateaux quelques médecins et scientifiques. Est très vite apparu qu'un discours scientifique véritable était impossible dans le format imposé (informer et formater ont le même sens originel de donner une forme), que la durée nécessaire à un exposé rigoureux était inconcevable, les intervenants « inadaptés ». En se soumettant au modèle, les scientifiques ne peuvent que rendre les armes, la forme qui les contraint les fait ressembler à des « informés » (en moins à l'aise). Le contraste entre leur discours et celui des habitués est toutefois frappant : doute et hésitations d'un côté, affirmations péremptoires, incitations à conclure de l'autre.

Quand on parle des « élites » aujourd'hui – en particulier quand on évoque à tout propos la « rupture » entre le peuple et lesdites élites –, à qui pense-t-on ? Pas aux grands mathématiciens ou philosophes, aux spécialistes du grec ancien, aux chercheurs du CNRS ni même aux ingénieurs ou aux industriels : le « peuple » n'a rien contre les chercheurs. On pense aux hommes politiques, à leurs conseillers, aux « communicants », à quelques intellectuels

« compatibles », aux journalistes vedettes, présentateurs et éditorialistes des grands médias (les journalistes spécialisés en droit du travail, consommation ou en sport sont moins concernés, il est vrai qu'il leur arrive de savoir de quoi ils parlent). Le vieux couple du « faire » et du « faire croire », le sabre et le goupillon.

Le paradoxe sur lequel repose la réussite du modèle de formation de ces élites est la progressive diminution du contenu de la formation et des exigences du recrutement, mise en lumière par la réforme du concours d'entrée à l'IEP. L'absence des mathématiques dans le cursus était déjà un problème alors que les probabilités et les statistiques jouent un rôle de plus en plus fondamental dans les sciences sociales, rôle qu'il s'agit de maîtriser et non de commenter. La disparition de l'épreuve de culture générale, bientôt de celles d'histoire, de philosophie ou de langue, remplacées par l'examen d'un dossier et des épreuves orales dans le processus d'admission est significative. L'argument principal justifiant cette disparition est venu du caractère supposé discriminatoire des dissertations pour les enfants des couches populaires. Éternel soupçon vis-à-vis des pauvres, incapables d'accéder à l'abstraction, appuyé sur une lecture de seconde main de Bourdieu ; prise de conscience, peut-être et surtout, de l'inculture croissante des propres rejetons des « élites » qui constituent encore l'essentiel du recrutement. La communication s'enseigne mieux sur un fond d'ignorance, comme la lumière se propage plus vite dans le vide qu'à travers un solide en verre.

Pour apprendre à parler avec aplomb de n'importe quel sujet, mieux vaut n'en véritablement connaître aucun.

La promotion de l'IEP comme matrice du façonnage des élites politico-médiatiques tient beaucoup à la désindustrialisation de notre pays qu'elle a fidèlement accompagnée et à laquelle elle était pleinement adaptée. Du temps du Commissariat au plan, quand il s'agissait de promouvoir des politiques publiques dans des secteurs stratégiques (on pense au CEA, au CNES ou à Airbus), il était préférable pour un homme politique d'avoir une culture scientifique ou du moins de s'entourer de polytechniciens compétents. Quand on a acté la transformation de notre économie en une économie de services, sous-traité l'industrie à l'extérieur, réduit le rôle de l'État, ce même homme politique, cantonné à un rôle de gestionnaire de l'opinion publique, a eu besoin de communicants, capables de lui fournir sur tous les sujets, infiniment et instantanément renouvelés au rythme de plus en plus rapide de l'actualité, des « éléments de langage » plus ou moins creux, mais susceptibles de lui sauver la mise sur les plateaux de télévision. Les scientifiques ont réintégré leurs laboratoires ou les entreprises.

Mais si, désormais, on veut faire autre chose que de parler de « réindustrialisation » dans des domaines stratégiques tels que la santé, l'énergie ou les biotechnologies, il va falloir former des « élites » qui ne soient pas que des communicants. Pour réindustrialiser – projet infiniment plus difficile à réaliser que celui qui a consisté à fermer les usines et à sous-traiter – il faudra disposer de scientifiques, mathématiciens, physiciens, biologistes et médecins capables de maîtriser des savoirs, d'en élaborer, de philosophes et d'historiens capables de les mettre en perspective. Cela suppose de renoncer à vider, sous des prétextes divers, l'enseignement secondaire et supérieur de toute exigence et de tout contenu, de réhabiliter dans les apprentissages le temps long. On pourrait commencer par rétablir, en mathématiques, la primauté de la démonstration : un théorème n'est pas une boîte noire dans laquelle on entre (au mieux) des hypothèses pour en sortir (miraculeusement) une conclusion. L'étude d'une œuvre littéraire ne consiste pas à en commenter quelques extraits, elle repose d'abord sur la lecture exhaustive du texte. Bref, il s'agirait de faire pencher un peu la balance du côté de la connaissance aux dépens de la communication. Le défi est au moins aussi difficile à relever s'agissant de la parole publique : comment lui permettre de changer de format, de remplacer la « petite phrase » par une expression structurée, en dépit des réseaux sociaux et des outils qui semblent la nier ? Vaste programme.

La saturation du temps médiatique en période de confinement par ces débats tournant en rond et le décalage qui apparaît avec la gravité de la situation permettent de prendre conscience de l'impasse dans laquelle nous étions engagés. La première chose à faire est sans doute d'éteindre le poste, de prendre un livre. À la fin du confinement, à titre individuel, c'est promis, on changera le fond sonore pendant la vaisselle du soir. On ne voudrait pas, quand même, relever de la sentence de Bernanos qui écrivait (en 1944 !) : « Être informé de tout et condamné ainsi à ne rien comprendre, tel est le sort des imbéciles. »

JEAN-YVES CHEVALIER

JEAN-YVES CHEVALIER EST PROFESSEUR DE MATHÉMATIQUES EN CLASSE PRÉPARATOIRE AU LYCÉE HENRI-IV (PARIS), MEMBRE DU COMITÉ DE LECTURE DE LA REVUE *MÉDIUM* DANS LAQUELLE IL A PUBLIÉ DES ARTICLES SUR LES MATHÉMATIQUES ET LA LITTÉRATURE, LEUR DEVENIR À L'ÈRE DU NUMÉRIQUE.

Le vendredi 13 mars mon mari et moi sommes arrivés en Bretagne pour dix jours de vacances. Nous avons dû prendre une décision tout de suite : rentrer à New York avant l'annonce du confinement, ou rester ici. On ne savait pas encore ce qui allait se passer à New York même si mon mari évoquait depuis janvier des scénarios catastrophiques et pensait maintenant qu'il y aurait des mois de confinement. Tous ces chiffres me semblaient très abstraits. Nous avions emporté peu d'affaires en Bretagne, l'Internet ne marchait pas, il faisait froid, la maison était humide et glaciale. Mais il y avait la vue de la lande par les fenêtres. Nous sommes restés.

CATHERINE
CUSSET

LA MORT, CETTE ABSTRACTION

TRACTS
DE CRISE
GALLIMARD

29 AVRIL 2020 / 12 H / **N° 61**

C'est la meilleure décision que nous pouvions prendre, le meilleur endroit où être confiné. Les geais chantent à tue-tête, les moutons broutent l'herbe vive dans les champs alentour, l'air est pur, et chaque soir je vais voir le soleil se coucher sur la mer. Le temps passe à toute allure. Les amis ne manquent pas puisqu'on peut leur parler sur WhatsApp ou boire un apéro avec eux sur Zoom, au point qu'on se demande si les instigateurs du virus ne sont pas les compagnies Internet. Cette vie réduite à l'essentiel, écrire, lire, cuisiner pour nous et pour les vieux voisins, manger, marcher, être ensemble, c'est la simplification dont je rêvais.

C'est le bonheur de ceux qui ne sont pas enfermés avec un conjoint qui les bat ou avec quatre enfants bruyants qu'ils ont envie de tuer, et dont les proches ne sont pas en train de mourir seuls dans un EHPAD ou sur un lit d'hôpital. C'est le bonheur de ceux qui ne vont pas perdre leur travail et manquer d'un jour à l'autre de moyens de subsistance. C'est le bonheur de ceux qui ne sont pas au front en train de risquer leur vie pour en arracher d'autres à la mort.

Ce bonheur presque indécent, est-il réel ? Ou n'est-il qu'inconscience ?

J'étais malade en arrivant en France. Pas de fièvre et les poumons clairs, mais je toussais beaucoup, j'avais mal partout, j'avais perdu le goût et l'odorat. Le jour de mon arrivée je suis allée dîner chez mes parents que je n'avais pas vus depuis quatre mois. Sans les embrasser, bien sûr. Je n'avais pas de masque ni de gants mais je leur disais sans cesse : allez vous laver les mains.

Trois jours plus tard à la radio j'ai entendu que l'absence de goût et d'odorat était un symptôme. J'ai eu très peur. Avais-je communiqué le virus à mes parents ? Pouvaient-ils mourir par ma faute ? Pensée insoutenable. Je suis très proche de ma mère qui, à 87 ans, incarne la vie même. Elle a des bronches fragiles. Je le savais. Mon mari m'avait dit : « N'y va pas. » J'avais envie de les voir. J'avais sacrifié à ce plaisir d'un moment leur survie. Ma mère aussi voulait me voir et ne pensait pas à la mort, cette abstraction. Nous étions toutes deux incapables d'imaginer les possibles conséquences.

Une époque comme la nôtre, c'est une époque où l'inconséquence est interdite, où une négligence, une complaisance, un simple geste comme ouvrir une porte, peut se payer de la vie. Laisser sur une surface une particule qui sera touchée. Par inconséquence, on se retrouve assassin. J'appelais deux fois par jour en tremblant : « Comment vas-tu, maman ? Et papa ? »

Elle était plutôt de bonne humeur même si l'angoisse de mourir l'empêchait de dormir et qu'elle devait prendre des tranquillisants. Elle s'était replongée dans les nombreux cahiers de son journal intime, elle retrouvait le passé. Comme tant de personnes en ce confinement, elle avait enfin du temps non interrompu et un nouveau lien à elle-même, à un moi plus profond, plus réel, que notre moi social.

En dehors du fait qu'elle se lavait les mains bien plus qu'avant et mettait des gants pour sortir, sa vie n'avait pas fondamentalement changé. Son seul souci c'était la fille de sa meilleure amie qui avait contracté la forme sévère du virus et qui était à l'hôpital, en réanimation. Je me suis exclamée : « En réanimation ? — Oui mais c'est normal, c'est un coma artificiel. Rien d'inquiétant. Son oncle est un grand ponte dans l'hôpital : on ne peut pas être mieux soigné. » Chaque jour je venais aux nouvelles.

Après une dizaine de jours, il y a eu un mieux. La fille de sa meilleure amie est sortie du coma. Elle allait vers la guérison. « Elle a 60 ans, elle est en pleine forme. À notre âge, ce serait une catastrophe. Il n'y a que les vieux qui meurent. » Une semaine plus tard maman m'a appris, la voix inquiète, que la fille de son amie avait fait une rechute. « Ah bon ! — Ce n'est pas le virus mais une infection des poumons, il faut qu'on trouve le bon antibiotique. » À nouveau, de jour en jour, j'ai demandé des nouvelles. L'oncle médecin avait annoncé à sa sœur que la maladie, très grave, laisserait des séquelles : sa fille aurait une longue convalescence et ne serait plus la même. Un soir maman m'a dit : « L'antibiotique marche. Il y a un mieux aujourd'hui. — Ah, je suis contente ! »

Le lendemain matin elle m'a appelée en pleurant : « Elle est morte. »

C'est ça, la réalité. La mort d'une femme de soixante ans qui était en parfaite santé mais travaillait comme médecin dans un EHPAD ; sa mort après trois semaines à se battre sous un respirateur, seule, sans revoir sa mère, son compagnon ni ses enfants.

Chez moi en Bretagne, les oiseaux chantent toujours, le ciel est rose après le coucher du soleil, et la mer immuable. La beauté du monde est réelle, ainsi que le bonheur d'en être le témoin solitaire. C'est un bonheur qui peut se goûter mais ne peut se dire au temps de la mort et du sacrifice, quand le collectif l'emporte sur l'individuel.

CATHERINE CUSSET

CATHERINE CUSSET VIT A NEW YORK. ELLE A PUBLIÉ UNE QUINZAINE DE LIVRES PARMI LESQUELS *LE PROBLÈME AVEC JANE*, *UN BRILLANT AVENIR* (PRIX GONCOURT DES LYCÉENS), *UNE ÉDUCATION CATHOLIQUE* ET *L'AUTRE QU'ON ADORAIT*. ELLE EST TRADUITE EN SEIZE LANGUES. SON PROCHAIN LIVRE, *TROIS FOIS AU BOUT DU MONDE*, PARAÎTRA CHEZ GALLIMARD DANS LA COLLECTION « LE SENTIMENT GÉOGRAPHIQUE ».

Ce devait être le monde de *Blade Runner* (1982), dont l'action est censée se dérouler en 2019, ou celui de *Soleil vert* (1973), qui se passe en 2022. C'est finalement le monde de *Contagion* (2011) que nous vivons. Quelles en seront les conséquences géopolitiques ? Les grandes crises sont des accélératrices de tendances et celle-ci ne fera pas exception.

Comme Stefan Zweig en son temps, nous regretterons sans doute le *Monde d'hier*, celui de la liberté de circulation et de découverte : le retour des frontières, déjà bien engagé au cours des années 2010, est cette fois bel et bien là. La peur du virus s'ajoutera à la peur de l'étranger : moins de tourisme, moins d'immigration.

Ce texte reprend en partie une analyse de l'auteur publiée par la Fondation pour la recherche stratégique intitulée *L'Année du Rat* (avril 2020).

BRUNO TERTRAIS

L'ÉPREUVE DE FAIBLESSE

LES CONSÉQUENCES GÉOPOLITIQUES DU CORONAVIRUS

TRACTS
DE CRISE
GALLIMARD

30 AVRIL 2020 / 12 H / **N° 62**

Mais pas plus que la Peste noire n'avait conduit à la fin des échanges par voie maritime, la crise du Covid-19 ne mettra un terme à la mondialisation. Y compris parce qu'une société interconnectée a des avantages pour la gestion des épidémies : alerte et surveillance ; rapatriements ; assistance internationale ; coopération scientifique... Ce ne sera pas la fin de la mondialisation mais de sa version « heureuse ». Le ralentissement de cette mondialisation était déjà en cours : depuis dix ans, le commerce et l'investissement à l'étranger augmentaient moins vite que la production[1]. En cause : la crise financière, les catastrophes révélant la vulnérabilité des économies (Japon, 2011), la montée des nationalismes et des protectionnismes, l'évolution technologique (automatisation) et les préoccupations environnementales.

À court terme, les entreprises voudront reconstituer leurs marges et continueront à s'approvisionner en Asie. Mais à moyen terme, on verra les chaînes de valeur se raccourcir et la production *just in time* déclinera. À Washington et à Pékin, les partisans du « découplage » des économies des deux pays se trouvent renforcés dans leurs positions. Des trois futurs possibles pour le monde de 2030 proposés par la communauté du renseignement américaine en 2017, celui des « Archipels » (monde fragmenté) semble plus probable que ceux des « Orbites » (compétition de puissances) ou des

1. Le ratio commerce international/Produit intérieur brut (PIB) avait déjà décliné (61 % en 2008, 59 % en 2018), de même que le ratio Investissement direct à l'étranger (IDE)/PIB (3,8 % en 2008, 1,4 % en 2018). Source : Banque mondiale.

« Communautés » (monde hyper-connecté). Le scénario « Archipels » était d'ailleurs issu, entre autres facteurs… de la « grande pandémie de 2023 ».

*

Ce changement de paradigme économique s'accompagnera-t-il d'un tournant environnemental ? Devant ce qui est présenté comme un « ultimatum de la nature » (Nicolas Hulot), nombre de militants espèrent que la lutte contre le changement climatique pourra être prise au sérieux après la pandémie actuelle, les gouvernements ayant montré une capacité de mobilisation inédite pour lutter contre elle.

Ce ne sera pas le cas : si le SARS-CoV-2 mobilise autant, c'est parce que ses effets sont immédiats, visibles et tragiques pour les individus et pour les États. En dépit des annonces faites par les dirigeants européens, il est même possible que les préoccupations environnementales deviennent pour un temps relativement secondaires devant l'impératif de relance des appareils productifs. D'autant plus en période de prix très bas du pétrole (moins de 20 dollars au 27 avril).

On verra, certes, des avertissements quant aux liens possibles entre les deux. Il existe en effet une crainte récurrente des conséquences épidémiologiques possibles de la fonte des pergélisols, notamment dans la partie septentrionale de la Russie. Mais cette crainte ne semble pas mériter d'inquiétudes excessives : il n'y a guère d'études sérieuses montrant qu'un péril sanitaire grave résulterait de cette fonte. En revanche, l'écologie, au sens premier du terme, pourrait revenir sur le devant de la scène, en particulier la lutte contre la déforestation et la destruction des habitats naturels, que l'on sait partiellement responsables de l'émergence de virus inconnus jusqu'ici.

*

L'appel du Secrétaire général de l'ONU à un « cessez-le-feu général » sur la planète a fait écho aux « trêves de Dieu » du Moyen Âge. De fait, on assiste déjà à une accalmie sur plusieurs théâtres de guerre, et à des esquisses de détente régionale. On attribue d'ailleurs partiellement la défaite des empires centraux aux conséquences de la grippe espagnole. Mais les interventions de contre-terrorisme et les missions de soutien de la paix en pâtissent également, du fait de préoccupations sanitaires locales, ou de besoins en personnels pour des missions de sécurité sur le territoire national. De même que les médiations ou les inspections internationales, ne serait-ce que du fait de difficultés logistiques.

Les États déjà fragiles risquent d'être fortement déstabilisés et l'opportunisme stratégique va battre son plein : régimes autoritaires profitant de la situation pour accroître leur emprise, organisations radicales cherchant à pallier les déficiences des services publics… Certaines puissances majeures ne sont pas en reste. Pékin redouble d'activité en mer de Chine du sud ; et, à Washington, on s'interroge sur l'opportunité d'agir pour affaiblir encore un peu plus l'Iran.

À moyen terme, le recul de l'interdépendance économique pourrait être belligène – c'est un enseignement de l'histoire. Qui nous apprend aussi que l'affaiblissement, voire le déclin ne sont pas toujours gages de prudence à l'extérieur : c'est même souvent le contraire.

*

Or les principales puissances sortiront toutes affaiblies de la crise du Covid-19. Si le leadership américain est aux abonnés absents, aucun autre pôle de puissance n'a joué ce rôle et aucun n'en sortira grandi.

La réélection de M. Trump fait désormais face à deux obstacles : une incapacité à se saisir de la crise à bras-le-corps ; et l'émergence d'un challenger expérimenté et empathique. À ce stade, l'effet de ralliement en temps de crise continue de jouer et le président reste capable de l'emporter. Il fera campagne sur des thèmes qui lui sont chers, accusant la Chine d'être à l'origine de la crise, stigmatisant l'incapacité des organisations internationales et promettant encore davantage de protection aux frontières. Dans tous les cas, il sera difficile à une Amérique dont la réaction a été désordonnée et qui pourrait connaître une catastrophe sans précédent dans l'histoire moderne du pays de se poser en modèle. Comme la peste pour Athènes, le Covid-19 accélérera-t-elle le déclin de l'Amérique ?

L'attitude de l'Europe n'a guère été plus reluisante. On sait que les compétences de l'Union en matière sanitaire sont limitées. Il n'empêche : sa réaction a été tardive, tout comme l'a été la solidarité entre ses membres. Certes, la Banque centrale européenne a pris la mesure de l'impact de la pandémie et l'on peut parier que les prophètes de malheur sur la capacité de survie de l'Union seront une fois de plus pris en défaut. Mais le risque existe de voir certains de ses acquis (Schengen) être mis entre parenthèses, et l'ambition d'une « Europe géopolitique » passer à la trappe.

C'est ainsi le « vieil Occident » qui a été le plus frappé, jusqu'à présent, par la crise : les pays les plus touchés, on l'a peu remarqué, sont tous des États membres de l'Alliance atlantique.

La Chine, elle, a été le problème avant de tenter de faire partie de la solution via l'aide internationale. On peut douter qu'elle sorte grandie de la crise : retard dans la gestion de la pandémie, lanceurs d'alerte réduits au silence, propagande diplomatique éhontée, masques et tests inutilisables… Sa perte de crédit en Asie, en Europe et en Afrique est substantielle. Et sa capacité à garantir la légitimité de ses dirigeants par la poursuite de la croissance sérieusement mise en cause.

Au fond, aucun des modèles politiques contemporains ne s'est révélé particulièrement apte à gérer efficacement cette crise : ni les grandes démocraties ; ni les autocraties ou les dictatures ; et encore moins les populismes. Sauf à imaginer un effondrement économique sur lequel ces derniers pourraient prospérer de nouveau, les dirigeants populistes sont en effet confrontés au mur du réel : à leur corps défendant, la science et la technocratie se révèlent indispensables pour se confronter à une telle pandémie.

Ainsi les thèses des universitaires tels que Stephen Walt ou Kishore Mahbubani, rappelant qu'ils prédisent depuis vingt ans le transfert de la puissance de l'Ouest à l'Est, laissent-elles toujours aussi dubitatif. Il est au fond plus probable que nous entrions dans une période qui rappelle ce que Pierre Hassner avait appelé, à propos de la rivalité américano-soviétique dans la deuxième partie des années 1970, la « décadence compétitive ». Autrement dit, davantage qu'à une épreuve de force entre grandes puissances, nous serions exposés à une épreuve de faiblesse, qui ne sera pas sans danger.

BRUNO TERTRAIS

BRUNO TERTRAIS EST DIRECTEUR ADJOINT DE LA FONDATION POUR LA RECHERCHE STRATÉGIQUE (FRS). IL A PUBLIÉ DERNIÈREMENT *LE CHOC DÉMOGRAPHIQUE* (ODILE JACOB, 2020) ET A DIRIGÉ LA PUBLICATION DE L'*ATLAS MILITAIRE ET STRATÉGIQUE* (AUTREMENT, 2019).

Tout d'abord remontons un peu dans l'histoire de la Chine.

En 1942, mon village natal fut confronté à la question de la faim. Cette année-là en effet, une famine effroyable provoquée par la sécheresse a tué plus de trois millions de personnes dans la seule province du Henan, au centre du pays, et est pourtant passée quasi-inaperçue aux yeux de l'Histoire.

Cinquante et un ans plus tard, en 1993, j'ai écrit un essai intitulé « 温故1942 », dont le titre de la version française est *Se souvenir de 1942*, pour revenir sur cette sécheresse. Et ce ne fut que lors de la rédaction de ce retour rétrospectif sur cette année 1942, que j'ai compris que dans des moments tragiques de cruauté extrême, au milieu des larmes et des pleurs retentissait parfois un éclat de rire. Un petit éclat de rire fortuit qui engendrait bien davantage la mélancolie que des larmes collectives.

LIU ZHENYUN

DES RIRES ET DES PLEURS

TRACTS
DE CRISE
GALLIMARD

2 MAI 2020 / 12 H / **N° 63**

Lorsque dans la province du Henan, il n'y eut plus rien à manger, les gens abandonnèrent leur foyer, quittèrent leur terre natale pour fuir dans la province voisine du Shaanxi. Beaucoup moururent sur le chemin de l'exode. Je pensais que face à la mort, ces êtres se demandaient : pourquoi dois-je mourir ? Qui m'affame ainsi ? Je paye mes impôts, que fait le gouvernement ? Mais il n'en fut rien, avant de rendre leur dernier souffle, ils avaient encore un dernier brin d'humour. C'est le cas du vieux Zhang, qui sur le point de trépasser, se dit en pensant à son vieil ami Li mort de faim trois jours plus tôt : « J'ai quand même vécu trois jours de plus que lui, ça vaut la peine. » Lorsque trois millions de gens meurent de faim, le cannibalisme n'a rien d'immoral. Alors que ce dernier agonisait, le vieux Wang lui baissa son pantalon prêt à lui arracher un morceau de chair. « Ça va, je vais bien », l'arrêta le vieux Zhang dans un ultime sursaut de vie. Le vieux Wang le regarda attentivement et lui dit « mais non, tu ne vas pas bien ». Le vieux Zhang réfléchit et trouva que, en effet, il n'allait pas fort, et vlan ! il succomba.

Certains charlatans saisirent cette opportunité pour s'enrichir en cette période de malheurs nationaux et inventèrent des « pilules miracles coupe-faim contre la disette » qu'ils vendaient aux pauvres victimes. « Si vous choisissez la formule concentrée, disaient-ils, une seule pilule suffit pour calmer la faim pendant une semaine ; si vous choisissez la formule simplifiée, une pilule ne fera effet qu'une seule journée. » Bien sûr, ces pilules ne faisaient aucun effet.

Si leur efficacité avait été avérée, alors depuis la nuit des temps, aucun Chinois ne serait mort de faim.

Ce genre d'humour n'est pas intentionnel.

Mais revenons à aujourd'hui.

Depuis 1942 jusqu'à cette année 2020, il s'est écoulé soixante-dix-huit ans. À présent, une pandémie sévit dans le monde entier. Au 17 avril, le nombre de personnes souffrant de cette nouvelle pneumonie coronarienne dépassait la barre des 2,18 millions et le nombre de décès celle des cent quarante mille. Des chiffres qui ne cessent d'augmenter chaque jour. Depuis le début de cette catastrophe, j'ai entendu de nouveau, autour de moi, percer çà et là, au cœur de la souffrance, des pointes d'humour.

La caractéristique de ce virus est de se propager d'homme à homme, l'isolement et la distanciation sociale sont les meilleures façons d'empêcher sa propagation, ce qui signifie que chacun doit rester confiné et isolé chez soi, sans sortir. En Chine, dans certains villages il est demandé aux habitants de garder une distance entre eux, même à la maison, et de la respecter pas uniquement pendant la journée mais également pendant la nuit. Le soir venu, des haut-parleurs diffusent la mise en garde suivante : « Que chacun prenne garde à respecter l'isolement durant la nuit ! Mari et femme ne sont pas autorisés à s'enlacer, ni à s'embrasser, et encore moins à s'adonner à certaines activités. Que les hommes maîtrisent leurs ardeurs et les femmes fassent preuve de retenue. »

En ville, un homme toussait continuellement, tous ses voisins du quartier pensaient qu'il avait attrapé le coronavirus et, par crainte d'être contaminés, s'en écartaient dès qu'ils le voyaient. Un jour, l'homme se mit à son balcon et fit cette déclaration : « Aujourd'hui je tousse, mais cela n'a rien à voir avec le coronavirus. À déjeuner, je me suis fait frire des piments et j'ai la gorge tout irritée. » En cette période de confinement, des Italiens chantent de l'opéra sur leurs balcons, des Français s'adonnent à la danse sur leurs balcons et des Chinois font des déclarations depuis leurs balcons de leur gorge irritée par des piments frits.

En Chine, depuis plus d'un mois, les bureaux de mariages ont reçu de nombreuses demandes de rendez-vous pour des procédures de divorce. Un grand nombre de couples seront divorcés à la fin de cette pandémie. Après avoir vécu confiné ensemble pendant plus de deux mois, chacun aura eu une idée très lucide du vrai visage de son partenaire. D'autres questions vont surgir : comment ce virus est-il apparu ? Comment a-t-il pu se propager à une si grande échelle ? À l'instar des couples qui divorcent, les dirigeants de la planète se blâmeront mutuellement et se rejetteront chacun la balle, ou plus exactement « se renverront la casserole », selon l'expression consacrée en Chine. Depuis, sur Internet, une vidéo est apparue intitulée « La danse de la casserole ». Trois ravissantes jeunes filles dansent une sorte de breakdance, une poêle à frire des œufs à la main. La Chine fait preuve d'inventivité chorégraphique en ces temps d'épidémie.

Cet humour n'a rien d'intentionnel non plus.

L'attitude des hommes envers un événement en détermine la nature. Face à une petite catastrophe, la réaction de chacun est la tristesse. Quand la catastrophe atteint un certain niveau, alors le rire s'en mêle. Et l'« on est partagé entre le rire et les pleurs » pour reprendre un vieil adage bien connu.

Désormais mes romans sont traduits dans plus de vingt langues. À chacune de mes rencontres avec des lecteurs étrangers, dans n'importe quel pays, lorsqu'on me questionne sur l'humour que je mets dans chacun d'eux, je réponds souvent que ce n'est pas une intention de ma part, c'est la vie qui m'y pousse. Et quand je dis cela, je me sens si mal compris qu'une certaine tristesse me saisit.

LIU ZHENYUN
PÉKIN, 17 AVRIL 2020
TRADUIT DU CHINOIS PAR **GENEVIÈVE IMBOT-BICHET**

LIU ZHENYUN EST NÉ EN 1958 DANS LE HENAN, EN CHINE. IL EST AUJOURD'HUI L'UN DES AUTEURS LES PLUS EN VUE DE LA CHINE POPULAIRE. NOMMÉ CHEVALIER DES ARTS ET DES LETTRES À PARIS EN 2018, IL EST NOTAMMENT L'AUTEUR DE RECUEILS DE NOUVELLES EMBLÉMATIQUES DU « NOUVEAU RÉALISME » ET DE CINQ ROMANS, *SE SOUVENIR DE 1942* (2013), *EN UN MOT COMME EN MILLE* (PRIX MAO DUN, 2013), *JE NE SUIS PAS UNE GARCE* (2015), *LE TÉLÉPHONE PORTABLE* (2017), *UN PARFUM DE CORRUPTION* (2020), TOUS PUBLIÉS AUX ÉDITIONS GALLIMARD.

SEMAINE 8
4 MAI / 11 MAI 2020

Je n'ai jamais autant vu mes voisins que depuis que nous vivons confinés. Pas de près : par la fenêtre de la chambre du bébé. Le matin, quand il fait encore nuit dehors, je regarde la doctoresse qui vit au 519 se diriger vers l'hôpital, des chaussures confortables aux pieds, le masque qu'elle a trouvé à la quincaillerie accroché autour de son cou.

Plus tard dans la journée, son mari emmène leurs deux garçons se promener : le plus jeune dans sa voiture à pédales, celui de cinq ans sur sa nouvelle bicyclette. Une fois qu'ils sont rentrés, la femme qui vit au 512 sort de chez elle avec son déambulateur, elle cligne des yeux dans la lumière du soleil. Elle est dépassée par le tout nouveau van bleu ardoise d'Amazon Prime qui circule dans la rue. Juste avant midi, le docteur qui vit au 515 rentre chez lui après sa nuit de garde, dans sa blouse stérile, son bouclier de plastique pour le visage la main.

LOUISA HALL

PAR LA FENÊTRE

TRACTS DE CRISE
GALLIMARD

4 MAI 2020 / 12 H / **N° 64**

Il a l'air fatigué. Tout comme la professeure de musique qui passe quelques minutes plus tard, avec son bébé dans sa poussette. Il a à peu près l'âge du mien. Nous étions toutes les deux à la maison en congé maternité il y a quelques mois. Maintenant, nous sommes encore à la maison, avec nos bébés : en faisant de longues promenades, sans nous coiffer les cheveux, en berçant le même bébé dans le même fauteuil à bascule.

J'ai beaucoup de chance. Je suis confinée avec ma famille. Aucun proche n'est mort. J'exerce toujours mon métier, j'enseigne le *creative writing* à l'université. Mon mari et moi avons récemment quitté Brooklyn, l'épicentre de la crise aux États-Unis, pour emménager à Iowa City.

Ici, tout est plus calme. Il est vrai que nous vivons près de l'hôpital et les hélicoptères font de plus en plus d'allers-retours vers les services d'urgence. Mais pour l'essentiel, les rues vides sont la manifestation la plus évidente de la pandémie.

Il n'y a aucune voiture sur les routes. Les animaux sauvages sont devenus plus intrépides. Quand je pars me promener avec mon bébé en fin d'après-midi, nous changeons de trottoir pour éviter les gens et les hardes de cerfs. Hier, un dindon a traversé la cour, noir et voûté comme un démon funeste.

Quand nous arrivons à la maison, mon mari s'occupe du bébé pour que je puisse évaluer les textes de mes étudiants, reçus sous forme numérique de Chicago, San Francisco, Maryland, Hollande. Ces histoires racontent différentes expériences de pandémie qu'on aurait lues il y a encore quelques mois comme des dystopies fantastiques.

Quand j'ai fini, je couche le bébé et je descends dîner. Il y a encore un peu de lumière du jour. Derrière nos fenêtres, le docteur qui vit au 515 poursuit ses deux fils sur la route. Pour la troisième fois de la journée, le van d'Amazon Prime circule dans notre rue.

*

Le bébé se réveille avant que le soleil ne se lève. En allant la prendre dans mes bras, je regarde le *New York Times* sur mon téléphone. J'aperçois alors la tragédie qui se déroule à proximité. Plus de 60 000 Américains sont morts, dont 15 000 à New York. Les États-Unis comptent désormais le nombre de cas le plus élevé de malades dans le monde, sans système de test organisé. Le gouvernement fédéral a réagi à l'épidémie de façon chaotique. Un matin, Trump affirme qu'il va relancer l'économie à Pâques ; l'après-midi, alors que le bébé va faire sa sieste, il admet que des millions d'Américains mourront s'il le fait. Un autre matin, il appelle le Covid-19 « le virus chinois » ; l'après-midi, « c'est la faute de personne ». Un matin, le gouvernement va s'associer à General Motors pour produire des ventilateurs et des masques ; dès l'après-midi, les États vont devoir se procurer eux-mêmes leur équipement médical ; le lendemain matin, il célèbre en fanfare la puissance de l'État fédéral ; dès l'après-midi, il revient à chaque État de décider quand dénoncer. C'est ainsi que le virus se propage. Des amis qui habitent dans des villes côtières ont été surpris en train de lire seuls dans des parcs publics et renvoyés chez eux avec une amende. Comment peuvent-ils jouer au football ?

Je me retiens en me remémorant ces moments dans l'Histoire pendant lesquels des voisins se dénonçaient. Et de toute façon, ce qu'ils font n'est pas illégal : nous vivons dans l'un de ces États qui n'imposent pas le « restez-chez-vous ». Les petits commerces « dispensables » – la librairie de quartier, la boutique de fleurs qui venait d'ouvrir – ont été fermés, mais ces garçons ont le droit d'improviser un match de football américain.

Les autres États du Midwest ont été plus préventifs. Le Michigan, par exemple, et l'Illinois ont ordonné un confinement général, et ont été à ce titre la cible des manifestants qui veulent voir l'économie reprendre.

Trump les encourage. LIBÉREZ, il tweete. Il célèbre le patriotisme des manifestants. Lors de l'un de leurs rassemblements, le Gouverneur démocrate du Michigan est comparé à Hitler. Parmi les drapeaux américains, on trouve l'emblème de la Swastika.

*

Sur le chemin qui nous ramène à la maison, je réalise que j'en veux peut-être à ces joueurs de football américain parce que c'est une si belle journée. Ce serait agréable de tout envoyer au diable : de courir, crier et laisser mes baskets fouler la pelouse. De pousser, de bousculer et de m'échapper. Certains jours, je me suis sentie prisonnière à la maison. Je ne quitte jamais le bébé. J'ai pensé à Betty Friedan qui dit que la difficulté pour les mères au foyer ce n'est pas l'isolement, mais le fait qu'à l'intérieur de leur maison, elles ne peuvent trouver le moindre endroit où être seules.

Mais ce n'est que provisoire. Je ne peux pas me plaindre, ce n'est rien à côté de ceux qui vont travailler à l'hôpital, ou dans les entrepôts, ou des gens qui sont prisonniers des hôpitaux, des prisons ou d'autres installations collectives. Et cette solitude partagée comporte de vrais bénéfices. Quand je rentre de ma promenade avec le bébé, je trouve une pensée en pot sur le perron, un cadeau du couple du 510. Quand nous sommes à l'intérieur, je consulte mes e-mails et le docteur du 519 nous informe que des graines sont offertes par les Johnson County Master aux jardiniers des environs.

Tout pousse dans le jardin. Il y a des parterres de jonquilles. Des feuilles ont poussé sur les pommiers sauvages et je passe plus de temps avec le bébé. Elle apprend à jouer. Elle rit tout le temps. La vue du chien la fait glousser et battre des pieds de plaisir. Ce qu'elle préfère, c'est que je prétende lui donner quelque chose avant de le lui reprendre brutalement.

En fin de journée, mon mari et moi déplions une couverture dans la cour et nous installons le bébé entre nous. Nous respirons l'odeur de la terre. Nous regardons les voisins passer. Quelqu'un, quelque part, travaille son violon, les fenêtres ouvertes. Quand il est l'heure, je monte les escaliers et je berce le bébé pour l'endormir. Quand je redescends, mon mari est en train de préparer le dîner. Le docteur du 515 poursuit ses deux fils sur la route. La doctoresse du 519 passe à ses côtés en poussant son enfant dans sa voiture à pédales. La lumière du jour faiblit et, comme le temps qui passe, le van d'Amazon Prime s'engage dans la rue et poursuit son chemin.

LOUISA HALL

TRADUIT DE L'ANGLAIS (ÉTATS-UNIS) PAR **MARIE-PIERRE GRACEDIEU**

LOUISA HALL EST NÉE EN 1982. ORIGINAIRE DE PHILADELPHIE, ELLE EST DIPLÔMÉE DE HARVARD EN LITTÉRATURE ANGLAISE. ELLE A ÉGALEMENT SUIVI DES ÉTUDES DE MÉDECINE. ELLE ENSEIGNE AUJOURD'HUI L'ÉCRITURE CRÉATIVE À L'UNIVERSITÉ DE L'IOWA ET A ÉTÉ AUTRICE EN RÉSIDENCE À L'UNIVERSITÉ D'ÉTAT DU MONTANA. ELLE A PUBLIÉ DEUX ROMANS AUX ÉDITIONS GALLIMARD, *RÊVES DE MACHINES* (2017) ET *TRINITY* (2020). *TRINITY* A ÉTÉ LE CHOIX DE LA RÉDACTION DU *NEW YORK TIMES* EN 2018.

Face à la plus grande épreuve économique de son histoire moderne, la France a résisté.

Cette résistance, elle la doit au courage et à l'abnégation des personnels de soin, dans tous les établissements, hôpitaux publics ou privés, cliniques, cabinets de médecins libéraux, EHPAD. Ils ont été le visage de la France qui console et qui tient.

Elle la doit à la cohésion des salariés, des artisans, des indépendants et des entrepreneurs.

Elle la doit aussi à l'État.

BRUNO LE MAIRE

VOULOIR

UNE ÉCONOMIE POUR LA FRANCE

TRACTS DE CRISE
GALLIMARD

5 MAI 2020 / 10 H / **N° 65**

les postiers et les conducteurs de la RATP, les conseillers bancaires et les agriculteurs, les opérateurs des réseaux de communications ont tout simplement sauvé la France. Sans leur mobilisation quotidienne, où en serions- nous aujourd'hui ? Nous devrons en tirer les conséquences sur la juste rémunération du travail. Comme nous devrons tirer les conséquences du développement du télétravail, qui peut améliorer notre productivité nationale, réduire les émissions carbone, limiter les déplacements inutiles.

Troisième enseignement : un secteur financier solide est un atout décisif pour faire face à l'effondrement de l'activité réelle. Ni amie, ni ennemie, la finance est tout simplement vitale. Sans la force de frappe de notre réseau bancaire, privé ou public, nous aurions été incapables d'apporter aux centaines de milliers de TPE et de PME la trésorerie dont elles ont besoin.

Quatrième enseignement : la zone euro nous protège. La Banque centrale européenne nous permet de financer notre dette à des taux bas, elle nous autorise à prêter dans de bonnes conditions aux entreprises. Savoir qui de la Nation ou de la construction européenne sort grandie de cette crise est une question vaine. La réalité est que nations et Europe ne s'opposent pas : elles se complètent. Et que les deux devront avancer de concert pour garantir demain notre place entre la Chine et les États-Unis.

Cinquième et dernier enseignement : nous ne pouvons plus nous affranchir des règles du vivant. Nous, humains, nous vivons dans une cohabitation muette avec le monde animal et végétal, avec les océans, avec les lacs, les fleuves et les rivières, avec les nuages et le ciel. Nous avons voulu domestiquer la planète. Nous devons apprendre à la respecter. Sans quoi nous libérerons des forces plus puissantes que toutes nos mécaniques économiques, qui nous ramèneront à la vulnérabilité de nos organismes vivants.

*

Sur la base de ces enseignements, nous pouvons mesurer les failles du modèle de développement économique mondial.

Une empreinte carbone excessive, un éclatement trop grand des chaînes de valeur, des inégalités insupportables entre les États et dans un même corps social, entreprise ou nation : autant de fragilités sur lesquelles la France alerte ses partenaires depuis des mois.

La crise a une vertu : elle nous offre une chance unique de redéfinir notre propre modèle économique, national et européen.

Alors ouvrons ce débat.

Demain, la réalité implacable des rapports de force internationaux reprendra le dessus. Si nous ne choisissons pas souverainement notre voie économique, nous nous réveillerons affaiblis, déclassés ou soumis à un ordre économique que nous n'aurons pas choisi. Ne nous faisons aucune illusion : ni les GAFAM, premiers bénéficiaires technologiques et financiers de ces bouleversements, ni les grandes multinationales renforcées par la cartellisation en trielle européenne et nouvelles règles de la concurrence. Protection veut dire accélération de la juste taxation des multinationales et des géants du numérique. Elle ne signifie pas en revanche la fin de la mondialisation, qui serait une régression historique. La fin de la mondialisation est un slogan aussi absurde que facile, qui replongerait dans la misère des peuples qui en sont tout juste sortis. Elle fermerait nos consciences. Elle ralentirait le progrès. Du reste, elle appauvrirait la France, comme grande puissance économique insérée dans les chaînes de valeur mondiale. En revanche, nous devons redéfinir avec nos partenaires européens les nouvelles règles d'une mondialisation plus juste, plus durable et plus efficace. Le défi peut sembler moins ambitieux. Il demandera en réalité une mobilisation de toutes nos forces.

Une économie juste et décarbonée dans une Europe souveraine, est-ce un rêve ?

Non, une réalité à portée de volonté.

Seuls les défaitistes habituels, qui ne croient en rien et surtout pas dans la France, jugent impossible de nous redresser : trop difficile, trop coûteux, trop tard.

Difficile, oui, coûteux, certainement, trop tard en revanche : jamais.

Aux grands rendez-vous de son histoire, la France a toujours répondu présent. Cette crise en est un. Il a lieu sur un terrain qui nous est le moins familier, le terrain économique. Il ne nous convoque pas séparément, mais ensemble. Il nous oblige donc à nous dépasser comme peuple et comme nation.

Nous le ferons.

BRUNO LE MAIRE

BRUNO LE MAIRE EST MINISTRE DE L'ÉCONOMIE ET DES FINANCES. IL EST L'AUTEUR DE PLUSIEURS LIVRES PARUS CHEZ GALLIMARD, DONT *PAUL* ET *LE NOUVEL EMPIRE* (2019).

Assignés à résidence. Ce n'est pas moi qui l'ai dit, c'est notre Président. C'était le 20 février 2018, aux Mureaux, la ville en zone urbaine sensible où j'ai grandi. À l'époque, le Président avait eu des mots forts : il avait parlé d'« émancipation culturelle » et avait dénoncé « l'insupportable assignation à résidence » dont souffraient nos banlieues. Avec le recul, les termes étaient prophétiques, quand bien même cette « assignation à résidence » valait pour tout un territoire et non pour un seul et même toit, comme aujourd'hui.

Deux ans plus tard, nous sommes tous assignés à résidence. Ou, pour prendre un synonyme en vogue, confinés. Depuis quelques mois, la Nation expérimente à grande échelle le quotidien des banlieues et elle n'en peut déjà plus de ce rétrécissement de l'existence. En temps normal, qu'est-ce qu'être assigné à résidence en zone urbaine sensible ? C'est, tout simplement, la quasi-impossibilité d'en sortir, et, plus largement, de s'en sortir. À moins, peut-être, de rêver à un « New Deal » pour la Culture, qui n'oublierait pas les banlieues.

CHRISTOPHE RIOUX

ASSIGNÉS À RÉSIDENCE

LES MUREAUX, FÉVRIER 2018-MAI 2020

TRACTS
DE CRISE
GALLIMARD

6 MAI 2020 / 12 H / **Nº 66**

Car je ne parle pas ici des banlieues gentrifiées de la première couronne parisienne, je pense à celles qui sont dans une sorte de *no man's land* de l'espace français, autour de Paris et de la plupart des grandes métropoles hexagonales. Pour les confinés dans un rayon d'un kilomètre autour du domicile que nous sommes tous devenus, l'image de l'isochrone est désormais parlante : prenez un cercle d'une quarantaine ou d'une cinquantaine de kilomètres autour de Paris et vous aurez une juste idée de ces villes enclavées desservies par des trains de banlieue parfois hasardeux et toujours bondés, sauf peut-être en phase épidémique. Elles ont longtemps été les oubliées de l'aménagement du territoire et les RER, flèches tricolores horizontales décochées vers la Capitale, n'y marquent pas l'arrêt. Plus vertical en théorie, l'ascenseur social, qui promettait d'autres voyages au long cours et vers d'autres cieux, y est quant à lui désespérément tombé en panne.

Au début du confinement, on a placé les banlieues sous surveillance et, quelque part, mis ces territoires jadis qualifiés de « perdus de la République » au défi de s'y conformer. Certains ont même exigé l'intervention de l'armée pour y faire respecter la décision politique. Il y a bien eu, ici ou là, quelques débordements. Mais, dans leur ensemble, les quartiers défavorisés se sont pourtant mis au diapason du pays, malgré l'exiguïté des logements et la promiscuité des familles. Leurs habitants font partie de ceux qui, en ce moment, prennent tous les risques et paient parfois un lourd tribut, continuant dès l'aube à se rendre vers le Ventre de Paris pour y travailler. Ils font tourner la grande roue de l'économie, sans avoir jamais vraiment vu la couleur des plans Marshall pour les banlieues et leurs promesses d'avenir meilleur. Les assignés à résidence à l'année n'ont pas de résidence secondaire pour fuir Paris et l'épidémie, dans un exode bucolique. Ils ne connaissent pas cette tradition des temps troublés, pendant laquelle les classes aisées se retranchaient dans les campagnes et finissaient par revenir, après avoir envoyé en éclaireur celles que l'on appelait prosaïquement les « essayeuses », rétribuées pour s'assurer que la peste avait définitivement abandonné les villes. À l'aune de ces épisodes historiques peu glorieux, les banlieues ont fait preuve d'une entraide et d'une solidarité à toute épreuve : aux Mureaux, des jeunes des cités viennent livrer du ravitaillement alimentaire aux personnes âgées ou malades, déposé jusque sur le pas de leurs portes. Ailleurs, bien que l'on puisse douter du bien-fondé de la mesure d'un point de vue strictement scientifique, ils désinfectent énergiquement les halls d'immeuble et les cages d'escalier des HLM, pour le bien et la santé de tous. Il faut néanmoins se garder de tout angélisme en ces lieux : les trafics s'adaptent, les intégrismes guettent, l'exaspération couve.

Aux Mureaux, où le Président avait parlé d'« assignation à résidence », l'avenue qui coupe la ville en deux n'offre plus le spectacle de ses rodéos motorisés et de ses *car-jackings* au feu rouge, le meccano de tours et de barres vide ressemble chaque jour un peu plus à une maquette d'architecte dément, les cités n'ont pas encore craqué. Quant aux théâtres, aux cinémas, aux librairies, ils n'ont pas fermé pour cause de coronavirus : il n'y en avait déjà quasiment plus avant l'épidémie. Il y a deux ans, lorsque le Président était venu sur place pour la remise officielle d'un rapport sur les bibliothèques, il avait déjà fait ce constat dans l'un des rares endroits où la culture paraissait survivre en terrain hostile. Pour l'occasion, la Médiathèque avait d'ailleurs des airs de bunker et les livres auraient pu s'y rêver pare-balles. Depuis quelques semaines, le bâtiment arborait un étendard rouge étrangement familier, celui des fameuses « Folies » de l'architecte Bernard Tschumi, pavillons en métal disséminés une trentaine d'années auparavant dans le Parc de la Villette, à Paris. Après Sevran, les Mureaux venaient d'inaugurer leur « Micro-Folie », sorte de « kit de survie culturel » en zone urbaine sensible, combinant un espace scénique, un « Fab-Lab » et un musée numérique. Dans la légère pénombre de cette galerie d'art virtuelle équipée de tablettes numériques et de casques audio, quelque cinq cents chefs-d'œuvre des plus grandes institutions culturelles hexagonales pouvaient être visualisés sur un écran géant en 4 K, soit 4 096 pixels de large, avec une qualité d'image exceptionnelle. Avec ces « Maisons de la Culture » numériques pour tous, j'avais le sentiment diffus que l'on pratiquait une mise à jour du logiciel Malraux, « Start-up Nation » oblige. Tant pis pour le Syndrome de Stendhal, les banlieusards ne connaîtraient pas le trouble sensuel du choc esthétique avec une œuvre tangible. Cette démocratisation culturelle au forceps montre ses limites :

dans certains territoires, l'enclavement et la relégation auront inévitablement laissé des traces durables. Qu'on les appelle maintenant « quartiers prioritaires » plutôt que « zones urbaines sensibles » ne change rien à l'affaire et je crois que j'aime bien, au fond, la présence de l'adjectif « sensible » dans tout ce bitume, cette dureté, cet ennui.

Il y a deux ans, c'était fin février, le printemps germait : devant la Médiathèque des Mureaux, au bord de l'avenue qui coupe la ville en deux, un arbre bourgeonnait dans le béton.

À l'intérieur, les membres du désormais célèbre GSPR, le Groupe de sécurité de la présidence de la République, identifiables à un petit pin's multicolore au revers de leur veste, avaient pris possession des lieux. Une dizaine de directeurs de grandes institutions culturelles attendaient le Président et faisaient le pied de grue entre les imprimantes 3D et les brodeuses numériques, destinées à floquer des tissus et à fabriquer des tee-shirts. Cette concentration d'éminentes personnalités au mètre carré dans la Médiathèque de mon enfance, dans laquelle j'étais régulièrement revenu faire des lectures ou des signatures de romans, créait chez moi une étrange sensation de distorsion temporelle et spatiale, ma vie d'avant et mon existence actuelle se percutant dans un maelstrom émotionnel.

Le Président venait d'arriver, l'air de la Médiathèque s'était subitement compacté. Il avait serré des mains, peut-être même la mienne : c'était une autre époque, celle où les hominidés ressentaient le besoin de se secouer frénétiquement l'extrémité libre des membres supérieurs. Je n'ai pas eu le temps, ou peut-être l'aplomb, ou encore le courage, de lui dire que j'étais inquiet, que je doutais parfois de la capacité de la culture à éclore dans le béton, tel l'arbre devant la Médiathèque. Il y avait, dans mon esprit, la « jurisprudence Médicis » : projet initial de Villa sur le modèle de la prestigieuse matrice romaine déclinée en banlieue, puis de Tour finalement abandonné et enfin d'Ateliers en « déploiement progressif », dont les fruits ont certes commencé à mûrir.

C'était, à l'origine, une belle et noble idée. En 2005, en réaction à la mort des deux adolescents Zyed Benna et Bouna Traoré, des émeutes avaient éclaté à Clichy-Montfermeil, avant d'embraser les banlieues françaises, comme Les Mureaux. De la fenêtre de ma chambre d'autrefois, dans l'immeuble où mes parents vivent toujours, j'avais vu les voitures brûler, les tirs de mortiers fuser et les grands ensembles trembler. De cette fenêtre, j'avais alors eu la curieuse impression que la seconde partie de ma vie observait la première : à l'époque, cela m'avait rappelé les sons et lumières organisés dans le cadre de la Politique de la Ville, pendant lesquels on dynamitait les tours jugées insalubres et une partie de mon passé par la même occasion. À l'issue de ces émeutes dans les banlieues françaises et à l'initiative d'un journaliste et des maires de Clichy-sous-Bois et Montfermeil, le rêve improbable d'une Villa Médicis avait émergé et l'idée que la culture était essentielle pour guérir ces territoires en crise avait fait son chemin. Qu'était donc devenu ce rêve ?

Depuis des années, le corps national, dont les défenses immunitaires ont été significativement affaiblies au fil du temps, présente les symptômes multiples et déroutants d'une maladie finalement mal connue, mal diagnostiquée et mal traitée. Après le confinement, les banlieues devront leur salut à leurs soignants, surtout si la vague d'une crise économique d'ampleur déferle après le tsunami sanitaire. Quelques semaines après la venue du Président à la Médiathèque des Mureaux, certains de ces soignants, spécialistes en pathologies urbaines, n'avaient sans doute pas été assez pris au sérieux. Un ancien ministre de la Ville avait rendu un rapport dans la foulée, très rapidement enterré. Le maire de Sevran avait, quant à lui, rendu les armes, démissionnant pour protester contre l'insuffisance des politiques publiques en banlieue. En fin de confinement, sur ce théâtre d'opérations d'un type très particulier, la bataille ne devra pas s'arrêter faute de combattants. Il y a vingt-cinq ans, *La Haine* avait été un avertissement. Récemment, *Les Misérables* auront été un appel à l'aide, lancé depuis une cage d'escalier en flammes.

Plus que jamais, nos banlieues auront besoin de leurs soignants.

CHRISTOPHE RIOUX

CHRISTOPHE RIOUX EST ÉCRIVAIN, UNIVERSITAIRE ET JOURNALISTE. CHRONIQUEUR POUR FRANCE CULTURE, IL A PRÉSENTÉ L'ÉMISSION « LES DENIERS DE LA CULTURE » SUR FRANCE 5. IL ÉCRIT POUR DIFFÉRENTS TITRES DU GROUPE BEAUX-ARTS, LE MAGAZINE *LIRE* ET LA REVUE *ÉTUDES*. IL EST AUTEUR DE ROMANS PUBLIÉS CHEZ FLAMMARION (*DES CROIX SUR LES MURS*, *TÊTE DE GONDOLE*). IL A GRANDI AUX MUREAUX, EN ZONE URBAINE

Je veux enterrer mes morts comme l'ont fait les êtres humains de toute éternité, depuis Antigone, et pleurer au bord de leur tombe.

Je veux qu'un risque ne prenne pas la place d'une réalité, et qu'on ne me dise pas que l'autre, parce qu'il est *peut-être* malade, est mon ennemi.

Je veux que les médecins ne soient pas des chefs auxquels il convient d'obéir, et qui se battent entre eux comme le font les chefs, de toute éternité.

Je veux être sûr de pouvoir marcher dans *mon* monde sans drones au-dessus de ma tête, sans caméra braquée sur ma maison, sans espion numérique dans ma poche.

JACQUES
DRILLON

JE VEUX

TRACTS
DE CRISE
GALLIMARD

7 MAI 2020 / 12 H / **N° 67**

Je veux n'être pris ni pour un imbécile auquel on peut faire admettre qu'un masque est inutile parce qu'on n'en a pas, et utile quand on en a ; ni pour un crétin devant justifier qu'il sort parce qu'il a besoin de sortir ; ni pour un enfant à qui l'on doit expliquer comment on se lave les mains.

Je veux n'être arrêté que par ma propre peur, non par un policier armé.

Je veux un gouvernement suffisamment indépendant pour ne pas faire à tout coup comme le gouvernement d'à côté.

Je veux acheter des livres librement, comme on fait dans un pays civilisé ; et ne pas entendre à la radio, à toute heure du jour et de la nuit, le même message inepte : « Alerte au coronavirus… »

Je veux n'être pas comptabilisé.

Je veux être malade libre dans un pays libre, et non me réveiller tous les matins en pensant que la barbarie, nous y sommes. Je veux que mes enfants vivent dans un monde digne d'eux.

Je veux faire des projets en me disant : je les réaliserai si je survis à cette épidémie, et non : on ne me laissera pas faire.

Je veux voir mes amis, s'ils veulent bien de moi.

Je veux, si j'admets de me « confiner », pouvoir changer librement de « lieu de confinement ».

Je veux acheter mes andouillettes là-bas, si elles sont meilleures qu'ici.

Je veux, même si « les Chinois sont des menteurs », qu'on cesse de les prendre pour des criminels d'une part, pour des incapables d'autre part.

Je veux qu'on cesse de penser qu'un médecin provincial vaut moins qu'un médecin parisien.

Je veux que, de temps en temps, sur les huit heures du soir, on sorte au balcon pour applaudir Alexandre Dumas, Charles Baudelaire et Marcel Proust, dont le métier n'était pas de nous aider à vivre, et qui l'ont fait pourtant.

Je veux que la santé ne soit pas obligatoire. Ni que la « vulnérabilité » d'un être (autrement dit son âge et/ou son état de santé) soit considérée comme un défaut, et vécue comme une charge.

Je veux qu'on n'impute pas aux individus les fautes commises par la collectivité, l'État, ou seulement les riches.

Je veux que le préfet de Seine-et-Marne me dise pourquoi j'ai le droit de me promener partout sauf sur les promenades.

Je veux que la délation ne soit pas instituée comme action morale, alors qu'elle est immorale.

Je veux que les professeurs, de mathématiques ou de trombone à coulisse, enseignent à des élèves et non à des images, dans des classes où les crayons font du bruit en tombant par terre.

Je veux qu'on se souvienne que le prêtre embrassait les lépreux.

Je veux qu'on n'instille pas dans mes veines le virus de la culpabilité : elles sont assez sollicitées comme cela.

Je veux cesser d'envier mon chat, ce rat qui court, cette blatte.

Je veux que le facteur me porte mon courrier. Vous savez, ces lettres qui portent des timbres achetés avec de l'argent.

Je veux qu'on cesse de se moquer des nostalgiques, puisqu'on sait maintenant de façon certaine que c'était mieux avant.

Je veux qu'on laisse l'épidémie faire son travail d'épidémie.

JACQUES DRILLON

JACQUES DRILLON EST JOURNALISTE ET ÉCRIVAIN. SON DERNIER LIVRE, *CADENCE*, A REÇU LE PRIX VALERY-LARBAUD 2020.

Les grandes crises renversent les doxa des époques qui les ont vues naître. Ainsi, au cours des années 1930, le libéralisme économique hérité du XIXe siècle avait-il volé en éclat. Dans les années 1970, avec la fin des trente glorieuses et la poussée d'inflation qui avait suivi le choc pétrolier, le keynésianisme avait-il lui aussi été remis en question par un néo-monétarisme jetant l'opprobre sur l'État et l'intervention publique. La crise sanitaire que nous traversons a déjà fait sauter plusieurs credos enracinés en Europe : celui, absurde depuis longtemps, du pacte de stabilité européen, aveugle à la situation macroéconomique des pays, celui des aides d'État qui interdit toute action publique d'ampleur dans les secteurs clés de l'économie. L'État, source de nos maux selon Milton Friedman, revient en force dans la gestion de la crise. « Il fallait briser les carcans idéologiques pour sauver notre économie », dit Bruno Le Maire. Ce travail d'*aggiornamento* a commencé à être fait. Où va-t-il conduire ?

DANIEL COHEN

VERTU DE CRISE

REDÉFINIR NOTRE MODÈLE

TRACTS DE CRISE
GALLIMARD

11 MAI 2020 / 20 H / **N° 68**

Pour caractériser tout d'abord les conséquences économiques de la crise sanitaire, certains économistes parlent d'un choc « d'offre keynésien », ce qui semble une contradiction dans les termes. Soit c'est un choc d'offre, comme après la crise pétrolière, et il faut baisser les salaires pour restaurer la profitabilité des entreprises ; soit c'est un choc de demande (keynésien) et il faut augmenter la dépense publique. Ici, le virus empêche de nombreux secteurs de produire : c'est donc bien un choc d'offre, mais la baisse des salaires (des comédiens ou des garçons de café) n'est pas la solution, car cela ne restaurera jamais l'attractivité du secteur où ils travaillent. Contrairement également aux schémas keynésiens, il ne sert à rien d'augmenter la dépense publique dans les secteurs menacés puisqu'ils ne peuvent produire davantage. Mais comme dans l'analyse keynésienne traditionnelle, l'État doit mener une politique résolue de soutien aux personnes et aux entreprises frappés par la crise sanitaire pour éviter un effondrement encore plus massif de l'économie.

Le déconfinement ne doit pas conduire à relâcher cet effort. Aussi longtemps qu'un vaccin ou un traitement efficace n'auront été trouvés, l'économie restera empêchée de fonctionner à pleine capacité, du fait des règles de distanciation sociale et peut-être de nouveaux confinements à prévoir. Ce ne sont pas des mesures d'ordre macroéconomique qui seront nécessaires, mais des mesures microéconomiques, qui protègent les individus au plus près de leur situation. L'État du XXIe siècle doit disposer de la capacité de faire du sur-mesure. Les outils existent, comme le prélèvement à la source, le RSA, les cotisations sociales, qui permettent de flécher les aides vers ceux qui subissent la crise le plus violemment. Le nouveau monde est d'abord celui où l'État-providence renouvelle l'ancien, s'adaptant à une réalité toujours plus éclatée des individus, dans leurs dimensions professionnelle et territoriale, comme les Gilets jaunes en avaient déjà montré le besoin.

La difficulté spécifique de l'État français à répondre à la crise tient beaucoup à la situation intermédiaire où il se trouve : il n'est plus l'État jacobin d'hier, qui commande la politique publique à partir de Paris. Il doit désormais compter avec les régions, les maires, les agences indépendantes de santé, les savants… Mais il n'est pas non plus devenu un État girondin, délégant vraiment aux collectivités locales le pouvoir de décision, pour les écoles ou la politique sanitaire. Il délègue une partie de son pouvoir mais en silo, les préfets et les agences régionales de santé se parlant peu ou pas du tout, ce qui explique en partie l'échec des politiques de tests qui auraient été décisives au début de la crise. L'État français doit mener une réflexion critique sur la situation bancale où il s'est mis lui-même. Le modèle de demain dépendra des choix que nous ferons en matière de transports collectifs, d'aménagement du territoire qui échapperont à l'État centralisateur. Il dépendra aussi de la démocratie sociale pour lancer les délibérations sur la nouvelle organisation du travail que le télétravail a fait surgir.

À l'échelle globale, la pandémie pourrait clore le cycle d'internationalisation de l'économie, qui a commencé avec les réformes de Deng Xiaoping en Chine au début des années 1980 et la chute du Mur de Berlin en 1989. La guerre commerciale lancée par Trump avait d'ailleurs convaincu les Chinois eux-mêmes qu'ils devaient réduire leur dépendance à l'égard des États-Unis. Nous faisons aussi l'expérience en Europe de la dépendance où nous nous trouvons à l'égard de la Chine pour notre production de masques et de paracétamol et demain peut-être de 5G. Comme le dit aussi Bruno Le Maire, il faudra gérer le raccourcissement nécessaire des chaînes de valeur, mais en évitant l'effondrement du commerce international qui avait marqué la crise de 1929.

Ce qui se joue en France et en Europe est surtout la recherche d'une autre issue que l'alternative mortifère entre un modèle « confucéen » et un modèle « libertarien ». On ne voudrait pas que la pandémie serve de prétexte à une société de surveillance, comme c'est déjà le cas en Chine où chacun est déjà noté à la manière des chauffeurs d'Uber, où la reconnaissance faciale permet d'identifier instantanément celui qui traverse les rues en dehors des passages cloutés. Et l'on ne voudrait pas davantage que ce soit des entreprises privées qui s'en chargent, via un « capitalisme de surveillance » pour reprendre le titre d'un livre de Shoshana Zuboff, où Google et Apple déploient toujours davantage leur toile pour tout savoir de nous. Cette crise sanitaire risque d'apparaître comme un moment d'accélération de l'emprise des GAFAs, comme le point d'inflexion du passage du capitalisme industriel au capitalisme numérique. Le confinement a déjà permis l'utilisation massive des techniques numériques : le télétravail, l'enseignement à distance, la télémédecine... Mais on ne voudrait pas que ces techniques continuent de venir toutes faites, en direct de la Silicon Valley, sans médiation avec les métiers concernés. On voudrait suivre une voie où les personnels de santé puissent eux-mêmes définir leur bon usage, pour guérir sans surveiller. On voudrait que des circuits courts, respectueux de l'environnement, utilisent autrement les outils numériques. Une aspiration humaniste et écologique est apparue durant le confinement qui va continuer à s'exprimer. Indiscutablement, comme le dit Bruno Le Maire : « la crise a une vertu : elle nous offre une chance unique de redéfinir notre propre modèle économique, national et européen ».

DANIEL COHEN

DANIEL COHEN EST DIRECTEUR DU DÉPARTEMENT D'ÉCONOMIE DE L'ÉCOLE NORMALE SUPÉRIEURE, PROFESSEUR ET MEMBRE FONDATEUR DE L'ÉCOLE D'ÉCONOMIE DE PARIS. IL A ÉCRIT DE NOMBREUX OUVRAGES, DONT, DERNIÈREMENT, *IL FAUT DIRE QUE LES TEMPS ONT CHANGÉ... CHRONIQUE (FIÉVREUSE) D'UNE MUTATION QUI INQUIÈTE* (ALBIN MICHEL, 2018).

L'*Enracinement* est la dernière œuvre de la philosophe Simone Weil, écrite à Londres en 1943 quelques mois avant sa disparition. Conçu, dans le cadre des travaux théoriques de la France Libre, comme le *Prélude à une déclaration des devoirs envers l'être humain*, l'ouvrage s'ouvre sur un inventaire des « besoins de l'âme », parmi lesquels Simone Weil nomme, l'un après l'autre, « La Sécurité » et « Le Risque ». Dans la mise en tension de ces deux thèmes et des obligations qui y sont liées, la philosophe, de façon presque abrupte, met au jour l'un des traits saillants de nos sociétés contemporaines, tels que révélés par la crise. *L'Enracinement* a été publié par Albert Camus, à titre posthume, en 1949, dans sa collection « Espoir ». Pour ce dernier, il était impossible, dans les circonstances de l'après-guerre, « d'imaginer pour l'Europe une renaissance qui ne tienne pas compte des exigences » définies par Simone Weil et qui lui auront permis « au-delà des préjugés les plus naturels de comprendre la maladie de son époque et d'en discerner les remèdes. »

ALBAN CERISIER

L'Enracinement, « Folio essais », 1990.

SIMONE WEIL

LA SÉCURITÉ, LE RISQUE

EXTRAIT DE « L'ENRACINEMENT », 1949

TRACTS DE CRISE
GALLIMARD

11 MAI 2020 / 20 H / **N° 69**

LA SÉCURITÉ

La sécurité est un besoin essentiel de l'âme. La sécurité signifie que l'âme n'est pas sous le poids de la peur ou de la terreur, excepté par l'effet d'un concours de circonstances accidentelles et pour des moments rares et courts. La peur ou la terreur, comme états d'âme durables, sont des poisons presque mortels, que la cause en soit la possibilité du chômage, ou la répression policière, ou la présence d'un conquérant étranger, ou l'attente d'une invasion probable, ou tout autre malheur qui semble surpasser les forces humaines.

Les maîtres romains exposaient un fouet dans le vestibule à la vue des esclaves, sachant que ce spectacle mettait les âmes dans l'état de demi-mort indispensable à l'esclavage. D'un autre côté, d'après les Égyptiens, le juste doit pouvoir dire après la mort: «Je n'ai causé de peur à personne.»

Même si la peur permanente constitue seulement un état latent, de manière à n'être que rarement ressentie comme une souffrance, elle est toujours une maladie. C'est une demi-paralysie de l'âme.

LE RISQUE

Le risque est un besoin essentiel de l'âme. L'absence de risque suscite une espèce d'ennui qui paralyse autrement que la peur, mais presque autant. D'ailleurs il y a des situations qui, impliquant une angoisse diffuse sans risques précis, communiquent les deux maladies à la fois.

Le risque est un danger qui provoque une réaction réfléchie ; c'est-à-dire qu'il ne dépasse pas les ressources de l'âme au point de l'écraser sous la peur. Dans certains cas, il enferme une part de jeu ; dans d'autres cas, quand une obligation précise pousse l'homme à y faire face, il constitue le plus haut stimulant possible.

La protection des hommes contre la peur et la terreur n'implique pas la suppression du risque ; elle implique au contraire la présence permanente d'une certaine quantité de risque dans tous les aspects de la vie sociale ; car l'absence de risque affaiblit le courage au point de laisser l'âme, le cas échéant, sans la moindre protection intérieure contre la peur. Il faut seulement que le risque se présente dans des conditions telles qu'il ne se transforme pas en sentiment de fatalité.

SIMONE WEIL

SIMONE WEIL (1909-1943) EST UNE PHILOSOPHE FRANÇAISE. DISCIPLE D'ALAIN, ÉLÈVE DE L'ÉCOLE NORMALE SUPÉRIEURE, AGRÉGÉE DE PHILOSOPHIE EN 1931, OUVRIÈRE CHEZ RENAULT EN 1934-1935, ENGAGÉE DANS LES BRIGADES INTERNATIONALES EN 1936, OUVRIÈRE AGRICOLE EN 1941, ELLE QUITTA LA FRANCE EN 1942 POUR NEW YORK PUIS LONDRES, OÙ ELLE TRAVAILLA POUR LA FRANCE COMBATTANTE DU GÉNÉRAL DE GAULLE. ELLE DÉMISSIONNA EN JUILLET 1943 : ATTEINTE DE TUBERCULOSE, ELLE MOURUT LE 24 AOÛT 1943 AU GROSVENOR SANATORIUM.

LA GRANDE PITIÉ DES INVISIBLES
PAR SYLVAIN TESSON

« Vous n'êtes pas un rouage essentiel. » Le premier jour du confinement, Bertrand Pivert, jardinier en chef de la Pitié-Salpêtrière, s'est entendu signifier qu'il pouvait remiser ses râteaux dans la serre, au nord du terrain de l'hôpital, le long de la voie de chemin de fer de la gare d'Austerlitz, près des installations des ambulanciers. C'est la mi-mars, la peste gagne, le monde entier se replie, la France n'a pas besoin de pivoines. Tout juste quelques-uns des dix jardiniers de l'équipe sont-ils requis pour participer à l'immense chambardement de la Pitié, entrepris à la mi-mars.

Les malades affluent, les premiers morts tombent. Le covid fait sa moisson. En quelques heures, des unités médicales destinées à d'autres soins sont transformées en « zones covid ». Il faut des bras pour réaménager les lieux car le directeur général de la Santé, Jérôme Salomon, a fixé la stratégie « d'ouverture de lits partout où on le pourra ».

Ce texte a paru dans *Le Monde* le 28 avril 2020.

LA GRANDE PITIÉ DES INVISIBLES

SYLVAIN TESSON

LA GRANDE PITIÉ DES INVISIBLES

TRACTS
DE CRISE
GALLIMARD

Un mois plus tard, la vague retombe et les jardiniers, en équipes réduites, commencent de nouveau à fleurir les huit hectares de jardins de la Pitié. « J'injecte de la couleur dans le Plan Blanc », dit Pivert qui aime les fleurs orange. Une radiologue s'est mise à disposition pour assurer une garde d'infirmière-réanimatrice. Lorsqu'elle sort épuisée de sa plongée en plein « Covidland », elle regarde les tulipes se balancer dans l'aube, plantées le long des allées du Parc de la Hauteur. Pivert s'étonne : « À la Pitié, étrangement, personne ne se doute qu'il y a des jardiniers. »

Les fleurs boivent le soleil. Les jardiniers restent dans l'ombre. La Pitié-Salpêtrière, ville à l'intérieur de la capitale, avec ses rues, ses souterrains et ses secrets gardés par une enceinte, est comme tous les organismes : elle est constituée de pièces invisibles. C'est le drame des roues dentées de la montre. Elles tournent par milliers. Seules les aiguilles montrent l'heure. Qui connaît les organes de son propre corps ?

À la Pitié (1 500 lits en temps normal), les dix mille employés de l'AP-HP exercent des métiers insoupçonnés. Tous ont été requis pour « armer des lits covid ». Tous ne sont pas capables d'intuber un mourant. Mais tous se considèrent comme un « maillon de la chaîne du soin ». L'électricien, la lingère, le cadre administratif, la standardiste, le technicien d'équipement biomédical, l'agent de sécurité et la manipulatrice radiologique… forment une troupe dont les éléments disparates et cloisonnés se côtoyaient sans se connaître. Le virus a eu le mérite de faire sauter les cloisons. Dans la fièvre des premières heures, on se découvre, on collabore. Un chirurgien-dentiste joue les brancardiers. Un chef de service déplace les meubles. C'est la valse blanche des hiérarchies. Une secrétaire médicale se porte volontaire au standard général.

Hors les murs personne ne se doute de l'existence d'un pareil équipage.

Depuis le début de l'infection planétaire, on appelle « armée des ombres » les petites mains de l'hôpital. La métaphore est facile et la France a le goût des expressions de Tartarin. On se souvient du sacrifice des sapeurs anonymes qui sauvèrent Napoléon en bâtissant un pont dans les eaux de la Berezina. Les derniers mots de l'Empereur, à Sainte-Hélène, résument cette dialectique de l'homme de l'ombre et du premier de cordée : « Tête… armée… » Les rouages modestes sont des métiers prétendument ordinaires et fort peu télégéniques. Ils soutiennent une machinerie dont l'objectif final consiste à soigner l'homme. Au sommet, brillant et médiatique, sveltement sanglé et harnaché d'un masque à visière intégral, le réanimateur ramène à la vie. Est-ce lui seulement que l'on applaudit sur les balcons ?

PÂQUES AU BALCON

Les applaudissements du soir aux fenêtres des immeubles sont la nouvelle liturgie laïque de la France. L'air claque, on dirait que des colombes s'envolent. Hors la coupe du monde de football, les Français ne sont pas habitués à saluer une cause commune. Le personnel hospitalier s'avoue sensible à l'ovation. C'est la première fois qu'on lui décoche autre chose que des récriminations. Car parmi les souffrances des forces vives de l'hôpital, il y a le sentiment de la dégradation des rapports humains élémentaires. Il est devenu commun de se parler comme des chiens depuis que l'on vit comme des fous. « Aujourd'hui beaucoup de patients prennent le soin pour un dû. On entend davantage les exigences que les remerciements ! », dit Aurélie, secrétaire du service du professeur Combes.

Après la scène du balcon, quand les applaudissements se taisent (à l'heure où commencent les discours présidentiels, c'est-à-dire à 20 heures 02), une question reste en suspens. Qui applaudit-on ? Et que recouvre ce vocable de synthèse nouvellement apparu : le soignant ? Désigne-t-on par là l'ouvrier du service technique qui bâtit en une nuit des étagères dans la chambre mortuaire pour recevoir les cercueils des défunts ? Le directeur technique qui accepte de brûler les protocoles administratifs pour accélérer les décisions ? La blanchisseuse de la Pitié qui brasse chaque jour, dans les ateliers semi-automatisés vingt-cinq tonnes de draps infectés de tous les bacilles de l'Île-de-France ? Le préparateur pharmaceutique sommé de pourvoir en urgence les placards des nouvelles « unités covid » ? Le kinésithérapeute qui rééduque les fonctions respiratoires des survivants du coronavirus ? L'hygiéniste qui s'échine à habituer les troupes aux « gestes-barrière » ? À qui s'adresse l'offrande abstraite de l'ovation, plus volatile que l'encens, semée dans l'air du soir, sans objet désigné ni récipiendaire identifié ?

Dans l'unité Éole de médecine intensive et de réanimation (32 lits « armés covid » sur les 123 de la Pitié) où furent accueillis les premiers patients de l'infection à la fin du mois de février, le chef de service, Alexandre Demoule, patine dans les couloirs, avec ses sur-chaussures de protection, à l'heure de la visite. Les patients luttent contre l'asphyxie, le corps hérissé de tubes. Un système d'oxygénation compose un poumon artificiel qui maintient en vie le corps inconscient. Au chevet de ces pieuvres de chair et de canules s'affairent des infirmières masquées jusqu'à la garde.

Demoule n'attribue pas les vivats publics à ses seuls confrères. « La réa est la discipline qui symbolise le travail d'équipe. Tout repose sur la trilogie médecin-infirmière-aide-soignante. Tous partagent la charge de responsabilité. L'hôpital français n'a laissé aucun malade à la porte. Tous ceux qui risquent leur vie dans nos murs y ont contribué. » Cinq infirmières et aides-soignantes (sur le front du covid, comme au temps des moissons de 1914, les femmes sont à l'œuvre) retournent un patient intubé. Le malheureux (quarante-deux ans et cent vingt kilos) se trouve en réanimation depuis trois semaines. Ses poumons s'engorgent, il faut le basculer sur le ventre. Lucile, réanimatrice, mène l'opération à la tête du lit, derrière une visière en plexiglas de soudeur soviétique. Après seize heures de garde, elle donne sa propre définition de l'héroïsme : « Nous avons su réagir. Au fond, nous faisons ce que nous savons faire.» La phrase sonne comme le Paul Valéry de *Mélanges* : « Le devoir consiste à faire de son mieux ce que l'on est fait pour faire. Si tu n'es fait pour rien, tu n'as pas de devoir.» Depuis deux mois, les Français entendent à nouveau tonner le mot d'« héroïsme » dans les commentaires politiques. Jusqu'alors, il était l'apanage de l'armée. Mais les militaires ont dû accepter, il y a deux mois, qu'une guerre déclarée se déroulât sans eux. Or, dans les unités et les services de la Pitié, techniciens, cadres, logisticiens, hygiénistes, lingères, s'accordent à la définition de Lucile. Ils tempèrent la référence à l'héroïsme public par le rappel de leur devoir privé. Ainsi, Véronique, secrétaire hospitalière en pneumologie, constate : « la boule au ventre disparaît lorsqu'on se sent utile ». Ana, jeune préparatrice pharmaceutique, déduit : « si nous nous désistons, comment l'hôpital tiendrait-il ? ». Lucienne, agent des services de restauration, prend sa pause au soleil sur un banc d'un jardin et parle comme une prophétesse des Caraïbes : « la peur détruit, l'amour l'emporte. Il faut se dévouer : un jour ce sera notre tour ! ». Et cet électricien du service technique – bleu de travail, langue d'Audiard et souhait d'anonymat – lance : « rien de changé pour moi, quand on choisit l'hosto, on va chercher le "crobe" ». Les vrais serviteurs de l'héroïsme ne prononcent pas le mot. Le bavardage s'arrête aux murs de l'hôpital.

L'INTENDANCE SUIVRA-T-ELLE ?

Les pathologies pulmonaires ne sont pas inédites à la Pitié. Pas plus que la violence des crises. Dans l'histoire contemporaine, la succession des catastrophes pourrait servir de définition à la notion de Progrès. « J'étais là pendant la canicule de 2003, j'étais de garde encore le soir du Bataclan », se souvient Nathalie Nion, cadre administratif d'Éole. Mais la particularité inédite du covid est la magnitude de sa propagation. Ce virus a tout d'un phénomène moderne : massif, rapide, global, incontrôlable. « La difficulté a davantage tenu dans le degré de la crise que dans sa nature », confirme le professeur Demoule, « nous luttons contre le débordement ».

L'afflux de patients a commencé à la mi-mars et culminé au début d'avril : la « première vague » en covid-novlangue. La virologie n'étant pas l'océanographie, personne ne sait s'il y en aura une deuxième. L'arrivée subite et massive de patients en détresse respiratoire a ébranlé tous les services et mis sous tension les plate-formes logistiques de l'hôpital. Sous le général de Gaulle, l'intendance était faite pour suivre. Au XXIe siècle, si elle ne suit pas, le combat s'arrête. Dans un système mondial hypertrophié, le matériel est une valeur suprême et son acheminement l'enjeu principal. « Nous avions certes l'habitude de travailler sans stocks – puisque c'est la nouvelle doctrine capitaliste à laquelle nous sommes soumis – mais ce que nous avons vécu au début de la crise dépasse le flux tendu, c'était la folie », se souvient Grégory Koszul, cadre logistique de la Pitié. Le jeune homme règne sur une plate-forme de deux étages où transitent chaque jour des tonnes de matériel médical non-stérile. « À la mi-mars, les services frappaient à notre porte, j'étais obligé de distribuer les masques au compte-gouttes avec l'impression de faire de la rétention alors que je ménageais mon faible stock. Ici à la Pitié on consommait en une journée le volume quotidien de toute l'AP-HP ! » La versatilité des doctrines gouvernementales sur l'inutilité puis sur la nécessité du masque a ajouté la fébrilité à la surchauffe.

Dans les sous-sols, les couloirs habituellement vides sont encombrés de caisses. Les piles montent au plafond. Quinze magasiniers zigzaguent entre les amoncellements de blouses chirurgicales confectionnées artisanalement, et les bacs jaunes destinés à recevoir les déchets infectieux. Le flux ne tarit pas. « Nous sommes devenus une logistique de distribution », explique Jocelyne Jouchter, coordinatrice logistique de l'hôpital, depuis trente-sept ans à l'AP-HP. « Le système ne nous permet pas d'entretenir du stock : ce n'est pas rentable ! » Patrick Tilleul, chef de service de la pharmacie de la Pitié, formule la conversion progressive du service public à la doctrine libérale de la circulation permanente avec un bonheur de philosophe chinois : « Parfois, nous n'avons pas plus de 48 heures de stocks de certains médicaments. Nous marchons sur des nénuphars ! »

Dans le hall d'entrée de la plate-forme, les magasiniers disposent des produits de première nécessité que les aides-soignants viennent percevoir d'eux-mêmes sans s'encombrer des démarches administratives. Gregory respire : « Un mois plus tard, nous maîtrisons la demande, mais pendant les premiers jours, on a frôlé le crash et si la logistique tombait, cela aurait été l'apocalypse ! Je restais le soir pour garder les masques dans une salle scellée. À la fin, j'avais l'impression de protéger de l'or. » Un manutentionnaire traverse la réserve en poussant un diable chargé d'une cargaison de filtres. « Lui, c'est Martin, un Polytechnicien en troisième année, il s'est porté volontaire pour nous rejoindre. Il devait faire son stage à l'ambassade des USA, aujourd'hui, il empile des caisses venues de Chine. » Agent de la circulation globale : destin d'un x au XXIe siècle.

Par-dessus les frondaisons de marronniers du Parc de la Hauteur flotte la belle coupole XVIIe de la chapelle Saint-Louis de la Salpêtrière. L'aumônerie est fermée. Dieu aurait-il abandonné les hommes ? À la Révolution, on convertissait les églises en dépôt de munitions. Au temps de la peste de 2020, la transformation de la chapelle aura été plus conforme à la vertu chrétienne. L'édifice abrite un stock logistique. Le matériel offert à l'AP-HP y est cantonné. Les caisses de dons sont acheminées par le portail central. Dans un monde matérialiste, les nefs deviennent des plates-formes de rangement. Sous la lumière des transepts, un commercial d'entreprise, Thomas, coordonne les équipes de bénévoles qui charrient les palettes. Deux étudiantes poussent un diable entre les bénitiers. « Ici on stocke les masques FFP2, ici les gels offerts par L'Oréal, ici des visières fabriquées sur une imprimante 3D, ici des masques fournis par l'Église de Chine (!). On surveille les accès car tout ce matériel, c'est l'arme du moment.» Et dans le silence des pierres blondes trônent les cartons plastifiés, nouveaux tabernacles de la crise universelle.

FORCE DE RÉACTION RAPIDE

En biologie darwinienne, la réponse d'un organisme au danger s'appelle l'adaptation. « L'adaptation fut notre doctrine », dit Jocelyne, en émergeant de la plate-forme logistique. La France, en ce printemps naissant, n'avait d'autre choix que d'adopter pour devise d'État un dicton paysan : nécessité fait loi. On trouva des solutions avant que les problèmes ne se posent, définition de l'urgence. « À la blanchisserie, explique le directeur Jean-Charles Grupeli, on a dû faire laver les blouses médicales à usage unique ! Elles arrivaient des réanimations covid, les lingères ont accepté de les traiter.» À la Pitié, chacun confirme que l'inventivité des personnels hospitaliers a permis d'absoudre l'impréparation des personnels politiques. « Ce n'est pas du bricolage, c'est de l'ingéniosité », précise Paula, technicienne bio-médicale, qui vient à l'instant de parasiter les pièces d'un moniteur pour relancer une machine de réanimation cardiaque défectueuse. « Les Français sont ainsi faits », dit Pascal, infirmier-réanimateur : « ils attendent l'ennemi avec fierté, affirmant que pas un bouton de guêtre ne manque. Très vite, ils sont balayés. C'est alors qu'ils rivalisent de génie dans la débrouille ! ». Maryse, aide-soignante de l'unité de chirurgie ambulatoire enveloppée dans un « poncho AP-HP » prédécoupé dans un sac-poubelle, ne le contredirait pas. « C'est efficace mais on est au sauna ! »

Dans l'urgence de la réponse à l'urgence, le personnel de la direction numérique de la Pitié-Salpêtrière s'illustre. Les pouvoirs publics, comme pour excuser leur impéritie, annoncèrent à la mi-mars la mise en place généralisée de la téléconsultation médicale. Rien n'avait été prévu. Après tout, les techniciens sont là pour donner corps aux promesses des hommes politiques. Jour et nuit les ingénieurs des services numériques de l'hôpital ont œuvré pour que les médecins assurent leur téléconsultation sans que ne lâche le haut débit ! « Le service a tout donné pour que la téléconsultation fonctionne immédiatement. C'était l'urgence absolue puisque les contacts physiques étaient proscrits. Vous verrez qu'après la crise du covid on sera habitué à la consultation virtuelle », dit la directrice du service numérique, Nathalie Picquet. « Tout le matériel était en rupture. Le monde entier vidait les stocks de composants informatiques chinois, nous manquions de tout. » Grandeur taoïste de l'empire céleste qui fournit à la fois l'ennemi et les armes pour lutter.

Puis les programmateurs se sont attaqués au drame moral qui se profilait. La contagiosité empêchait les visites aux malades. L'homme, soudain, se préparait à souffrir, sans le secours des proches, dans ses draps devenus des linceuls de solitude. Les services numériques de la Pitié dotèrent les patients de tablettes numériques offertes par le mécénat d'entreprises privées. Elles permettent de lire la presse et de recevoir la visite virtuelle des familles. Soudain le temps devient moins long. Dans un proche avenir, le système permettra aux médecins de livrer aux familles des comptes rendus thérapeutiques à distance.

À la chambre mortuaire, l'informatique n'a pas d'utilité. L'intelligence artificielle ne console pas un cœur en peine. Le bâtiment flanque l'enceinte sud-est de la Pitié. Les murs sont sombres, l'entrée discrète : on laisse ici toute espérance et toute certitude. Un panneau annonce euphémiquement un règlement pour les « livraisons ». Renforcés par quatre volontaires – réservistes de l'armée et enseignants en droit – les agents accueillent un afflux sans précédents de cercueils. « Les familles sont autorisées à rendre visite pendant deux heures au défunt dans son lit de réanimation. Ensuite, les corps sont glissés dans des doubles housses et couchés dans des caissons réfrigérés », explique Marylène Choureau, agent de la chambre mortuaire. En plus du deuil s'ajoute l'impossibilité de rendre les dévotions au corps. Marylène ne parle jamais de cadavres : « au téléphone, j'essaie de maintenir le lien avec les familles ». « J'appartiens à la chaîne du soin même si j'en représente l'ultime étape. » Ses yeux fatigués des larmes des autres ont vu les techniciens travailler à créer trente-trois places mortuaires covid. « Les corps restent dans les caissons frigorifiques. Ensuite les pompes funèbres arrivent, mais là, l'hôpital s'efface, c'est un autre règne : le business. »

LA FORCE INTÉRIEURE

La crise du covid a révélé ce qui pourrait définir la force de l'hôpital français. Le maintien des corps de métiers au sein d'une institution garantit sa solidité. C'est la définition de la souveraineté. Elle s'applique aux États comme aux organismes. L'intégration des compétences est une spécificité malmenée de la Pitié. « On a beaucoup externalisé les prestations et nous nous adressons à de multiples entreprises, mais nous avons quand même gardé des intervenants dans les murs ! », détaille Jocelyne. Protégé par son enceinte, l'hôpital du Roi Soleil n'aura pas totalement été livré à la loi cyber-mercantile consistant à faire du service public une place ouverte, à la merci du plus offrant.

Sur le site de compactage et de tri des rebuts sanitaires, Agnès Pradel, « référente-déchets », rend visite à ses équipes et circule entre les compacteurs et les bennes dégorgeantes des pansements du jour. « On a doublé en un mois le volume des déchets infectieux ! » Elle sait ce qu'il en coûte d'externaliser les fonctions vitales de l'hôpital. « J'ai déjà dû négocier des grèves auprès de mon prestataire il y a quelques années. Si nous avions eu une difficulté à évacuer les déchets infectieux au début de la crise covid, cela aurait été vraiment dangereux. J'ai dû user de psychologie avec les prestataires pour qu'ils ne se retirent pas. » Un camion effectue sa manœuvre pour emporter un chargement Dasri (Déchets d'Activités de Soins à Risques Infectieux) à l'incinérateur de Créteil. Agnès n'a pas été infectée par le covid. « Le virus ne veut pas de moi.

Pourtant c'est un poste fort exposé. Parfois je voudrais dire à mes employés qu'ils tripotent toute l'année des déchets bien plus dangereux ! »

Les services techniques de la Pitié emploient 150 ouvriers. Cette troupe octroie son autonomie de fonctionnement et d'entretien à l'hôpital. Certains ouvriers sont logés dans les murs du Grand Siècle. Michel, ancien égoutier, fêtera ses trente ans de maison : « Je fais partie des "logés". » Ainsi, la Pitié a-t-elle pu compter sur son propre Génie pour encaisser le choc de la mi-mars. Patrice Etournaud, cadre technique, raconte : « Avec les 125 techniciens on a dû tout inventer. Il fallait reconfigurer les salles, convertir des véhicules ordinaires en ambulances de fortune. Pour une fois, on n'était pas astreint aux normes ! On nous demandait de préparer des sas d'entrée aux urgences en une nuit. » Et Cruchon son collègue confirme la vertu de l'action directe : « On a eu l'impression de faire quelque chose de grand, les chauffagistes aidaient à l'électricité, les électriciens transportaient des planches, personne ne mouftait, c'était le branle-bas. »

Particularité de la Pitié et souvenir d'un temps où l'hôpital recelait en sa propre enceinte toutes les articulations de son autonomie : la blanchisserie. Mitoyen des services techniques, l'atelier n'a jamais rompu son activité malgré le personnel fauché par le virus. Les draps sortis de l'essoreuse défilent à la chaîne, suspendus à une rampe automatisée. Et dans la procession des silhouettes fantomatiques, le directeur Jean-Charles Grupeli inspecte les machines. Près de deux cents employés, venus pour beaucoup des banlieues nord de la capitale, lavent le linge des hôpitaux de l'AP-HP. Ils sont exposés à la fibre de linge en suspension dans l'air et manipulent des tonnes de textiles souillés, dans des atmosphères de forge. « L'infection a d'abord frappé l'étage des cadres, se souvient Grupeli. Quand les chefs sont malades, le moral des troupes tombe. Et quand les sources d'approvisionnement des blouses se sont effondrées en 48 heures et que la Chine a fait monter les prix, c'est devenu psychédélique. Heureusement, nous avions des masques FFP2 en réserve et des bénévoles sont venus prêter main-forte. On n'a jamais rompu la chaîne, nos ouvriers ont tenu les postes ! »

Nicolas Sèvegrand, « ingénieur des travaux », confirme la nécessité de maintenir un corps technique attaché à l'hôpital : « certains prestataires extérieurs se confinaient, il a fallu réunir nos troupes, regrouper ceux qui n'étaient pas malades et agir vite, par nous-mêmes, en imaginant tous les stratagèmes pour pallier les manques. » Leçon de la Pitié à destination des nations : le circuit interne possède sa vertu.

Dans une crise, compter d'abord sur ses propres forces.

Se morfondre si on les a dispersées.

Veiller à protéger ses forces autonomes.

ET APRÈS ?

En face de la chapelle, Éric a installé son camion et offre chaque jour, grâce à un appel aux dons, 120 pizzas aux employés de l'hôpital. Des secrétaires médicales et des infirmières attendent la commande pour distribuer ensuite les pizzas dans leur service. Toute conversation de troquet remue des questions profondes, même devant un four à pizza.

Qu'adviendra-t-il quand le virus sera vaincu ? Y aura-t-il cet « après-covid » que les optimistes, encouragés par la formule présidentielle, appellent de leurs vœux ? Jocelyne a déjà apporté un bémol à ses espérances : « Je suis une idéaliste sceptique. Après le Bataclan, on a pensé que tout changerait, rien ne s'est passé ! » Les uns imaginent un réveil utopique, ils croient à la perfectibilité de l'homme. D'autres ne sont dupes de rien. Aurélie, secrétaire hospitalière : « on retournera aux oubliettes ». Mais Gwladys, secrétaire médicale, corrige : « les Français ont vu qu'on existait ».

La crise entraînera-t-elle les pouvoirs publics à reconsidérer les salaires ? Le professeur Combes milite déjà pour que ses infirmières-réanimatrices jouissent d'un statut spécifique. Seule certitude : l'hôpital français a tenu. S'il a tenu, c'est grâce à une troupe de soutiers inconnus. Soudain la Société du spectacle s'est aperçue qu'il existait une force échappant au spectaculaire. C'était l'habitude du docteur Louis-Ferdinand Céline de mentionner, dans ses entretiens, le labeur des hommes suant dans le ventre des paquebots pour que les croisiéristes jouissent du bon air sur les ponts. L'antique image du machiniste dans la coulisse participant à la gloire de la Diva sur le devant de la scène a pris corps à l'hôpital pendant ces mois d'infection nationale.

À tous les étages de la Pitié on s'extasie devant un phénomène nouveau : entre collègues, on recommence à se parler, à se féliciter, à s'encourager. On affiche sur des petits papiers les remerciements que l'on reçoit. Signe des temps : on était allé jusqu'à perdre l'habitude d'un climat humain, simple, tempéré, dans l'ordre de la charité.

Au moins, dans l'anonymat du labyrinthe de la Pitié, des gens ordinaires, fidèles au poste, et cachant l'inquiétude sous le seul masque dont ils disposaient – le courage – ont-ils prouvé que la valeur n'attend pas la puissance des projecteurs.

SYLVAIN TESSON

SYLVAIN TESSON A NOTAMMENT PUBLIÉ AUX ÉDITIONS GALLIMARD *DANS LES FORÊTS DE SIBÉRIE* (PRIX MÉDICIS ESSAI 2011), *UNE VIE À COUCHER DEHORS* (GONCOURT DE LA NOUVELLE 2009) ET *SUR LES CHEMINS NOIRS* (2016). SON DERNIER LIVRE, *LA PANTHÈRE DES NEIGES*, A REÇU LE PRIX RENAUDOT 2019.

TABLE

SEMAINE 1

SEMAINE 2

SEMAINE 3

SEMAINE 4

SEMAINE 5

« Traces il y aura donc, grâce à *Tracts*.
Quand, dans cinquante ou cinq cents ans, les historiens chercheront un *Décaméron* pour le Coronavirus, ils auront, parmi leurs archives, ce recueil faisant foi. Divers, éclaté, polyphonique.
Et nous, les témoins, le garderons aussi, ce document qui ne prétend rien résumer mais qui dit beaucoup sur notre temps, sorti de ses gonds pendant des mois.
Chacun ainsi pourra comprendre que seuls entre quatre murs, nous n'étions pas seuls au monde. C'est une bonne nouvelle, dont il faudra se souvenir. »

RÉGIS DEBRAY
MAI 2020

Nos remerciements chaleureux à Alexandre Alajbegovic, Catherine Camus, Liliane de Carvalho, Blanche Cerquiglini, Jacqueline Cerquiglini-Toulet, Michel Crépu, Régis Debray, Victor Depardieu, Manuele Destors, Ludovic Escande, Clara Fernandes, Marcel Gauchet, Marie-Pierre Gracedieu, Karina Hocine, Geneviève Imbot-Bichet, Sophie Kucoyanis, Jean-Marie Laclavetine, Emma Lacrampe, Thierry Laroche, Irène Margit, Julia Nannicelli, Amaury Nauroy, Pierre Nora, Audrey Pareux, Vincent Raynaud, Olivier Rubinstein, Thomas Simonnet, Danièle Valin, Bernard Vasseur, Éric Vigne ; aux équipes de De Marque, d'Eden Livres et d'Izako ; et à toutes celles et tous ceux qui nous ont encouragés durant ces huit semaines.

Direction artistique : Anne Lagarrigue
Graphisme : Pascal Guédin, d'après une maquette de Clotilde Chevalier
Suivi éditorial : Marie-Noëlle Ampoulié
Diffusion numérique : Florent Dilien (Eden livres), Florent Souillot
Relation presse : Frédérique Romain

Achevé d'imprimer
par Normandie Roto Impression s.a.s
61250 Lonrai, en juillet 2020
Dépôt légal : juillet 2020
Premier dépôt légal : mai 2020
Numéro d'imprimeur : 2002874
ISBN : 978-2-07-291301-3 / Imprimé en France

374492